Remo Kundert
Werner Hochrein

BERGFLOH 2

Ostschweiz und Graubünden

Bergwandern mit Kindern

Ein Wanderführer im Rotpunktverlag

Remo Kundert und Werner Hochrein

BERGWANDERN MIT KINDERN

Ostschweiz und Graubünden

Naturpunkt-Fachbeirat:
Daniel Anker, Thomas Bachmann, Ursula Bauer, Fredi Bieri, Markus Lüthi,
Dominik Siegrist, Marco Volken

Ganz herzlichen Dank allen, die zum guten Gelingen dieses Buches beigetragen haben.
Einerseits all denen, die mitgewandert sind: Matthias Amberg, Nina Daeniker, Jonas
Hauser, Udo Heinss, Theres Hartmann, Lena und Stefan Hochrein, Hans Hochrein,
Marc Isler, Thomas Johnson, Petra, Eva und Nick Kundert, Esther und Dieter Kundert,
Marius, Silvan und Philip Luder, Anna Meister, Kati, Joni, Fadri, Gina und Jan-Nino Menn,
Robert Oppliger, Alice, Jonas und Markus Roth sowie Christoph Roth.

Und andererseits Dank natürlich auch allen, die uns mit Rat und Tat zur Seite gestanden
sind: Andreas Simmen, Patrizia Grab und Günther Fässler vom Rotpunktverlag,
Christian Rolle für die Kärtchen sowie Daniel Anker, Stephan Bader von MeteoSchweiz,
Claudia und Alfons Cotti, Bruno Heis, Rico Luppi, Christian Nötzli, Konrad Nötzli und
Marco Volken.

Vielen herzlichen Dank auch allen anderen, für Anstöße, Erlebnisse, Kritik, Einwände,
Aufmunterungen und Tipps!

Die Angaben in diesem Buch wurden mit größtmöglicher Sorgfalt und nach bestem
Wissen und Gewissen der Autoren zusammengestellt. Eine Gewähr für deren
Richtigkeit wird jedoch nicht gegeben. Die Begehung der vorgestellten Routen erfolgt
auf eigene Gefahr.

Die doppelseitigen Aufschlagbilder
Seite 2/3:   Mürtschenalp, Wanderung 4.
Seite 76/77:   Im Abstieg von der Fergenhütte nach Monbiel, Wanderung 9.
Seite 110/111:   Lais da Rims, Wanderung 12.
Seite 144/145:   Munt Pers mit Piz Palü und Bernina, Wanderung 15.
Seite 180/181:   Hängebrücke über das Traversiner Tobel, Wanderung 21.
Seite 222/223:   Caumasee, Wanderung 27.

© 2007 Rotpunktverlag, Zürich
www.rotpunktverlag.ch

Routenskizzen: www.rolle-kartografie.de
Lithos: Lithotronic Media GmbH, Dreieich bei Frankfurt
Druck und Bindung: AZ Druck und Datentechnik GmbH, Kempten, www.az-druck.de

ISBN : 978-3-85869-451-5

2., aktualisierte Auflage 2011

VORWORT

Bergwandern mit Kindern hat seine Tücken! Was wir schon im Vorwort unseres ersten Familienwanderführers geschrieben haben, behält auch in der Ostschweiz und in Graubünden seine Gültigkeit: Es ist tatsächlich nicht immer einfach, mit dem Nachwuchs in den Bergen unterwegs zu sein. Dafür garantieren aber ein Quäntchen Flexibilität und die Bereitschaft, sich auf die Bedürfnisse der Kinder einzulassen, einzigartige Momente, die für immer in Erinnerung bleiben.

Das Rezept, damit die Familienwanderung nicht zur Gratwanderung gerät, ist (theoretisch) einfach: Sie muss für alle die eine oder andere genießbare Zutat enthalten! Also spannende Abenteuer, unterhaltsame Spiele und verblüffende Entdeckungen für die Kleinen, unberührte Landschaften und schöne Aussicht für die Großen, angerichtet mit moderaten Wanderzeiten, serviert mit kurzweiligen und kraftsparenden Postauto-, Seil- und Sesselbahnfahrten.

Der vorliegende Auswahlführer versucht, dieser breiten Palette Rechnung zu tragen und entführt wanderbegeisterte Familien – und solche, die es werden wollen – in die schönsten Ecken der Ostschweiz und Graubündens. Lockt sie in die heimelige Zwinglipasshütte, an den geheimnisvoll-tiefblauen Saoseo-See, über die wilde Hochebene der Greina, zur spektakulären Uina-Schlucht, auf über 3000 Meter zum luftigen Gipfel des Flüela-Schwarzhorns und an 22 weitere Schauplätze.

Natürlich sind alle Touren so gewählt, dass sie auch unter kleine Füße genommen werden können und sich Auf- und Abstieg wie auch Wanderzeit in Grenzen halten. Denn bei Bergwanderungen mit Kindern gilt etwas ganz besonders: Zeit haben, sich Zeit nehmen, dann kommts gut!

Die Touren sind dieselben geblieben in dieser zweiten Auflage. Doch es wurden die notwendigen Aktualisierungen vorgenommen. Viele schöne Bergerlebnisse für Groß und Klein wünschen

Werner Hochrein und Remo Kundert
Männedorf und Hirzel, im Januar 2011

INHALT

Vorwort 5
Bergwandern mit Kindern, das Wichtigste in Kürze 8
Erklärungen zu den Service-Informationen 30

ALPSTEIN UND WALENSEE

1. **Kreuz und quer durch den Alpstein** 36
   Der Höhlenbär · Fingerspitzengefühl
2. **Chäserrugg und Hinterrugg** 44
   So ein Käse · Gschichte gits, die gits gar nöd
3. **Sonnenhänge am Walensee** 52
   Der Waldtrommler · Bau dir ein Güselschiff
4. **Murgseen – versteckt und verträumt** 60
   Fische in Bergseen · Bachforelle auf der Jagd
5. **Spitzmeilenhütte und Wissmilenpass** 68
   Grasfrösche · Den Amphibien auf der Spur

PRÄTTIGAU UND RÄTIKON

6. **Pfälzerhütte und Fläscher Seen** 78
   Blumenwunder am Naafkopf · Der Gugelhopfberg
7. **Rund um die Schijenflue** 86
   Die Schnapswurzel · Gut in Form?
8. **Arosa, Sapün, Strassberg und Fondei** 94
   Schmetterlinge · Schmetterlingsforscher
9. **Monbiel und Fergenhütte** 102
   Warum verfärben sich die Blätter? · Blattfarben im
   Kreidestäbchen/Einen Baum legen

UNTERENGADIN UND MÜNSTERTAL

10. **Grenztour zur Heidelbergerhütte** 112
    Chalandamarz und Kratzputz · Wer bin ich?
11. **Chamanna da Grialetsch und Schwarzhorn** 120
    Eisige Zeiten · Der Yeti
12. **Lischana und Sesvenna** 128
    Holztrift zur Salzgewinnung · Klanginstallationen
13. **Nationalpark und Chamanna Cluozza** 136
    Der Bär kommt! · Tierpantomime

OBERENGADIN, PUSCHLAV UND BERGELL

- (14) **Saoseo im Puschlav** 146
  Die blauen Blumen · Der geraubte Wintervorrat
- (15) **Piz Albris und Munt Pers** 156
  Wie Steinböcke zum Piz Albris kamen · Floh sticht
  Vogel frisst Spinne frisst Floh
- (16) **Rosegggletscher und Chamanna Coaz** 164
  Gletscherrückzug · Reise mit dem Wassertropfen
- (17) **Wilde Berge über dem Albignasee** 172
  Felszacken und Kastanien · Kim-Spiele

MITTELBÜNDEN UND HINTERRHEIN

- (18) **Feldis und Dreibündenstein** 182
  Dreisprachiges Land: Graubünden – Grigioni – Grischun ·
  Drei Striche: Auch eine Sprache
- (19) **Maloja, Bivio und Avers** 190
  Kontinentale Wasserscheide · Der Duft der großen, weiten Welt
- (20) **Biowunder auf der Alp Flix** 198
  Von Hirten, Boarder Collies, Milchschafen und
  Herdenschutzhunden · Biodiversität
- (21) **Surettaseen und Viamala** 206
  Eine Völkerwanderung durch die zentralen Alpen · Der Schatz auf
  der Hohen Rialt / Tausche Nachttischlämpchen gegen Minirock
- (22) **Val Calanca: Im Bündner Tessin** 214
  Heugümper, Grashüpfer, Heuross und Heustöffel · Grastrompete

SURSELVA UND SEITENTÄLER

- (23) **Rund um das Zervreilahorn** 224
  Ein Revolutionär auf dem Rheinwaldhorn · Das Schoggispiel
- (24) **Über die Greina** 232
  Blaues Gold · Natur-Kunst-Werk
- (25) **Lai da Tuma und Pazolastock** 240
  Der älteste Urner · Was schwimmt und fängt mit Z an?
- (26) **Etzlihütte und Chrüzlipass** 248
  Gipfelstürmer · Ordnung muss sein...
- (27) **Flimser Bergsturz und Ruin Aulta** 256
  Der Bergsturz und was aus ihm entstanden ist · Bio Vier gewinnt

Schwierigkeitsbewertung 264
Ausrüstungsliste für eine 2-tägige Bergtour 266
Literatur 267
Fotonachweise, Ortsverzeichnis 268

BERGWANDERN MIT KINDERN

Das Wichtigste in Kürze

Spielend wandern

Wir haben den Spagat gewagt, haben versucht, landschaftliche Reize mit kinderspezifischen Ansprüchen unter einen Hut zu bringen. Und haben festgestellt: Das Wagnis lohnt sich, weil ein gelungenes Wanderwochenende den Familienzusammenhalt fördert und weil das Miteinander-Erleben Groß und Klein die Chance bietet, sich in einem nicht alltäglichen Umfeld vielleicht von ganz neuen Seiten kennen zu lernen – und voneinander zu lernen. Denn es ist erstaunlich, was Kinder unterwegs entdecken. Sie interessieren sich für Kleinigkeiten, die uns Erwachsenen längst bekannt zu sein scheinen – und die uns dann doch wieder ins Staunen versetzen.

Kurzweilige Wege, schöne Ausblicke und frische Luft reichen Erwachsenen oft bereits für eine genussreiche Bergtour. Für Kinder sind spannende Pfade und eine ansprechende Umgebung zwar ebenfalls eine Voraussetzung dafür, dass der Bergausflug zum coolen Erlebnis wird – aber noch lange keine Garantie. Dass zu den bekannten Themenwanderwegen wie dem Wilde-Mannli-Erlebnisweg in den Flumserbergen oder dem Schellen-Ursli-Weg bei Guarda und St. Moritz stets neue hinzukommen, ist kein Zufall. Sobald sich den Kindern die Möglichkeit bietet, in eine Geschichte einzutauchen, entfällt die für Eltern oft so mühevolle Motivationsarbeit. Und Geschichten, wie sie den beiden Zwerge-Wanderwegen in Braunwald und im Hasliberg zugrunde liegen, finden sich in den Bergen an jeder Ecke. Sagen, Fabeln oder historische Ereignisse können einen attraktiven Rahmen für eine Wanderung bieten, aber auch die Natur hält mit ihren kleinen Wundern am Wegrand packende Themen bereit. Entscheidend ist die Fähigkeit der Erwachsenen, sich in das Denken und Erleben der Kleinen einzufühlen.

Von Weitwinkel über Makro auf den Mikroskopblick umstellen, in die Hocke gehen, sich unter dem Laub vergraben. So ist man den kleinen Wundern schon viel näher und ganz von selbst ergeben sich daraus 1001 Spielmöglichkeiten.

Erlebnisreiche Wanderungen für Erwachsene und Kinder

Die einfacheren der hier vorgestellten 1- bis 3-tägigen Bergwanderungen sind für Familien mit Kindern ab ungefähr 6 Jahren geeignet und tatsächlich kinderleicht. An die schwierigeren sollten sich hingegen nur Familien wagen, die schon eine Portion Bergerfahrung im Rucksack haben (siehe auch Seite 14). Die Touren orientieren sich an folgenden Eckwerten:

▲ **Zeit haben – für ein kleines Mittagsschläfchen.**

Das Wichtigste in Kürze

- Interessante, auf den öffentlichen Verkehr ausgerichtete An- und Rückreise, wenn möglich mit Seilbahn, Sessellift, Zahnradbahn, Schiff oder Kleinpostauto.
- Kurzweilige, spannende Wege.
- Moderate Höhendifferenzen bei Auf- und Abstiegen.
- Beachtung des erhöhten Sicherheitsbedürfnisses.
- Einbezug von attraktiven Rastplätzen, Kletterfelsen, (Tier-)Beobachtungspunkten, Seen, Bächen.
- Zu jedem Tourengebiet wird eine Hintergrundgeschichte erzählt, dazu Erstaunliches aus Natur, Kultur oder Geschichte beleuchtet und, für Kinder besonders wichtig, gleich noch eine Spielidee mitgeliefert.

Zeit

Zeit haben, sich Zeit nehmen ist das A und O einer Bergwanderung mit Kindern und entscheidet mehr als alles andere über Top oder Flop.

Permanenter Zeitmangel unterwegs führt im besseren Fall zu mieser Stimmung, im schlechteren zu gefährlichen Situationen. Kinder gehen mit anderen physischen und psychischen Voraussetzungen in die Berge als wir Erwachsene und sind kaum in der Lage, auf Ausnahmesituationen mit reinen Willensleistungen zu reagieren. Die Zeitreserven auf einer Wanderung müssen groß genug sein, damit viel Platz ist für Entdeckungs- und Beobachtungspausen. Denn erst durch sie wird die Wanderung für Kinder zum Erlebnis. Kinder sehen vieles, was Erwachsenen verborgen bleibt. Auf diese Entdeckungen einzugehen braucht Zeit. Es bedeutet, die Kinder ernst zu nehmen und mit ihnen zusammen Neues entdecken zu wollen. Und mit ein bisschen Fantasie seitens der Erwachsenen ist während der nächsten Wanderminuten erst noch für ein spannendes Gesprächsthema gesorgt. So fallen Erwachsene weniger in die Rolle der ständigen Antreiber.

Genug Zeit haben bedeutet auch, bei Pausen oder bei einer frühen Hüttenankunft den Dingen freien Lauf zu lassen. Wenn die Erwachsenen keine starren Vorgaben machen, finden Kinder in den Bergen in Windeseile selber interessante Möglichkeiten, sich zu beschäftigen. Und vielleicht bleiben gerade diese Momente der Wanderung den kleinen Forschern am besten in Erinnerung.

Den Anreisetag geordnet und ohne schlechte Stimmung zu beginnen, setzt ebenfalls genügend Zeit voraus. Also am Vorabend packen! Wenn Wandertage in einer entspannten Atmosphäre angegangen werden, springt die gute Stimmung auf die Kinder über und dann kann wirklich nichts mehr schief gehen.

Zeit auch bei der Hüttenübernachtung: Warum nicht schon im grausten Morgengrauen aufstehen? Für alle ist es ein Erlebnis, im Halbdunkel durch die Berghütte zu schleichen, den Sonnenaufgang zu erleben, vielleicht Tiere zu sehen – und der frühzeitige Aufbruch schafft Zeitreserven, die sogar ein Mittagsschläfchen auf der Bergwiese erlauben.

◄ **Zeit haben – für die kleinen Wunder am Wegrand.**

Das Wichtigste in Kürze

Motivation

Auch die größte Zeitreserve bringt jedoch herzlich wenig, wenn die Lust der kleinen Wandersleute gering ist. Wer bereit ist, die kindliche Perspektive einzunehmen, merkt meistens schnell, wo der Bergschuh drückt. Themen und Geschichten sind das Salz in der Suppe. Kinder wollen nicht einfach eine Bergwanderung (mit-)machen, sondern Kristallspitzen suchen, Murmeltiere beobachten oder eine Höhle mit der Stirnlampe erforschen. Wandern darf ein wichtiger Teil des Tagesablaufes, aber keinesfalls Selbstzweck sein. Mit einer einleitenden Geschichte zu jeder Tour, einem Naturthema und einem Spiel, versuchen wir, Ideen als Einstieg in das Wanderwochenende zu liefern. Kinder sollen nicht wandern (müssen),

▼ **Chur, Postautonabel Graubündens.**

weil die Eltern es so wollen, sondern weil es etwas zu erleben gibt. So nehmen sie vielleicht sogar in Kauf, die Kinderstunde im Fernsehen oder einen Nachmittag in der Badeanstalt zu verpassen.

Der Ehrlichkeit halber sei an dieser Stelle jedoch gesagt, dass es zwischendurch vielleicht auch mal ein Machtwort braucht, um sich gegen die Widerstände der Kinder durchzusetzen. Nach einer gelungenen Tour ist die Hemmschwelle für weitere gemeinsame Bergwanderungen dann wesentlich tiefer.

Pausen

»Wie lang gaats na?« Diese andauernd und mit jammerndem Unterton vorgetragene Frage kann gestresste Eltern unterwegs an den Rand der Verzweiflung bringen. Aber: Die Frage ist berechtigt! Immer wenn eine Beschäftigung (allzu) monoton erscheint, stellt sich automatisch die Frage nach der Dauer der Quälerei. Ein deutliches Signal, dass es nun höchste Zeit ist, Gegensteuer zu geben! Oftmals hilft es, die Wanderdauer unterwegs in kleine, überschaubare Etappen zu unterteilen. Also: Von hier aus bis zum Bach, wo wir einen großen Staudamm bauen werden, ist es noch so weit wie von zu Hause bis zum Schulhaus. Oder: Jetzt geht es noch so lange steil bergauf, wie eine Gutenachtgeschichte dauert.

Meistens ist es die Monotonie des Gehens, deren meditative Seite Erwachsene schätzen und die Kinder zum Nörgeln bringt. Ihnen fehlt noch die Erfahrung, wie sie ihre Kraft ökonomisch einsetzen, also eine Ausdauerleistung erbringen können. Die Fähigkeit, gegen Ermüdung Widerstand zu leisten, entwickelt sich erst im Laufe des

Schulalters im Zusammenspiel mit einer gewissen geistigen Reife. Die beim Wandern wichtige Langzeitausdauer kann aber durch eine motivierende Einstimmung und sinnvoll eingelegte Erholungspausen gefördert werden. Eintönige Teilabschnitte können durch Sing-, Rate- und Reimspiele aufgelockert werden. »Ich sehe was, was du nicht siehst und das ist gelb bzw. beginnt mit einem G« ist nur eine Möglichkeit (weitere sind bei den Tourenbeschrieben erwähnt). Und mit der Karte in der Hand und dem Höhenmesser am Handgelenk werden die Kinder zu kleinen Bergführern und Spurenlesern und dirigieren die Erwachsenen in Windeseile zum nächsten Etappenhalt.

Anzeichen für wirkliche Erschöpfungszustände der Kinder sind beispielsweise eine veränderte Stimmlage, häufiges Stolpern, plötzliches Frieren oder außergewöhnliche Blässe. Dann hilft Körperkontakt (an die Hand nehmen). Vor allem ist dann eine lange Pause fällig, gegebenenfalls auch trockene und warme Kleider sowie etwas zu essen und zu trinken.

Wanderpausen sind für Kinder allerdings selten dazu da, um sich in Erwachsenenmanier auszuruhen. Meistens setzen sie sich nur kurz hin und verschlingen, was ihnen vorgesetzt wird. Dann sind sie sofort wieder unterwegs, um die Umgebung zu erkunden. Und das, obwohl sie vor wenigen Minuten noch behauptet haben, keinen Fuß mehr vor den anderen zu bringen. Kinder erholen sich anders als Erwachsene. Pausen sind trotzdem wichtig, denn sie unterbrechen eine (ermüdende) Tätigkeit und schaffen Raum für Neues.

Übrigens: Auch bei uns verläuft die eine oder andere Wanderung ganz und gar nicht so, wie wir uns das vorgestellt haben. Auch

◄ **Wanderpausen sind für Kinder selten dazu da, um sich in Erwachsenenmanier auszuruhen.**

Das Wichtigste in Kürze

▼ **Ein Blitzableiter am Gipfelkreuz reicht noch nicht zum Schutz gegen Unwetter! Windjacke, aber auch Handschuhe, Mütze und Regenhose gehören ins Wandergepäck.**

wir mussten aufgrund der Tagesform der Kinder unterwegs schon ganze Wochenendwanderungen umkrempeln. Was sich aber gezeigt hat: Der Aufwand lohnt sich! Dranbleiben, auch wenn es mal nicht optimal geklappt hat! Die tollen Erlebnisse überwiegen bei Weitem.

Sicherheit

Berge sind ein ideales Umfeld, in dem Kinder ihren Bewegungsdrang ausleben und eigene Erfahrungen sammeln können. Voraussetzung ist aber, dass bei Kinderbergtouren verbindliche Sicherheitsregeln vorgängig besprochen werden und deren Einhalten unterwegs auch durchgesetzt wird. Das heißt natürlich auch, dass die Erwachsenen den Anforderungen der Tour in jedem Falle gewachsen sein müssen. Eine richtige Einschätzung der eigenen Fähigkeiten ist daher Grundvoraussetzung.
Jede Wanderung wurde bezüglich Schwierigkeit gemäß der neuen Wanderskala des Schweizer Alpen-Clubs (SAC) bewertet (siehe Seite 264). Denken Sie daran, dass sich alle Schwierigkeitsangaben immer auf sogenannt »günstige« Bedingungen beziehen. Bei »ungünstigen« Verhältnissen wie Nebel, Wind, Nässe, Schnee können die Anforderungen rasch zunehmen (siehe Abschnitt Wetter, Seite 17). Auch die mit der allgemeinen Klimaerwärmung zusammenhängenden Veränderungen der Bergwelt, wie größere Wasserabflussmengen, Steinschlag usw., müssen in Betracht gezogen werden. Genieren Sie sich nicht, die Hüttenwarte zu fragen, wie die momentane Situation entlang Ihrer geplanten Route aussieht. Genauere und aktuellere Auskünfte bekommen Sie sonst nirgends.
Bergwanderungen setzen ein gewisses Maß an Konzentrationsfähigkeit voraus. Auch auf harmlos erscheinenden Wanderwegen kann ein Sturz schlimme Folgen haben. Wanderungen in der Bergwelt kann nur unternehmen, wer sicher ist, dass die Kinder Anordnungen, wie z.B. die Hüttenumgebung nicht zu verlassen, nur bis zum Bach vorauszugehen usw., zuverlässig befolgen. Bei der Auswahl der Touren haben wir zwar auf eine große Bandbreite der Anforderungen für die Wanderungen geachtet. Wir haben aber bewusst Routen ausgeschlossen, auf denen über längere Strecken Absturzgefahr besteht, die durch Steinschlaggebiet führen oder Kondition für mehr als rund drei Aufstiegsstunden (für Erwachsene) voraussetzen.

Planen Sie keine bergsteigerischen Heldentaten! Denken Sie daran:
- Auf den markierten Wegen bleiben, regelmäßig Pause machen und viel trinken.
- Kinder nur dann allein vorausgehen lassen, wenn das Gelände überschaubar und ungefährlich ist.

- Bei steilen Aufstiegen hinter, bei steilen Abstiegen vor den Kindern gehen, um mögliche Ausrutscher abfangen oder bei großen Stufen Hilfe zu leisten.
- Spiel- und Ruhepausen an ungefährlichen Plätzen einlegen, denn die Kids werden, egal wie müde sie kurz zuvor noch waren, bald wieder spielen und sich bewegen wollen.
- Abschüssige Schneefelder verlangen besondere Vorsichtsmaßnahmen.
- Sich bei Nässe vor allem in Felspassagen und auf bewachsenen Steinen langsam und vorsichtig bewegen.
- Kindliche Ängste unbedingt ernst nehmen und die nötigen Konsequenzen daraus ziehen (Hand geben bis umkehren). Außergewöhnliche Erlebnisse zusammen mit einer reichen Kinderfantasie können Ängste auslösen.
- Bei Rutschgefahr Kinder bergseitig an der Hand nehmen bzw. mit einer Reepschnur sichern.

▲ Hier drückt der Schuh! Blasen und andere Fußprobleme kommen in den besten Familien (und auf den besten Wanderungen) vor.

◄ Kurze Kraxelstellen sind das Salz in der Suppe! Wichtig: Bei steilem Aufstieg gehen die Kinder vor, bei steilem Abstieg hinter den Erwachsenen.

Das Wichtigste in Kürze

- Anspruchsvolle Stellen mit Kindern einzeln begehen oder durch Hilfestellungen gut absichern.
- Gelände, in welchem über längere Strecken Absturzgefahr besteht, ist – auch in Begleitung von Erwachsenen – grundsätzlich zu meiden.
- Steinschlaggefährdetes Gelände oder stark angeschwollene Bäche müssen umgangen werden.
- Wenn Sie sich verlaufen haben oder bei schlechten Sichtverhältnissen: In der Gruppe zusammenbleiben, zum letzten bekannten Punkt zurückgehen, vielleicht einige Minuten auf bessere Sicht warten oder umkehren. Keine »Abkürzungen« durch unbekanntes Gelände.

Ein Unfall lässt sich – allen Vorkehrungen zum Trotz – nie ganz ausschließen. Im Notfall kann über die Telefonnummer 1414 rund um die Uhr die Alarmzentrale der Rettungsflugwacht (REGA) erreicht werden. Die Mobiltelefon-Abdeckung ist in den Bergen allerdings längst nicht so flächendeckend wie im Mittelland. Ein Handy auf die Bergtour mitzunehmen, ist eine gute Idee. Besonders in eingeschnittenen Tälern weist die Mobilfunk-Abdeckung im Berggebiet jedoch große Lücken auf; selbst bei Sichtverbindung zu bewohnten Gebieten kann man sich außerhalb des Empfangsbereichs befinden. Die Vorstellung, in einer brenzligen Situation einfach das Mobiltelefon zücken und Hilfe anfordern zu können, ist trügerisch und schon einigen zum Verhängnis geworden.

Scheuen Sie sich nicht, im Zweifelsfall mit der REGA Kontakt aufzunehmen. Das Fachpersonal kann mit wenigen Fragen abklären, ob der Helikoptereinsatz dringend und aufgrund der Wetter- und Sichtverhältnisse überhaupt möglich ist. Die Kosten sind meistens von der Krankenkasse/Unfallversicherung gedeckt, die Familienmitgliedschaft bei der Rettungsflugwacht ist aber trotzdem zu empfehlen.

Heikle Passagen

Auch normale Bergwege können stellenweise durch sehr steiles, ausgesetztes Gelände führen. Machen Sie es sich zur Gewohnheit, kleinere Kinder in heiklen Passagen bergseitig an die Hand zu nehmen und wo immer möglich Hilfestellung anzubieten. Lassen Sie die Kinder bei steilem Aufstieg vor, bei steilem Abstieg hinter sich gehen. In gefährlichem Gelände darf die Entscheidung, ob es sich der helfenden Hand bedienen will, nicht dem Kind überlassen werden. Manchmal kann sogar die Zuhilfenahme eines Stücks Seil oder einer Reepschnur angesagt sein. Vor einer Anseilkonstruktion, die lediglich aus einem behelfsmäßigen Brustgurt besteht, muss eindringlich gewarnt werden. Kinder greifen bei einem Sturz reflexartig nach oben, und weil ihre Schulterpartie noch wenig ausgeprägt ist, können sie dann leicht durch den Brustgurt hindurchrutschen.

Eine Konstruktion mit Beinschlingen ist deshalb Voraussetzung (siehe Darstellung rechts). Bewährt hat sich auch das gemeinsame Besprechen eines anspruchsvollen Wegabschnittes, gerade bevor die Schwierigkeiten beginnen: Was ist gefährlich, wie kann man die Gefahr minimieren usw.?

Kinder gehen in steilen Passagen selten »sauber«, das heißt ohne Steine loszulösen. Hier ist besondere Vorsicht geboten, denn die Steine, und seien sie noch so klein, können Personen gefährden, die sich weiter unten, außerhalb des Blickfeldes, befinden. Das Spiel »Wer schafft es, kein einziges Steinchen loszutreten« ist ein sinnvolles Training. Wichtig ist auch hier das Vorbildverhalten der Eltern.

Steile Hartschneefelder bergen ein hohes Ausrutschrisiko; man sollte sie meiden. Das Überqueren solcher Passagen bedingt eine komplette Alpinausrüstung mit Pickel, Steigeisen und Seil (und das Wissen, wie damit umzugehen ist). Bedenken Sie, dass nach einem Ausrutscher in einem 40 Grad steilen Schneefeld nach lediglich 50 Metern Abgleiten bereits Geschwindigkeiten von über 100 Kilometern pro Stunde erreicht werden.

Wetter

Bei gutem Wetter ist Wandern in den Bergen wunderschön, sofern man sich ausreichend gegen die Sonne schützt. Blitzschnell können an einem sonnigen Tag aber dichte Wolken oder ein Gewitter aufziehen, und bei entsprechend tiefer Temperatur ist in den Bergen auch mitten im Sommer Schneefall möglich. Scheinbar einfache Wanderungen werden dann zu ungemütlichen Unternehmungen. Es lohnt sich also, vor der Tour den Wetterbericht zu studieren und die Wanderung so zu planen, dass

▸ Schneefelder sind heikel – aber manchmal auch sehr lustig.

Das Wichtigste in Kürze

Anwendung der Dreierschlinge

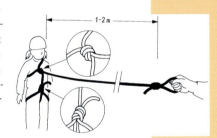

Knüpfen der Beinschlaufen für die Dreierschlinge

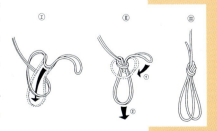

Quelle: Dewald, München 1994

rechtzeitig das Tal oder die Hütte erreicht werden können. Wird man von einem Gewitter überrascht, so sind exponierte Punkte unbedingt zu meiden.

Eine Bergtour mit Kindern kann durchaus gewagt werden, auch wenn nicht strahlend schönes Wetter herrscht. Allerdings muss die Ausrüstung den Umständen angepasst sein. Wanderungen bei Wind, Regen oder Schneefall stellen höhere Anforderungen. Durchnässung führt leicht zu Unterkühlung, und bei Gewittern ist neben der objektiven Gefahr auf die Ängste zu achten, die Blitz und Donner hervorrufen.

Ausrüstung

Was gehört in den Rucksack? Wer im Sommer bei Gluthitze im Flachland seinen Rucksack für die nächste Tour packt, läuft Gefahr, das Bergwetter zu unterschätzen. Auch im Hochsommer kann es im Gebirge empfindlich kalt werden. Der Rucksack sollte zwar nicht zu schwer werden, unabdingbar sind aber neben der Verpflegung ein guter Wind- und Regenschutz, eine bequeme, vor Wind schützende und schnell trocknende Wanderhose, ein warmer Pullover oder eine Faserpelzjacke, in höheren Lagen auch Handschuhe und Mütze. Sonnenbrille, Sonnenschutz und Kopfbedeckung gehören zum Standard. Für Kinder gilt bezüglich der Bekleidung grundsätzlich die gleiche Checkliste wie für Erwachsene. Auch sie brauchen eine gute und funktionelle Ausrüstung und in Sachen Ersatzkleider ist eine gewisse Großzügigkeit angesagt. Abgesehen vom Kleiderwechsel nach einem unfreiwilligen Bad im Bergbach sind mit Kindern auch häufigere An- und Ausziehpausen einzulegen, um auf den im Vergleich zu Erwachsenen stärker schwan-

Es gibt verschiedene Möglichkeiten, sich über die aktuelle Wetterentwicklung zu informieren:
- Automatischer Wetterbericht: Tel. 162
- Alpenwetterbericht: Tel. 0900 552 138 (Tonband, täglich neu ab 16 Uhr)
- Spezialwetterbericht: Tel. 0900 552 111 (Tonband, täglich neu ab 17.30 Uhr, ausführliche Wetterlage)
- Prognosen auf der Internetseite von MeteoSchweiz: www.meteoschweiz.ch.
- Prognosen lassen sich per SMS-Mitteilung auch aufs Handy holen. Details dazu im Internet auf www.meteoschweiz.ch
- Über Webcams sieht man das Wetter live. Kamerastandorte in den Bergen finden sich z. B. unter www.topin.ch oder www.camscollection.ch.

kenden Wärmehaushalt rechtzeitig reagieren zu können.

Mehrere dünne Kleiderschichten (Zwiebelschalenprinzip) erweisen sich als äußerst sinnvoll. Faserpelz (auch Fleece genannt) hat sich bei Kindern bewährt, ist leicht, robust, warm und trocknet schnell. Jacken aus Microfasergeweben mit Membranen (wie z. B. Gore-tex) sind hingegen in den wenigsten Fällen notwendig, denn Kinder schwitzen weit weniger als Erwachsene. Hier kann man ruhig einige Franken sparen. Nicht sparen sollte man hingegen beim Schuhwerk. Für Bergwanderungen brauchen kleine ebenso wie große Füße richtige Berg- oder Trekkingschuhe, die den Knöchel stützen und eine stabile, rutschfeste Gummiprofilsohle haben. Die Versuchung, Kinderbergschuhe in Anbetracht der rasch wachsenden Füße ein paar Nummern größer auszuwählen, ist groß. Die Gefahr, dass sich die Kinder dann weigern, die nächste Wanderung noch mitzumachen, allerdings

◄ Wer vorgängig seinen Schlafplatz in der Hütte reserviert hat, kann sich unterwegs umso mehr Zeit lassen für neue Bekanntschaften.

Das Wichtigste in Kürze

▼ Rutschfeste Sohlen sind auf Bergtouren ein Muss – nicht zuletzt für einen guten Stand bei der Schneeballschlacht.

auch. Mittlerweile sind Kindertrekkingschuhe bereits ab Größe 25 im Handel.

Dass Kinder einen eigenen Rucksack tragen, ist nicht zwingend nötig. Da dieser voll gefüllt höchstens 10 Prozent des Körpergewichtes des Kindes wiegen darf, würde der Elternrucksack ohnehin nicht wesentlich entlastet. Die Last darf deshalb nicht größer sein, weil sich der kindliche Körper noch in der Entwicklung befindet und Überlastungen, wie das Tragen eines schweren Rucksacks, negative Folgen für Wirbelsäule und Gelenke haben. Bewegung ist gut, Belastung jedoch schädlich.

Also: Die Ausrüstung kleinerer Kinder gehört in den Rucksack der Erwachsenen. Gerade auf einer Bergtour, wo die Lust an der Bewegung eine wichtige Voraussetzung für das gute Gelingen ist, sollte die den Kindern eigene Schnelligkeit und Beweglichkeit nicht durch einen schweren Rucksack eingeschränkt werden. In einem kleinen Rucksack können Kinder allenfalls ihr Kuscheltier, eine Taschenlampe, Traubenzucker und ähnliche Kleinigkeiten mittragen.

Ein Beispiel einer Ausrüstungsliste für eine 2-tägige Bergtour mit Hüttenübernachtung findet sich auf Seite 266.

Ernährung

Kinder haben einen anderen Stoffwechsel als Erwachsene. Ihr Bedarf an Nährstoffen, Eiweißen und Vitaminen ist höher, und sie müssen viel trinken.

Der Flüssigkeitsbedarf erhöht sich bei körperlicher Anstrengung erheblich, und wenn nicht regelmäßig für Nachschub gesorgt wird, reduzieren sich Leistungs- und Konzentrationsfähigkeit. Da Kinder (wie übrigens auch Erwachsene) während einer interessanten Tätigkeit oder bei kühlem Wetter den Durst aber nicht immer wahrnehmen, ist es wichtig, ihnen ab und zu die Trinkflasche unter die Nase zu halten. Für eine 2- bis 3-stündige Wanderung sollte mindestens ein Liter Getränk pro Kind eingeplant werden. Das macht den Rucksack zwar nicht leichter, kann aber einen Leistungsabfall und das abendliche Kopfweh verhindern. Geeignet sind Tee, verdünnter Saft oder ganz einfach Wasser. Sparen Sie nicht mit Trinken, füllen Sie die Flasche besser wieder an einem Brunnen oder in der Not an einem Bergbach auf. Falls Sie Wasser aus Bächen trinken, achten Sie darauf, dass das Wasser kalt ist (und somit nicht aus einem See oder Tümpel kommt), klar ist (also keine größeren Verunreinigungen enthält und nicht direkt vom Gletscher kommt) und die Steine im Wasser nicht von Algen überwachsen sind (was darauf hindeutet, dass das Wasser aus einer weiter oben gelegenen Weide kommt). Zur Sicherheit kann das Wasser durch einen im Fachhandel erhältlichen Wasserfilter gepumpt oder mit

einer Wasseraufbereitungstablette (z. B. Micropur o. ä.) purifiziert werden.
Es ist wichtig, neben der Hauptmahlzeit auch ausreichend Zwischenverpflegung aus dem Rucksack zaubern zu können. Und da eine Bergtour ja nicht alle Tage stattfindet, schadet es nichts, wenn beim Einkaufen auch die Vorlieben der Kinder berücksichtigt werden. Falls sich die kleinen Bergsteiger ausschließlich für Schokolade, Chips und Popcorn entscheiden sollten, macht es Sinn, das Sortiment durch bodenständigere und gesündere Kost wie Früchte, Dörrobst, Nüsse, Käse, Wurst, Brot und Ähnliches zu ergänzen. Auch deshalb, weil ja nie ganz auszuschließen ist, dass die Kinder das feine Risotto-Nachtessen in der Berghütte verschmähen und ein Käsebrot als Ersatz her muss …

◀ Während die Erwachsenen in den Sonnenuntergang hineinsinnieren, machen die Kinder die Hüttenumgebung unsicher.

Das Wichtigste in Kürze

Hüttenübernachtung

Eine Übernachtung in einer Berghütte – wie aufregend! Und ganz schön lehrreich. Draußen kann die Natur hautnah erlebt werden – z. B. kalt und windig –, in der Stu-

▼ Wem gehört dieser Brunnen? Wer war zuerst da?

be ist es geschützt und wohlig warm. Vielleicht schärft der Aufenthalt in einer abgelegenen Hütte auch das Bewusstsein für all die vermeintlich nicht wegzudenkenden Annehmlichkeiten zu Hause. Hier ist viel direkter und deutlicher sichtbar, dass das warme Wasser nicht von alleine seinen Weg zum Wasserhahn findet und die Lampe nicht einfach darum Licht verbreitet, weil sie Lampe heißt. Eine Hüttenübernachtung regt auch zum Nachdenken über unseren Umgang mit Energie, Rohstoffen und Abfall an.

Hütten sind keine Hotels

Sie möchten ja auch keine sein. Die bei den Tourenbeschrieben angegebenen Hütten und einfachen Berggasthäuser sind zwar oft grandiose Aussichtsterrassen in einer fantastischen Bergwelt, an ihrem abgelegenen Standort können sie den im Flachland üblichen Komfort aber nicht bieten. Äußerst selten stehen Doppelzimmer oder Duschen zur Verfügung, und die Platzverhältnisse lassen bei voll belegter Hütte keine große Privatsphäre zu. Die meisten Hüttenwarte und Wirte bemühen sich jedoch, Familien mit Kindern in kleineren Zimmern unterzubringen, wenn dazu eine Möglichkeit besteht. In der Regel wird man sich aber mit Gemeinschaftswaschräumen und Mehrbettzimmern bzw. Matratzenlagern anfreunden müssen. Die »Gegenleistungen« für die (kleinen) Entbehrungen können sich aber sehen lassen: An die aufgehende Sonne über dem Gipfelmeer oder die heimelige Stube an kalten Herbstabenden wird man sich noch lange gerne erinnern.

Das möglichst reibungslose Zusammenleben von vielen Menschen mit unterschiedlichen Zielen und Tagesrhythmen (Kletterer, Wanderer, Alpinisten, Familien) auf engem Raum setzt ein großes Maß an Rücksichtnahme und gegenseitigem Verständnis voraus. Einige wichtige Richtlinien sind in den meisten Hütten angeschlagen, und es ist selbstverständlich, dass sie befolgt werden. Die Übernachtungstaxen betragen in den meisten Hütten rund 30 Franken für Erwachsene und etwa die Hälfte für Kinder (Kleinkinder auch weniger). In den Hütten des SAC und einiger anderer Verbände genießen SAC-Mitglieder Vergünstigungen (rund 7 bis 15 Franken pro erwachsene Person).

Die Halbpension schlägt mit ungefähr 30 Franken zu Buche, auch hier kann für Kinder und Kleinkinder mit einer Reduktion gerechnet werden. Obwohl die Menüs in den Hütten vergleichbare Angebote im Tal manchmal in Qualität und meistens in Quantität übertreffen, sind die dafür verlangten Preise oftmals niedriger als im Tal unten. Und auch wenn die Kinder zu Hause Risotto niemals essen würden, kann es gut sein, dass der spezielle Hütten-Risotto bei den Kindern in nachhaltig guter Erinnerung bleibt.

◄ Um 22 Uhr ist in den meisten Hütten Nachtruhe.

Das Wichtigste in Kürze

Für Hüttenneulinge

So funktioniert das System (meistens): Wann auch immer und wo auch immer – eine Reservation der Übernachtungsplätze ist dringend zu empfehlen. Ist man verhindert, so muss man das mindestens einen Tag vorher mitteilen; die Annullation ist bei allen SAC-Unterkünften und bei den meisten anderen Berghütten kostenlos. Die Hüttenwarte sind aber berechtigt, eine sogenannte No-show-Annullationsgebühr zu erheben, wenn Sie ausbleiben, ohne Ihre Reservation abzu-

▼ In unbewarteten Hütten (wie hier in der Fergenhütte) muss selber gekocht werden. Holz, Pfannen und Geschirr sind jeweils vorhanden.

sagen. Gleichzeitig mit der Anmeldung kann man sich über die aktuellen Öffnungs- und Bewartungszeiten, die besonders Anfang und Ende Saison witterungsabhängig sind, und über die auf dem Zustieg herrschenden Verhältnisse informieren.

Nach Ankunft in der Hütte werden die Wanderschuhe im Schuhraum ausgezogen und gegen die bereitstehenden Hüttenfinken oder Zoccoli getauscht. Kindergrößen sind allerdings selten anzutreffen – leichte Hausschuhe also besser selber mitnehmen. Das Betreten der Schlafräume mit Wanderschuhen ist verboten. Der Hüttenwart oder die Hüttenwartin zeigt den Neuankömmlingen ihren Schlafplatz. Für Kinder immer ganz wichtig: Wo schlafe ich, wer liegt neben mir und wo haben meine Kuscheltiere ihren Platz? Dann ist der Zeitpunkt, sich ins Hüttenbuch einzutragen. Bei voll belegter Hütte geht es manchmal bereits jetzt ans Einkassieren; in der Regel wird aber erst am nächsten Morgen abgerechnet, falls man nicht allzu früh los will.

Wer nasse Kleider hat, fragt am besten den Hüttenwart nach geeigneten Trocknungsmöglichkeiten und umgeht so mögliches Konfliktpotenzial. Das Hüttentelefon steht den Gästen nur zur Verfügung, wenn es die Umstände erlauben. Wer mit dem Hüttentelefon telefonieren möchte, informiert den Hüttenwart und bekommt für einen Zuschlag von einigen Franken (für das Abonnement der Funk- oder Richtstrahlverbindung) die gewünschte Leitung. Nicht alle Hütten liegen im Empfangsbereich des Mobilfunks.

Nachtessen und Nachtruhe

Das Nachtessen findet normalerweise um ca. 18.30 Uhr statt. Geboten wird meistens eine Suppe zur Vorspeise, eine Hauptspeise und oft noch ein Dessert. Vegetarier bringen ihre Wünsche mit Vorteil bereits bei der Reservation oder spätestens bei Ankunft in der Hütte an. Vor einigen Jahren war es noch üblich, dass etliche Hüttenbesucher ihr Essen selber mitbrachten, und noch heute besteht in den SAC-Hütten kein Konsumationszwang.

Doch die Möglichkeiten, selber zu kochen, sind beschränkt. Es gilt auch zu bedenken, dass die Einnahmen aus der Konsumation die wichtigste Verdienstquelle der Hüttenwarte darstellen. Um 22 Uhr ist in den meisten Hütten Nachtruhe. Die Zeit für das Frühstück wird vom Hüttenwart-Team am Vorabend bekannt gegeben. Es findet normalerweise zwischen 6.30 und 8 Uhr statt, damit den Hüttenwarten anschließend Zeit bleibt, die Schlafräume wieder herzurichten und die Hütte auf Vordermann zu bringen, bevor die nächsten Gäste eintreffen. Das

▲ Matratzenlager sind häufig mit Duvets ausgestattet (wie hier in der Läntahütte).

◄ Bitte mach dich nicht schmutzig!

Das Wichtigste in Kürze

heißt natürlich auch, dass man seine Siebensachen im Schlafraum gleich nach dem Frühstück zusammenpackt, die Decken zusammenfaltet bzw. die Duvets wieder herrichtet und Platz für die Putzequipe macht.
In vielen Hütten sind Sandwiches, Schokolade, Brot, Müsliriegel usw. erhältlich. Tee für den nächsten Tag (»Marschtee«) ist bei einigen Hütten im Übernachtungspreis inbegriffen: Die Flaschen werden meist abends eingesammelt und stehen am Morgen gefüllt bereit.
Und noch zwei Hinweise: Bitte packen Sie Ihre Abfälle wieder ein und gehen Sie sparsam mit Wasser und Elektrizität um. Die Hüttenwarte erklären Ihnen gerne warum.

Umwelt

Bei einer Bergwanderung treten wir in eine empfindliche Welt ein, in der wir lediglich Gäste sind. Wir müssen uns ihrer Zerbrechlichkeit bewusst sein und die Achtung vor der Tier- und Pflanzenwelt auch den Kindern vermitteln. Als gutes Vorbild werden wir die folgenden Regeln beachten:

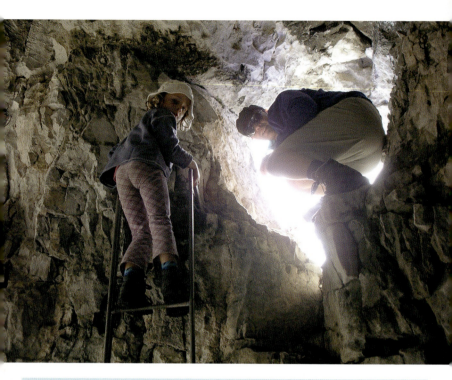

- Auf den vorhandenen Wegen bleiben. Hintereinander gehen, um den Weg nicht zu verbreitern, die Kurven nicht abschneiden.

- Trittempfindliche Böden wie Moose, Moore, Riede und Feuchtgebiete sowie erodierende Böden meiden. Wenig empfindliche Böden sind z. B. Wege, Weiden, Fels, Kies, trockene Rasen oder Schneedecken.

- Sorge tragen zu Pflanzen. Keine geschützten oder seltenen Blumen pflücken oder Pflanzen ausreißen, nur kleine Souvenirs wie Steine, Tannenzapfen oder Ähnliches mitnehmen. Die Rinde der Bäume nicht verletzen.

- Wildtiere in Ruhe lassen. Jeweils in gebührendem Abstand beobachten, weder verfolgen noch füttern. Hunde an der Leine führen.

- Die Stille respektieren, in sensiblen Gebieten Kinder dazu anhalten, keinen Lärm zu machen.

- Alle Abfälle wieder einpacken. Auch kompostierbare Abfälle mitnehmen oder zumindest zerkleinern.

- In empfindlichen Gebieten kein Feuer entfachen und sich in weniger empfindlichen Gebieten auf bereits vorhandene Feuerstellen beschränken.

Pädagogische Ansätze

Eigene Erfahrungen machen: Bergerlebnisse fordern Kinder auf der seelischen, geistigen und körperlichen Ebene. Sie beziehen den ganzen Menschen mit ein. Bergerfahrungen stammen aus erster Hand, anders als beispielsweise in der Schule, wo Wissen oft nur weitervermittelt wird. Lernen erfolgt hier oftmals durch Ausprobieren. Ob sich eine Abkürzung durchs Dickicht bewährt oder nicht, merkt das Kind von alleine. Nicht nur das Ergebnis zählt, sondern vor allem die Erfahrungen, die auf der Suche nach dem richtigen Weg gemacht werden. Handlung und Ergebnis sind direkt miteinander verknüpft und fördern das vernetzte Denken.

Verantwortung abgeben – Verantwortung übernehmen: Einige Eltern behalten die Kinder immer genau im Auge, während andere ihnen mehr zutrauen (Vertrauen haben), sie eher an der langen Leine laufen lassen. Eigeninitiative soll nicht unterbunden, sondern gezielt gefördert werden. In den Bergen darf die gewährte Freiheit die Kinder nicht gefährden, was von den Begleitpersonen eine hohe Kompetenz in der Gefahrenbeurteilung verlangt. Bei jeder Bergwanderung wird es nötig sein, den Kindern Grenzen zu setzen und auf deren Einhaltung – auch gegen ihren Willen, aber zu ihrem eigenen Schutz – zu bestehen.

Bei Familienwanderungen kommen ganz andere Stärken zum Tragen als in der stark reglementierten Alltagswelt. Dabei erleben sich die Familienmitglieder in anderen, ungewohnten Situationen, was dem Zusammenhalt in der Familie und dem gemeinsamen Erleben förderlich ist.

Umwelt wahrnehmen: In unserer technisierten und stark reglementierten Welt wird es zunehmend schwieriger, Naturerfahrungen

◂ Sich in einer unbekannten Umgebung neu kennenlernen: Bergabenteuer schweißen die Familie zusammen.

Das Wichtigste in Kürze

▾ Anspruchsvolle Passagen vor der Begehung besprechen.

zu machen. Eine Umgebung mit kurz geschnittenen Rasenflächen und kanalisierten Flussläufen bietet wenig Möglichkeiten, natürliche Zusammenhänge zu verstehen. Gerade dieses Verständnis wäre aber dringend notwendig, um eine lebenswerte Zukunft zu sichern. Eine Sensibilisierung für natürliche Zusammenhänge führt zum Erkennen von Problemen und möglicherweise zum Engagement für die bedrohte Umwelt. Wer die vielfältige Farbenpracht einer Bergwiese gesehen hat, wird sich fragen, warum auf der Wiese zu Hause nur drei Blumenarten zu finden sind. Und Wanderungen sind vielleicht auch dazu da, wieder einmal so richtig schmutzig zu werden. Mit Händen und Füßen im Lehm matschen und das Gröbste anschließend am Bach wieder auswaschen. Die Natur ist nicht klinisch rein. Und das ist gut so.

Tourenplanung

Flexibilität heißt das Stichwort: Obwohl bei den Bergwanderungen in diesem Führer Gehzeit und Schwierigkeit des Weges dem Alter und dem Leistungsvermögen der Kinder angepasst sind, können Witterung, Landschaftsgegebenheiten oder schlicht und einfach die Tagesform einzelner Teilnehmer zur Umkehr zwingen. Machen Sie sich nichts daraus, und kehren Sie um. Das fällt umso leichter, wenn man im Planungsstadium schon mit dieser Möglichkeit gerechnet hat.

Die hier vorgestellten Wanderungen weisen unterschiedliche Längen und Schwierigkeitsgrade auf (siehe Abschnitt Schwierigkeit, Seite 30). Am einen Ende des Spektrums finden sich einfache Touren, die schon mit kleinen Wanderanfängern und bei (fast) jedem Wetter begehbar sind (T2), während die schwierigeren Routen bergerfahrenen Kindern (und Eltern) vorbehalten sind und eine stabile Wetterlage voraussetzen (T4). Sinnvollerweise wird für den ersten gemeinsamen Bergausflug eine einfache Tour gewählt. Die gemachten Erfahrungen zeigen schnell, welcher Schwierigkeitsgrad für die nächste Unternehmung angesagt ist.

Falls Sie zum ersten Mal mit Kindern in die Berge gehen, eignen sich beispielsweise die Touren Nr. 3, 9, 14, 18, 19 oder 26 sehr gut. Anstrengender sind die Touren 1, 5, 6, 8, 17 und 27, technisch schwieriger wird es bei den Wanderungen 4, 7, 11, 15 und 21. Die Touren 12 und 20 sind die anspruchvollsten der in diesem Führer beschriebenen Wanderungen und sollten nur von Familien in Angriff genommen werden, die schon über eine gewisse Bergerfahrung verfügen. Sollten unterwegs trotzdem Zweifel auftauchen, ist es wichtig, für den Rückweg die bekannte Route und nicht den Pfad ins Ungewisse zu wählen.

Die meisten der beschriebenen Touren sind in der Regel ab Mitte Juni mehr oder weniger schneefrei.

◄ Flexibilität bei der Tourenplanung schafft Freiräume – auch für einen Staudammbau.

Das Wichtigste in Kürze

▼ Wegweiserwirrwarr. Eine Wanderkarte gehört mit auf die Tour.

ERKLÄRUNGEN ZU DEN SERVICE-INFORMATIONEN

Um die Auswahl der passenden Bergwanderung zu erleichtern, sind in diesem Führer die relevanten Informationen für jede Tour einheitlich zusammengestellt.

Warum nach/ins/zum …?
Hier finden sich zum »Gluschtig«-Machen die Highlights des Ausfluges. Die Palette ist breit: Sehenswertes unterwegs, spannende Wegpassagen und attraktive Transportmittel werden ebenso vorgestellt wie Hütten-Besonderheit, Spielplätze oder Bademöglichkeiten in Bergsee und Wildbach. Ein Auswahlkriterium, bei dem auch die Kinder mitreden können.

Tourencharakter
Unschwieriger Voralpengipfel oder anspruchsvoller Hochgebirgspfad? Die Charakterisierung der Tour vermittelt einen ersten Eindruck des zu erwartenden Abenteuers, liefert aber auch Impressionen zum Gebiet, gibt an, wie viele Tage sinnvollerweise dafür eingesetzt werden sollten, und schlägt vielleicht eine zusätzliche Übernachtung vor, um das Erlebnis noch zu intensivieren.

Schwierigkeit
Die Bewertung der Schwierigkeit erfolgt gemäß der Wanderskala des Schweizer Alpen-Clubs (SAC). Die Schwierigkeitsangaben beziehen sich immer auf günstige Verhältnis-

se. Bei misslichen Bedingungen (Nebel, Wind, Nässe, Schnee) können die Anforderungen rasch zunehmen. Die schwierigste Stelle einer Wanderung, und sei sie noch so kurz, bestimmt die Gesamtbewertung der Route.

Ergänzend finden sich weitere Hinweise zur Wanderung bzw. zur »Schlüsselstelle«, an der Kinder genauer überwacht oder per Hand oder Reepschnur gesichert werden müssen. Die Schwierigkeitsskala des SAC mit Routenbeispielen und genauen Definitionen findet sich auf Seite 264.

◀ **Bei einer spannenden Bergwanderung sind auch Herr und Frau Nielson gerne mit von der Partie.**

Das Wichtigste in Kürze

Höhenunterschiede und Gehzeiten

Die Gehzeiten einer Tour setzen sich aus zwei Komponenten zusammen, nämlich der benötigten Zeit für die Horizontaldistanz sowie einem Zuschlag für den Auf- bzw. Abstieg. Zusammengezählt ergeben diese Werte die totale Wanderzeit, wobei besonders im Abstieg Qualität und Steilheit des Weges eine Rolle spielen und das Ergebnis verfälschen können. Den in diesem Führer angegebenen Wanderzeiten liegen folgende Annahmen zugrunde: für 1 Kilometer Horizontaldistanz werden 20 Minuten, pro 100 Höhenmeter Aufstieg ebenfalls 20 Minuten und pro 100 Höhenmeter Abstieg 8 Minuten veranschlagt.

Bei den unter dieser Rubrik aufgeführten Zeitangaben handelt es sich um Gehzeiten für Erwachsene, die ungefähr den Wegweiser-Zeitangaben entsprechen, also kurze Stundenhalte, jedoch keine längeren (Mittags-) Pausen beinhalten.

Eine sinnvolle und einfache Zeitberechnungstabelle stellt die Schweizerische Arbeitsgemeinschaft für Wanderwege (SAW) unter der Adresse www.swisshiking.ch im Internet zur Verfügung.

▼ **Bei misslichen Bedingungen können normalerweise einfach zu begehende Passagen rasch sehr anspruchsvoll werden.**

to, Luft- und Standseilbahn, Sessellift, Alpentaxi) ab dem letzten im Kursbuch aufgeführten Bahnhof angegeben, dasselbe gilt für die Rückreise. Bei Seilbahnen und Taxidiensten, die nicht im Kursbuch zu finden sind, wird eine Telefonnummer für Auskünfte und Anmeldungen aufgeführt. Zusätzliche Informationen finden sich auch beim örtlichen Verkehrsbüro oder in der von der Alpenschutzbewegung Mountain Wilderness herausgegebenen Broschüre »AlpenTaxi« (im Internet unter www.alpentaxi.ch).

Die mit Kindern tatsächlich benötigte Zeit weicht allerdings oft stark von der Berechnung ab. Sie wird nicht nur vom Alter des Kindes, sondern vor allem von seiner Tagesform und der Ablenkung durch die großen und kleinen Wunder am Wegrand bestimmt. Mit 7-jährigen Kindern rechnen wir ungefähr mit dem Doppelten der von der SAW publizierten Gehzeit. Andererseits kann man mit 11-jährigen manchmal bereits schneller unterwegs sein, als auf den Wegweisern vorgeschlagen.

Ausgangspunkt / Anreise, Endpunkt / Rückreise

Die Wandergebiete im vorliegenden Führer sind so gewählt, dass sie mit öffentlichen Verkehrsmitteln einfach und mit vernünftigem Zeitaufwand erreicht werden können. Die Anreise in Zug und Postauto bietet viele Vorteile, nicht nur bei Touren mit unterschiedlichem Ausgangs- und Endpunkt. Vor allem: Die Eltern haben für ihre Kinder viel Zeit. Und die Gefahr, dass eine schöne und ermüdende Bergwanderung abends auf der Autobahn ein böses Ende nimmt, fällt auch weg. Für die Anreise zum Ausgangspunkt der Wanderung sind die Verkehrsmittel (Postau-

Übernachtung

Die hier aufgeführten Hütten und Berghäuser sind normalerweise während der Wandersaison (Juni–Oktober) geöffnet. In Ausnahmefällen, zum Beispiel bei sehr schlechter Witterung oder einem frühen Wintereinbruch, können sie aber von einem Tag auf den anderen geschlossen sein. Andererseits kann an schönen Wochenenden der Ansturm groß sein. Deshalb lohnt sich eine Reservation – entsprechend sind bei sämtlichen Übernachtungsmöglichkeiten die Telefonnummer sowie die Internetadresse angegeben.

Die ständig geöffneten, aber nicht immer bewarteten Clubhütten des SAC stehen allen Berggängern offen. Während der saisonalen Bewartung sind Getränke, einfache Mahlzeiten und meist auch eine erstaunlich abwechslungsreiche Halbpension erhältlich. Private Berghäuser haben ebenfalls saisonale Öffnungszeiten, genauere Informationen dazu sind direkt beim Berggasthaus oder beim lokalen Verkehrsbüro erhältlich.

Karten und spezielle Ausrüstung

Die in dieser Rubrik angegebenen vierstelligen Nummern und Namen bezeichnen die für die Wanderung benötigten Kartenblätter im Maßstab 1:25 000 von Swisstopo (Bundesamt für Landestopografie). Es lohnt sich, einen Blick auf die aktuellste Ausgabe der Karte zu werfen, denn oft sind alte Wegspuren verschwunden oder – fast noch schlimmer für Kinder – zu langweiligen Fahrsträßchen ausgebaut worden.

Im Internet hat man unter http://map.geo.admin.ch gratis Zugriff auf die Swisstopo-Karten aller Maßstäbe.

Weiter sind hier die vom Standard abweichenden oder zusätzliche Ausrüstungsgegenstände aufgeführt, die noch einen Platz im Rucksack finden sollten.

Swisstopo gibt sämtliche Landeskarten auch in digitaler Form heraus, was das Planen der Touren von zu Hause aus wesentlich vereinfachen kann.

Varianten

Es kommt hierzulande ab und zu vor, dass das Wetter nicht ganz der Prognose entspricht. Daher haben wir einerseits Abkürzungsmöglichkeiten für ungünstiges Wetter aufgeführt, andererseits auch lohnende weitere Abstiege, Abstecher zu verborgenen Sehenswürdigkeiten oder etwas anspruchsvollere Übergänge und Rückkehrmöglichkeiten beschrieben. Auch an und für sich machbare, aber mit Kindern nicht empfehlenswerte Abstiege werden unter dieser Rubrik kurz erwähnt.

Buchtipps

Hier finden sich Hinweise auf Bücher, die einen direkten Bezug zu Aspekten der entsprechenden Wanderung haben und sich für die Vor- oder Nachbereitung eignen. Allgemeine Literaturhinweise siehe Seite 267.

◀ **Pause für den Geist, die Beine – aber nicht für den Magen.**

Das Wichtigste in Kürze

▼ **Bergfreundinnen**

ALPSTEIN UND WALENSEE

Auch wenn es die Gipfel in dieser Ecke der Alpen nicht auf 3000 Meter bringen: Steile Flanken, tief eingeschnittene Täler und Bergrücken mit atemberaubender Aussicht vermögen kleine und große Wandersleute – wie hier auf dem Chreialpfirst – trotzdem ins Staunen zu versetzen!

1–5

1 Kreuz und quer durch den Alpstein

Wo sich Höhlenbär und Jäger einst gute Nacht sagten

Das Wildkirchli

Bei besonders guten Bedingungen soll der Säntis, der höchste Gipfel des Alpsteins, sogar vom Stuttgarter Fernsehturm aus zu sehen sein. Vielleicht. Unbestritten ist die Tatsache, dass der Alpstein eine von weither sichtbare Landmarke ist. Und quasi ein Gebirge im Taschenformat. Seine steilen Flanken, die tief eingeschnittenen Täler und vor allem die von allen Seiten gute Erreichbarkeit machen das voralpine Kalkmassiv zu einem interessanten, teilweise allerdings auch anspruchsvollen Wandergelände. Die Kehrseite der Medaille: An schönen Wochenenden und Ferientagen ist man auf den unzähligen Pfaden selten allein unterwegs und in den meist spektakulär gelegenen Bergrestaurants lässt sich kaum ein freier Tisch finden.

Wie mag das wohl damals gewesen sein, Mitte des 17. Jahrhunderts? Als in den abgelegenen Wildkirchli-Höhlen, mitten in der Südostwand des Ebenalpstocks, Pfarrer Paulus Ulman eine kleine Kapelle einrichtete und sich Eremiten niederließen, um in Ruhe über Gott und die Welt nachdenken zu können? Und sie waren nicht die Ersten, die in der Abgeschiedenheit dieser wilden Bergwelt Unterschlupf suchten: Schon während der letzten Eiszeit pflegten sich sowohl Bären wie auch Jäger in die geräumigen Höhlen mitten in der Felswand zurückzuziehen.

Zurück in die Gegenwart. Von Ruhe und Einsamkeit ist an schönen Tagen auch bei den Wildkirchli-Höhlen nichts mehr zu spüren. Trotzdem: Noch heute strahlt die außergewöhnliche Stätte eine bemerkenswerte Anziehungskraft aus!

1. Tag: Der Aussichtsreiche

Die Aussicht auf der Terrasse des Berggasthauses **Staubern** (1746 m) ist so grandios, dass man am liebsten einfach sitzen bleiben möchte … Warum also nicht schon am Vorabend anreisen, im heimeligen Berggasthaus übernachten und sich am Panorama satt sehen? Denn die Aussicht unterwegs zur Zwinglipasshütte wird zwar nicht schlechter – aber schauen und gleichzeitig wandern sind Tätigkeiten, die sich im Alpstein nur selten vereinbaren lassen! Das zeigen schon die ersten Schritte auf dem gut ausgebauten und gesicherten Weg durch die Felsen der Stauberenkanzel: Schwierig wird es nicht, aber eine Unachtsamkeit könnte im steilen Gelände fatale Folgen haben! Nach dieser Felspassage verläuft der Pfad im leichten Auf und Ab in der Flanke des Furgglenfirst, um sich dann in steilen Kehren gegen die **Saxer Lücke** (1649 m) zu senken.

Alpstein

Warum kreuz und quer durch den Alpstein?

Wie auf einer richtigen Expedition ein ganzes Gebirge durchqueren und dabei eine Menge neuer Ein- und Ausblicke genießen. Im Bergsee inmitten schroffer Bergflanken ein erfrischendes Bad wagen. Auf der Sonnenterrasse des Bergrestaurants neue Energie tanken. Und schließlich in einem luftigen Seilbähnli echten Nervenkitzel erleben. Wäre doch was, oder?

Tourencharakter
3-tägige Bergwanderung. Wer zum Fälensee – und damit ins Herz des Alpsteins – vorstoßen will, wird wohl oder übel ein paar Schweißtropfen vergießen müssen. Mit der Bogartenlücke steht zwar ein nahrhafter (Passüber-)Gang auf der Menükarte, ansonsten sind die Auf- und Abstiege aber eher leichte Kost. Die spektakuläre Kulisse der Kalkwände macht ohnehin alle Mühen vergessen.

Schwierigkeit: T2–T3
Die Wege im Alpstein sind generell gut unterhalten und gesichert, einzelne Passagen über Kalkstufen und durch Alpweiden können bei Nässe aber rutschig sein. Weil die Route zwischen Staubern und Roslenalp durch steiles und zum Teil ausgesetztes Gelände führt, gilt hier ganz besonders: Gehen oder schauen, nicht beides gleichzeitig! Und Vorsicht: Der Alpstein ist ein Kalkmassiv – tiefe Löcher und Höhleneingänge lauern oft direkt neben der Wanderroute auf unvorsichtige Wandersleute!

Höhenunterschiede und Gehzeiten
1. Tag: Staubern–Saxer Lücke–Zwinglipasshütte ↗ 600 m, ↘ 350 m, 4 h 45.
   Staubern–Saxer Lücke 1 h 30.
   Saxer Lücke–Zwinglipasshütte 3 h 15.
2. Tag: Zwinglipasshütte–Hundsteinhütte ↗ 100 m, ↘ 540 m, 2 h 45.
3. Tag: Hundsteinhütte–Bogartenlücke–Alp Sigel ↗ 480 m, ↘ 490 m, 4 h 15.
   Hundsteinhütte–Bogartenlücke 2 h 30.
   Bogartenlücke–Alp Sigel (Bergstation Seilbahn) 1 h 45.

Auf den ersten Metern nach der Lücke ist weiterhin Vorsicht geboten, weil der Pfad nochmals ein paar kleine Felsrippen quert. Dann aber führt der Wanderweg über offene Alpwiesen zur **Roslenalp Oberalp** (1767 m, Übernachtungsmöglichkeit) und klettert unter den markanten Kalkpfeilern des Chrüzbergs dem **Mutschensattel** (2069 m) entgegen. Ein Abstecher auf den **Mutschen** (2121.8 m) ist äußerst lohnend! Auch die Fortsetzung der Route über den breiten Grasrücken des **Chreialpfirsts** (2126 m) bietet noch einmal Aussicht vom Feinsten, bevor es über ein paar harmlose Kalkrippen hinab zur **Zwinglipasshütte** (1999 m) geht.

2. Tag: Der Gemütliche

Von der Zwinglipasshütte führt der gut markierte, einfach zu begehende, bei Nässe aber rutschige Weg immer in nordöstlicher Richtung an den Hütten von **Häderen** (1738 m) vorbei hinunter zum Fälensee. Wer es eher ruhig und romantisch mag, rastet auf der **Fälenalp** (1457 m, Übernachtungsmöglichkeit) am oberen Seeende, wen der perfekte Blick auf See und Kalkwände den Rummel übersehen lässt, geht weiter bis zur **Bollenwees** (1470 m) am unteren Ende. Und alle, die sich nicht entscheiden können, nehmen am besten gleich an beiden Enden ein Bad. Denn schließlich ist es von der Weggabelung (1479 m) 200 Meter nördlich der Bollenwees ja nur noch ein viertelstündiger Katzensprung auf dem markierten Weg hinauf zur **Hundsteinhütte** (1554 m).

3. Tag: Der Wilde

Ganz so gemütlich fällt die dritte und letzte Etappe nicht aus. Zuerst geht es auf dem Hüttenweg wieder zurück zur Abzweigung (1479 m), dann steil hinab Richtung Rheintaler Sämtis. Der Abstieg ist bemerkenswert: Der Pfad führt in engen Kehren durch den Stiefel und folgt dabei einer senkrechten Kalkwand, die sich schnurgerade zur Alp hinunterzieht. Flach wird es unten nur für ein paar Meter, dann geht es gleich wieder bergauf (1317 m). Und wie! In ständigem Zickzack klettert der Weg dem markanten Zahn mitten in der **Bogartenlücke** (1710 m) entgegen. Er führt inmitten von imposanten Felswänden durch steile Bergwiesen, ist aber nirgends ausgesetzt oder schwierig zu begehen. Nur anstrengend.

Nach der Lücke geht es über Schotter unschwierig, aber etwas rutschig gleich wieder steil hinab. Bei einer Weggabelung (Wegweiser, 1619 m) biegt der Pfad nach Wasserauen ab und bietet sich für jene, die luftige Seilbahnen nicht sonderlich lieben, als Alternative an. Unsere Route zur Alp Sigel dagegen führt an den Fuß der Felsen des Bogartenfirsts, wendet sich dann gegen Nordosten und leitet beinahe horizontal nach **Obere Mans** (1555 m) hinüber – immer mit bestem Blick auf die Wildkirchli-Höhlen auf der gegenüberliegenden Talseite. Erst auf einem romantischen Weglein durch einen Wald (P. 1561), dann über offene Alpweiden wird die **Alp Sigel** (1581 m) erreicht. Von hier ist es noch ein knapper Kilometer nordostwärts bis zur Mutprobe: Die Bergstation (1597 m) der kleinen, vollautomatischen Seilbahn sieht nicht weiter verdächtig aus, aber spätestens nach der ersten Stütze werden auch eingefleischte Seilbahnfreaks kurz die Luft anhalten.

◄◄ Berggasthaus Staubern vor der imposanten Kalkfalte der Stauberenkanzel: Aussicht à discrétion ...

◄ Chrüzbergwärts. In einer Stunde werden die Wandervögel am Fuße der markanten Pfeiler des Chrüzbergs rasten. Und sich noch später auf dem breiten Grasrücken des Chreialpfirsts wie im siebten Wanderhimmel fühlen.

Alpstein

▼ Wanderparadies Alpstein: Nicht alle Wege sind so kindertauglich wie die Alpwiesen zwischen der Roslenalp und dem Mutschensattel.

DER HÖHLENBÄR

Die (spätere) Schweiz während der letzten Eiszeit: Weite Teile liegen unter mächtigen Gletschern begraben, und in der angrenzenden Tundra ist – vergleichbar mit dem heutigen Sibirien – der Boden dauernd gefroren. Auch die Steppe, in welche die Tundra mit zunehmender Entfernung zum Eisrand übergeht, bietet mit Birken, Wacholder und Zwergkiefern einen eher kargen Lebensraum. Die Menschen kämpfen um das Überleben, während sich Tiere wie Mammut, Moschusochse, Wollnashorn, Rentier, Schneehase und Schneehuhn bei den herrschenden tiefen Temperaturen wohl fühlen. Noch einer fand sich damals, allerdings mehr schlecht als recht, in der rauen Umgebung zurecht: der Höhlenbär. Ein beeindruckender Zeitgenosse! Ausgewachsene Tiere wogen nahezu eine Tonne und konnten eine Schulterhöhe von etwa eineinhalb Metern erreichen. Auf den Hinterbeinen stehend waren sie rund drei Meter groß und damit vergleichbar mit den Grizzlybären Nordamerikas. Sie hatten, wie Fossilienfunde zeigen, einen massigen Schädel mit einem deutlichen Knick über der Stirn und relativ kurze, aber sehr robuste Gliedmaße. Seinem Namen zum Trotz: Der Höhlenbär – der übrigens ausschließlich in Europa vorkam – war kein nur im Dunkel seiner unterirdischen Verstecke lebendes Tier! Tagsüber suchte er im Freien nach Kräutern, Gräsern, Beeren und Früchten und verschmähte auch den Honig wilder Bienen nicht. Ausnahmsweise genehmigte er sich auch kleine Säugetiere, falls er sie schnappen konnte. Die flachen Backenzähne und Funde von Kot deuten aber darauf hin, dass sich die Höhlenbären im Laufe ihrer Entwicklungsgeschichte von Allesfressern zu reinen Vegetariern gewandelt haben.

Während der Wintermonate hielten die Höhlenbären einen ausgedehnten Schlaf und zogen sich dazu in den sicheren Untergrund zurück. In vielen Höhlen – auch in den Wildkirchli-Höhlen im Alpstein – zeugen Knochenfunde davon, dass hier einst das Winterquartier der pelzigen Gesellen gewesen sein muss. Im Laufe der Jahrtausende häuften sich in gewissen Höhlen wahre Berge von Fossilien an! Alte und kranke Tiere, die sich im Herbst keine genügend großen Fettpolster als Nahrungsreserven anfressen konnten, überlebten die langen Winter oft nicht und starben in ihrem dunklen Versteck. Außerdem, so scheint es, brachte die Höhlenbärin ihren Nachwuchs in der kalten Jahreszeit zur Welt. Fossilienfunde belegen, dass auch viele Jungtiere und trächtige Weibchen mit ihren Föten den nächsten Sommer nicht erlebt haben. Und manches Tier soll in seiner eigenen, verbrauchten Atemluft erstickt sein, wenn die Sauerstoffzufuhr in seinem Winterquartier nicht ausreiche.

Die letzte Eiszeit wurde den mächtigen Säugetieren schließlich zum Verhängnis. Während des Maximalstandes der letzten großen Vereisungsphase vor etwa 20000 Jahren reduzierte sich ihr Bestand erheblich. Vermutlich entzog ihnen dann ein rascher, grundlegender Klimawandel gegen Ende der Kaltzeit sowohl den Lebensraum wie die Nahrungsgrundlage. Die Höhlenbären verschwanden für immer. Als wenig wahrscheinlich gilt, dass steinzeitliche Jä-

Alpstein

▲ Vorsicht, damit kein »Oogföll« (Unglück) passiert! Im Alpstein lauern zwar keine Höhlenbären, dafür senkrechte Kalkwände neben harmlosen Alpweiden.

ger für das Aussterben der Höhlenbären verantwortlich waren. Es fanden sich bei Ausgrabungen zwar häufig Bärenknochen und Werkzeuge des Menschen in denselben Schichten, aber Bären und Jäger müssen sich deswegen nicht zum gleichen Zeitpunkt in der Höhle aufgehalten haben. Es gibt keine Anhaltspunkte dafür, dass sich die Menschen auf die Höhlenbärenjagd spezialisiert und damit das Aussterben der Tiere ausgelöst hätten.

Übrigens: Der Bär ziert noch heute die Wappen der beiden Appenzeller Halbkantone. Dass es sich dabei um das Abbild eines Höhlenbären handelt, ist allerdings nicht verbürgt.

FINGERSPITZENGEFÜHL

Lange bevor die Menschen lernten, sich einfache Hütten zu bauen, suchten sie in den Höhlen Schutz vor Kälte, Wind und Regen. Sehr gemütlich waren diese Behausungen zwar nicht, aber wenn im Höhleneingang ein Feuer brannte, konnte die Kälte wenigstens notdürftig abgehalten werden und die Bewohner waren vor wilden Tieren sicher.

Die Steinzeitmenschen waren sehr unordentlich. Sie ließen die Knochen der verspeisten Tiere einfach in der Höhle liegen, und oft kam es vor, dass Werkzeuge und Waffen, die ebenfalls auf dem Boden verstreut waren, unter all dem Schmutz und Abfall begraben wurden. Was, wenn das Feuer ausging und die Höhlenbewohner in der Dunkelheit ihre wenigen Habseligkeiten zusammensuchen mussten? Dann war ein guter Tastsinn gefragt!

Im folgenden Spiel lässt sich mit eigenen Händen erfahren, wie schwierig es gewesen sein muss, in der stockfinsteren Höhle den richtigen Gegenstand zu finden. Vorgängig muss vom Spielleiter eine ganze Menge kleinerer Dinge gesammelt werden. Sie können sowohl aus dem Rucksack (Taschenmesser, Kugelschreiber, Münze, Schlüssel, Feuerzeug, Kompass usw.) wie auch aus der Natur (Steine, Blätter, Pilze, Zapfen, Federn usw.) stammen. Pro mitspielendes Kind werden 3 bis 5 Gegenstände gebraucht, zusätzlich zwei Säcke oder Taschen. Und schon kann es losgehen:

Alle Gegenstände werden – ohne sie den Kindern vorher zu zeigen – in einen Sack gesteckt, ein Teil der Dinge wandert direkt ins »Spielsäckchen«. Nun kommt das erste Kind an die Reihe und steckt eine Hand zum Ertasten der Gegenstände in das Säckchen. Errät es eines der Dinge, bekommt es einen Punkt und der Gegenstand wird aus dem Säckchen und aus dem Spiel genommen. Dann erhält das nächste Kind Gelegenheit, sein Fingerspitzengefühl zu testen. Erratene Gegenstände werden – natürlich ebenfalls ohne sie den Kindern vorher zu zeigen – durch neue aus der Vorratstasche ersetzt, bis dort keine mehr zur Verfügung stehen. Sieger ist, wer die meisten Punkte gesammelt hat.

Je nach Alter der Kinder kann die Schwierigkeit gesteigert werden, indem verschiedene Blätter, Gesteine oder Zapfen unterschieden werden müssen.

▶ Wie zu Urzeiten: Ob auch die Höhlenbewohner ihre Füße im Fälensee gebadet haben?

▶ Letzte Sonnenstrahlen bei der Zwinglipasshütte – ab in die geheizte Stube! In der Ferne liegen die Churfirsten noch im warmen Abendlicht.

Informationen

1 Alpstein

Ausgangspunkt / Anreise
Berggasthaus Staubern, 1746 m. Bus von Buchs SG nach Gams und von dort weiter nach Frümsen, Hohlengasse. Zu Fuß in 15 Minuten auf markiertem Fahrsträßchen zur Talstation der Gondelbahn nach Staubern (Tel. 081 757 24 24).

Endpunkt / Rückreise
Alp Sigel (Bergstation Seilbahn), 1597 m. Seilbahn hinunter nach Pfannenstiel. Wiedereröffnung auf den 1. Mai 2011 vorgesehen. Tel. 071 799 18 43, www.alpsigel.ch. Zu Fuß in 20 Minuten auf dem Sträßchen nach Brülisau und mit dem Postauto nach Weissbad.

Übernachtung
Zwinglipasshütte SAC, 1999 m, Koordinaten 746 710 / 233 180, 42 Plätze, ganzjährig geöffnet. Während der Hauptsaison an Wochenenden und in der Ferienzeit bewartet (nur einfache Mahlzeiten erhältlich). Tel. 071 988 28 02, www.sac-toggenburg.ch. Heimelige Unterkunft inmitten einer rauen Steinwelt. Häufig können oberhalb der Hütte am Fuße des Altmanns Steinböcke beobachtet werden.
Hundsteinhütte SAC, 1554 m, Koordinaten 750 140 / 235 660, 52 Plätze, ganzjährig geöffnet. Während der Hauptsaison an Wochenenden und in der Ferienzeit bewartet. (Falls im Sommerbetrieb unbewartet: Schlüsseldepot im Restaurant Bollenwees.) Tel. 071 799 15 81, www.hundsteinhuette.ch. Die gemütliche Berghütte thront in einem lichten Wald an erhöhter Aussichtslage über dem imposanten Fälensee.

Verpflegung unterwegs
Berggasthaus Staubern, 1746 m, Koordinaten 752 475 / 236 375, Tel. 081 757 24 24, www.staubern.ch, Zimmer und Lager.
Berggasthaus Bollenwees, 1470 m, Koordinaten 750 300 / 235 475, Tel. 071 799 11 70, www.bollenwees.ch, Zimmer und Lager.

Karten
Kartenblatt 1115 Säntis

Varianten
Hundsteinhütte light (1 Tag kürzer): Auf dem beschriebenen Weg zur Saxer Lücke, von dort hinunter zur Bollenwees und in kurzem Gegenaufstieg zur Hundsteinhütte. Zeitbedarf 2 h.

Notausgänge: Bei einem Schlechtwettereinbruch bieten sich von der Zwinglipasshütte der Abstieg über Tesel und Gamplüt nach Wildhaus (T2, 2h30) und von der Hundsteinhütte über Bollenwees und Sämtisersee nach Brülisau (T2, 3h) als Fluchtmöglichkeiten an.

Kleiner Abstecher ab Wasserauen: Von der Bergstation der Luftseilbahn auf der Ebenalp sind die Wildkirchli-Höhlen auf einem gut ausgebauten Bergweg in 15 Minuten leicht erreichbar. Beeindruckend!

Achtung: Im Alpstein lassen sich Wanderwege und Bergpfade in schier endloser Zahl kombinieren. Aber nicht alle sind kindertauglich, weil oft zu ausgesetzt.

2 Chäserrugg und Hinterrugg

Von Jungfrauen und Kurfürsten, Chessi, Järb und Chästüechli

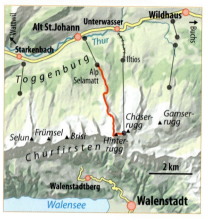

Kurfürsten?

Lange Zeit waren die Gipfel der Alpen namenlos. Denn mit den finsteren Mächten, die sie hoch oben in den Bergen vermuteten, wollten die Menschen nichts zu tun haben und blieben ihnen lieber fern. Außerdem waren Berge wirtschaftlich uninteressant – bis ins Mittelalter jedenfalls. Erst als die Nahrungsmittel knapp wurden, stießen die Bauern in abgelegenere Gebiete vor. Alte Karten und Geländeskizzen aus jener Zeit geben oft einen Hinweis darauf, welche Berge bereits früh einen Namen trugen, weil sie offenbar einen wichtigen kulturellen, historischen oder geografischen Wert hatten. Getauft wurden die Gipfel häufig nach dem gleichen Muster. Den zweiten Teil des Namens bekamen sie aufgrund ihrer Form: Spitz, Stock, Horn, Grat, Rücken, First usw. Der erste Teil dagegen sagt etwas aus über die Geografie, die Farbe des Gesteins, die geologische Beschaffenheit, die Gefährlichkeit oder andere auffällige Merkmale. Zum Beispiel: Der Gamserrugg ist ein breiter Rücken, der auf das Dörfchen Gams im Rheintal hinunterschaut.

Manchmal regt die Bezeichnung des einen oder anderen Berggipfels aber auch die Fantasie an. Die Jungfrau? Der Name hat, entgegen fantasievollen Deutungsversuchen, einen gänzlich unspektakulären Ursprung: Es war die am Fuß der heutigen Jungfrau liegende Alp Jungfrauenberg, die dem Gipfel zu seinem Namen verhalf. Der Name der Alp wiederum verweist auf deren ehemalige Besitzerin, das Frauenkloster von Interlaken. Schade, da hätte eine spannendere Geschichte dahinter stecken können ...

Und die Churfirsten? Sind die sieben Gipfel Selun, Frümsel, Brisi, Zuestollen, Schibenstoll, Hinterrugg und Chäserrugg etwa nach den sieben Kurfürsten benannt? Sind sie die steinernen, unsterblichen Nachfahren der Erzbischöfe von Mainz, Köln und Trier, des Pfalzgrafen bei Rhein, des Herzogs von Sachsen, des Markgrafen von Brandenburg und des Königs von Böhmen? Die Erben jener sieben Fürsten des Heiligen Römischen Reiches Deutscher Nation, die das Kurfürstenkollegium bildeten und denen seit dem 13. Jahrhundert das alleinige Recht zur Kürung des deutschen Königs und römischen Kaisers zustand? Leider auch falsch. Richtig ist vielmehr: Die Churfirsten sind ganz einfach die Grenzfirsten zwischen dem Toggenburg und Chur. Wer es nicht glaubt, schaue sich die Landeskarte an. Im Alpstein gibt es

2 Chäserrugg und Hinterrugg

Warum zum Chäserrugg und zum Hinterrugg?

Weil die Aussicht hinunter auf den Walensee und gegen das Toggenburg grandios ist, sagen die einen. Weil es auf Iltios und auf dem Gipfel des Chäserrugg zwei coole Spielplätze gibt, freuen sich die anderen. So oder so, Groß und Klein kommen auf ihre Rechnung. Und auch wem bei Bergtouren die Bahnfahrten am besten gefallen, geht nicht leer aus: Mit der bodenständigen Standseilbahn geht es hinauf nach Iltios, mit der luftigen Luftseilbahn weiter zum Chäserrugg. Auf der Fahrt mit der kombinierten Gondel-/Sesselbahn von der Alp Selamatt hinunter nach Unterwasser hat man sogar die Qual der Wahl: Lieber in der warmen Kabine, oder doch eher auf einem windigen Sessel?

Tourencharakter

1-tägige Bergwanderung. Kaum Aufstieg, dafür fast 1000 Höhenmeter Abstieg – was auch nicht ganz ohne ist! Die Aussicht von den Churfirsten auf die umliegenden Gipfel und vor allem hinab auf den Walensee und das Toggenburg ist aber so atemberaubend, dass man lange kaum merkt, wandernd unterwegs zu sein. Und weiter unten wird der abnehmende Weitblick durch den kurzweiligen Wegverlauf durchaus wettgemacht, sodass auch hier keine Langeweile aufkommt.

Schwierigkeit: T2–T3

Bei dieser Wanderung sitzt – wie man in anderem Zusammenhang so schön zu sagen pflegt – der Teufel im Detail. Es wird zwar nirgends schwierig und, sofern der Weg nicht verlassen wird, auch nicht ausgesetzt. Bei Nässe sind die Kalkplatten, -brocken und -stufen, die sich dem Pfad immer wieder in den Weg legen, aber enorm rutschig und verlangen vom Chäserrugg über den Hinterrugg bis hinab nach Oberruestel große Konzentration.

Höhenunterschiede und Gehzeiten

Chäserrugg–Hinterrugg–Alp Selamatt ↗ 20 m, ↘ 980 m, 2 h 45.
Chäserrugg–Hinterrugg 0 h 15.
Hinterrugg–Alp Selamatt 2 h 30.

aus dem gleichen Grund zum Beispiel auch einen Stauberenfirst oder einen Saxer First.

Rutsched mer de Ruggen ab ...

Der Wandertag fängt gut an. Kaum der Standseilbahn entstiegen, wartet auf Iltios ein schöner Spielplatz auf die kleinen Wandersleute, derweil sich die großen mit einer Tasse Kaffee auf der Terrasse in Schwung bringen können. Wer noch etwas Nervenstärke hat, lässt allerdings beides links liegen und fährt mit der Luftseilbahn gleich ganz auf den **Chäserrugg** (2262 m) hinauf. Und fährt damit gar nicht schlecht! Denn oben gibt es auch Kaffee, der Spielplatz ist ebenso spannend, und als Supplement winkt eine grandiose Aussicht, wie sie schöner kaum sein könnte.

Gestärkt beziehungsweise ausgetobt beginnen wir die Wanderung. Der Aufstieg des Tages hält sich in Grenzen und beträgt nur ein paar Meter. Von der Bergstation führt der Weg Richtung Hinterrugg über einige Kalkblöcke zuerst hinab in einen kleinen Sattel (2248 m). Schon die ersten Schritte zeigen, worauf es bei dieser Wanderung ankommt: Es wird zwar nirgends schwierig, bei Nässe sind die Kalkplatten aber enorm rutschig und verlangen bis hinab nach Oberruestel volle Konzentration. Und noch etwas zeigen diese ersten Meter. Die Aussicht – vom Sattel fällt der Blick beinahe senkrechte 1700 Meter hinab zum Walensee – ist so gewaltig, dass man fast vergessen könnte, auch noch auf den Weg zu achten.

Nach dem Sattel geht es über eine Treppe aus Kalksteinplatten die besagten Meter wieder hinauf. Dann weitet sich der Grat, und über Bergwiesen, immer durchsetzt mit Kalkbrocken und -rippen jeglicher Größe, geht es hinüber zum flachen Gipfel des **Hinterrugg** (2306.4 m). Hier heißt es Abschied nehmen vom Blick hinunter auf den Walensee, denn der Weg wendet sich nach Norden und führt, zwei mächtige Verbauungen gegen Flugschnee unterquerend, über den breiten Rücken gegen das Toggenburg hinab. Nach rund 150 Höhenmetern verengt sich der Rücken. Der Pfad wechselt in die Flanke und trifft auf kleine Felsstufen, die ohne Schwierigkeit und auch nicht ausgesetzt durchstiegen werden. Nach wie vor gilt auf den glatten Platten aber: Bei Nässe Rutschgefahr! Nun wieder zurück auf dem Grat, führt das kleine Weglein, mal über Gras, manchmal durch Geröll, hinab zu einem Sattel namens **Sattel** (ca. 1900 m). Die Route verläuft weiterhin auf der schmalen Felsrippe und die nun etwas weniger spektakuläre Aussicht wird durch den Wegverlauf mehr als wettgemacht. Durch allerlei Gestrüpp, vorbei an einigen Tännlein, über Felsbrocken und -wändlein, manchmal nahe dem Abgrund, schlängelt sich der kleine Pfad abwärts. Es herrscht zwar – sofern der markierte Weg nicht verlassen wird – keine Absturzgefahr. Trotzdem ist es angebracht, die Kinder in diesem Abschnitt in unmittelbarerer Nähe zu behalten.

Bei **Oberruestel** (nach P. 1669) ändert sich die Szenerie schlagartig. Der Weg verlässt den Grat in östlicher Richtung, wendet bald darauf erneut und führt über offene Wiesen schnurstracks bergab zur Talstation eines kleinen Sessellifts bei **Zinggen** (1433 m). Über flaches Gelände mit Baumgruppen ist von hier in wenigen Minuten die **Alp Selamatt** (1390 m) – natürlich ebenfalls mit Spielplatz – erreicht.

◄◄ Berge, so weit das Auge reicht. Vom flachen Plateau des Hinterrugg streicht der Blick über den Rosenboden und verliert sich in den zahllosen Bündner und Österreicher Gipfeln.

◄ Im Abstieg von Hinterrugg, kurz vor einem Sattel namens Sattel.

2
Chäserrugg und Hinterrugg

▼ Winterintermezzo auf dem Chäserrugg: Der Ritt auf dem Schaukelpferd macht trotzdem Spaß! Tief unten im Dunst das Rheintal.

SO EIN KÄSE

Wenn schon die Rede von Bergnamen sein soll, dann muss natürlich auch der Chäserrugg erwähnt werden. Ist ja logisch: Der Chäserrugg ist ein Bergrücken, und auf der Alp Chäseren, die an seinem Fuß liegt, stellten die Chäser einen besonders guten Käse her. Vermutlich ... Da wäre es doch naheliegend, sich einmal Gedanken darüber zu machen, wie so ein Alpkäse überhaupt entsteht. Auch wenn der Toggenburger Käse nicht ganz so berühmt ist wie sein bekannter Nachbar, der Appenzeller.

Also: Man nehme ...

Aber beginnen wir doch von vorn, vor ein paar Tausend Jahren. Da wurde nämlich der Käse erfunden, und nicht etwa in der Schweiz, sondern vermutlich im Orient. Es handelte sich dabei um ein äußerst einfaches Verfahren, bei dem man die Milch längere Zeit stehen ließ, bis sie eindickte; dann wurde durch Erwärmen und Kneten eine quarkähnliche Masse hergestellt. Der Käse, wie wir ihn heute kennen, wurde erst von den Römern in das Gebiet der heutigen Schweiz gebracht.

Wichtig zu wissen ist auch Folgendes: Ein Bergkäse ist kein Alpkäse! Der sogenannte Bergkäse wird während des ganzen Jahres in den Dorfkäsereien im Tal (in den Bergen) produziert. Also auch im Winter, wenn die Kühe im Stall mit Heu gefüttert werden. Der echte Alpkäse hingegen wird nur im Sommer hergestellt, und zwar direkt auf der Alp. Mit würziger Milch von Kühen, die sich an den frischen Kräutern der Alpwiesen gütlich getan haben. Sie ist darum noch gesünder.

Also: Wie wird jetzt so ein Alpkäse hergestellt? Der Senn gießt die frisch gemolkene, rohe Kuhmilch in das Chäschessi, einen großen Kupferkessel. Die Milch wird – zumeist auf dem Holzfeuer – langsam und unter stetigem Rühren auf eine Temperatur von gut 30 Grad erhitzt. Ist diese Temperatur erreicht, werden Käselab und spezielle Bakterienkulturen beigemengt. Dazu muss man wissen: Lab ist ein Enzym, das schon in kleinsten Mengen die Milch zur Gerinnung bringt. Es wird aus dem Magen von jungen Kälbern gewonnen, kann heutzutage aber auch im Labor hergestellt werden. Außerdem müssen der Milch Bakterienkulturen beigegeben werden. Diese wandeln den Milchzucker in Milchsäure und andere Gärungsprodukte um und sind »das gewisse Etwas«, das jedem Käse seinen einzigartigen, unverwechselbaren Geschmack gibt. Wenn die Milch geronnen ist, wird die Masse mit der Käseharfe zerschnitten, damit die Molke austreten kann. Nun wird der Kessel weiter geheizt, bis die Käsemasse eine gewisse Temperatur erreicht hat. Dann wird sie mit dem Chästüechli aus dem Chessi gehoben und ins Järb, einen verstellbaren Holzring, gepresst. Hier bekommt der Käse seine endgültige Form. Nun beginnt die Reifephase. Die Laibe werden eingesalzen und müssen täglich gepflegt und gewendet werden, damit sich die Rinde bilden kann. Schließlich wird der Käse bei idealer Temperatur und Luftfeuchtigkeit im (Natur-)Keller gelagert und ist bereit zum Verkauf – häufig direkt auf der Alp!

Nun ist ja Käse nicht gleich Käse, und nicht einmal Alpkäse ist gleich Alpkäse! Aber was gibt denn nun dem Käse sein typisches Aroma, diesen unverwechselbaren Geruch

2
Chäserrugg und Hinterrugg

und Geschmack? Es sind nicht nur die bereits genannten Bakterienkulturen, sondern das Zusammenspiel vieler Einflüsse: Fettgehalt und Zusammensetzung der Milch, die sich je nach Futterangebot der Alp verändern, die Temperaturen, die beim Käsen eingehalten werden, die Zeitdauer, bis der Käse konsumreif ist, und sogar die Größe der Käselaibe spielen in diesem Puzzle eine Rolle. Durchaus verständlich, dass ein bewährtes Käserezept nicht so rasch geändert wird!

▲ **Der Säntis auf der anderen Talseite des Toggenburgs ist beim Abstieg vom Hinterrugg zur Alp Selamatt immer mit von der (Rutsch-)Partie.**

GSCHICHTE GITS, DIE GITS GAR NÖD

Tatsächlich, es gibt Geschichten, die es (noch) gar nicht gibt. Und trotzdem müssen sie bereits irgendwo vorhanden sein, sonst könnten sie ja nicht erzählt werden. Michael Ende lässt in der *Unendlichen Geschichte* den 12-jährigen Bastian Balthasar Bux mithilfe seiner Vorstellungskraft eine neue, fantastische Welt erschaffen. Was er uns damit sagen will: Ohne die Existenz von Traumwelten kann die wirkliche Welt nicht gesund sein.

Ob unsere Welt nach diesem Spiel besser wird, bleibe dahingestellt. Aber es regt die Fantasie der Kinder und – falls sie sich auf das Spiel einlassen – auch der Erwachsenen an.

Es war einmal ... So beginnen alle guten Geschichten. Der Spielleiter beginnt eine Geschichte zu erzählen, bricht nach wenigen Sätzen ab und bittet die nächste Teilnehmerin, die Geschichte fortzusetzen. Diese bricht nach ein paar weiteren Sätzen ebenfalls ab und gibt an den Nächsten weiter, usw. Die Geschichte kann von einem »Erzählstein« begleitet sein, der weitergereicht wird, oder von einem kleinen Ball, der demjenigen zugeworfen wird, der mit der Geschichte fortfahren soll. Der Fantasie sind keine Grenzen gesetzt.

Die Geschichte könnte so beginnen: Es war an einem Wintertag. Die Sonne war schon aufgegangen und der Himmel über dem Chäserrugg strahlend blau. Die klirrende Kälte war fast zu hören. Verschlafen blinzelte Walter aus dem Fenster, war aber sofort hellwach: Da stimmte doch etwas nicht! Überall im Dorf lag Schnee, nur in seinem Garten blühten Blumen! Was sollte er denn davon halten?

Der Stein geht weiter, die nächste Erzählerin bitte. Und wie gesagt: Es gibt unendlich viele Geschichten! Sie müssen nur erzählt werden.

Buchtipp
Sylvia Görnert-Stuckmann, *Mit Kindern Geschichten erfinden*, Ernst Reinhardt Verlag, München 2003

Informationen

Ausgangspunkt / Anreise
Chäserrugg, 2262 m. Bus von Nesslau-Neu St. Johann oder Buchs SG nach Unterwasser, Post. Standseilbahn von Unterwasser nach Iltios und weiter mit der Luftseilbahn auf den Chäserrugg (Anfang Juni bis Ende Oktober, Tel. 071 999 12 07).

Endpunkt / Rückreise
Alp Selamatt, 1390 m. (Gondel- und Sessel-)Kombibahn nach Alt St. Johann (Anfang Juni bis Ende Oktober, Tel. 071 999 12 07). Bus von Alt St. Johann, Post, nach Nesslau-Neu St. Johann oder Buchs SG.

Verpflegung unterwegs
Bergrestaurant Iltios, Tel. 071 999 11 55, Zmorge-Buffet.
Gipfelrestaurant Chäserrugg, 071 999 22 29.
Berghotel Selamatt, Tel. 071 999 13 30, www.sellamatt.ch, Zimmer und Lager.

Karten
Kartenblätter 1134 Walensee und 1135 Buchs oder Zusammensetzung 2514 Säntis – Churfirsten

Varianten
Sagenhafte Zugabe: Wer einen zweiten Tag anhängen möchte, reserviert sich im Berghotel auf der Alp Selamatt ein Zimmer (oder mindestens eine Matratze im Lager) und am nächsten Tag 5 Stunden Zeit für den Toggenburger Sagenweg. Dieser führt über zehn Stationen, an denen auf hohen, bemalten Holztafeln die eindrücklichsten Figuren der Toggenburger Sagenwelt dargestellt sind, zum Wildenmannlisloch, einer begehbaren Höhle am Fuße des Selun und – auf einem etwas höher gelegenen Weg – wieder zurück zur Alp Selamatt.

Abgekürzte Zugabe: Vom Wildenmannlisloch am Sagenweg ist es nicht mehr weit bis zur Alp Vorderselun. Von P. 1579 fährt während der Alpsaison eine kleine Seilbahn hinunter nach Starkenbach (Beförderung auf Anfrage auch außerhalb der Alpsaison: Tel. 071 999 34 87 oder 079 537 77 20).

Unten grau, oben blau: Wenn der Hochnebel im Herbst aufs Gemüt schlägt, wirkt der einstündige Rundgang vom Chäserrugg über den Panoramaweg zum Rosenboden wahre Wunder. Auch bei Schnee machbar!

▼ Spielplatz für die Kleinen auf Iltios: Farbenfrohe Rutschbahn für glückliche Kinder.

▶ Spielplatz für die Großen auf dem Hinterrugg: Farbenfroher Gleitschirm für glückliche Erwachsene.

2 Chäserrugg und Hinterrugg

3 Sonnenhänge am Walensee

Frühlings- und Herbstwanderungen im Winter

Walensee – der See der Welschen

Im früheren Sprachgebrauch waren die Welschen eben nicht nur die französischsprachigen Nachbarn, sondern die Anderssprachigen, die Unverständlichen – in diesem Fall die Romanisch Sprechenden. Der See der Welschen lag an der damaligen Sprachgrenze zwischen den Deutsch sprechenden Alemannen und den Rätoromanen.

Der Walensee war schon immer eine Grenze, ein Hindernis. Wenigstens aus der Sicht der Handelsreisenden, Militärstrategen und Fuhrwerksunternehmer. Er versperrte nachhaltig die Route von Zürich nach Chur, da auf dem Landweg weder an seinem linken noch an seinem rechten Ufer ein Durchkommen war. Wer vor dem 17. Jahrhundert Waren von Walenstadt nach Weesen zu transportieren hatte, dem standen zwei Möglichkeiten offen: Entweder alle Güter auf Saumtiere umladen und über den schmalen Kerenzerberg-Saumpfad nach Mollis bringen; oder Mensch, Tier, Güter und Karren auf das Schiff verladen, das Beste hoffen und so zum Seeende in Weesen gelangen. Die Chroniken sind voll von Beschreibungen der zahlreichen Schiffshavarien auf dieser Route. Plötzlich aufkommende Stürme, völlig überladene Schiffe oder eine Kombination von beidem forderten viele Menschenleben. Kein Wunder, gab es immer wieder Bestrebungen, eine Straße dem Ufer entlang zu ziehen. 1607 ließ der Glarner Ratsherr Fridolin Heer die erste Walenseestraße bauen. Im Gäsi, dort wo heute die Linth in den Walensee mündet, sieht man noch Spuren dieser ingeniös angelegten, mit vielen Kunstbauten versehenen Wegstrecke. Heer finanzierte seine Straße privat, verschloss sie vorne und hinten mit einem Tor und kassierte von allen Durchreisewilligen ein fein säuberlich abgestuftes Weggeld für Reiter, Fußgänger, Wagen, Karren, Saumross, Hauptvieh und Schmalvieh. Allzu sicher scheint aber auch diese Verbindung nicht gewesen zu sein. Fridolin Heer kam wenige Jahre nach der Eröffnung auf seiner Walenseestraße durch Steinschlag ums Leben. In den darauffolgenden Jahren verlor diese Straße an Bedeutung und man griff wieder auf Schiff oder Saumtier zurück.

In den 1830er-Jahren gings dann aber vorwärts. Zum einen wurde eine wagengängige Straße von Mollis über den Kerenzerberg nach Mühlehorn erstellt, zum andern nahm die soeben gegründete Dampfschiffgesellschaft den Betrieb

3 Walensee

Warum an den Walensee?

Wenn im Frühling die Berge noch schneebedeckt sind, blühen am sonnenbeschienenen Walenseeufer bereits die Blumen. Zieht noch ein eisiger Wind übers Mittelland, finden sich bei Quinten durch die Felswände wunderbar gewärmte und geschützte Wandermöglichkeiten.
Dank dem beinahe mediterranen Klima gedeihen in der Umgebung von Quinten Feigenbäume, Kiwis, Trauben und sogar Palmen. Und trotzdem ist man in den Bergen. Felswände, einiges Auf und Ab, schmale Wege und tolle Aussichten findet man hier.

Tourencharakter
1-tägige Bergwanderung, die besonders im Vorfrühling und Spätherbst ihre Vorzüge ausspielt. Die Route (besonders die kürzere Variante bis Quinten) ist auch für Wanderneulinge gut geeignet. Sie ist durchgehend gut markiert und somit kaum zu verfehlen.

Schwierigkeit: T2
Achtung: Obwohl die Route kaum die 800er Höhenkurve übersteigt, handelt es sich trotzdem um eine Bergwanderung. Wie in den Bergen üblich gehts von Garadur recht steil hinunter. Im Abschnitt dem See entlang verläuft der Weg zwischen Josenhaab und Schilt durch steiles Gelände. Kinder dort gut im Auge behalten oder an die Hand nehmen. Der Weg ist dazu genügend breit.

Höhenunterschiede und Gehzeiten
Walenstadt–Garadur–Quinten Au–Quinten ↗ 450 m, ↘ 450 m, 4 h 15.
Walenstadt–Garadur 2 h 15.
Garadur–Quinten Au–Quinten 2 h.

zwischen Walenstadt und Weesen auf. Die Zeit der großen Segelschiffe (sie konnten einige Dutzend Passagiere, Fracht und Zugpferde aufnehmen) ging auf dem Walensee zu Ende. Aber auch die Dampfschiffe waren zu Beginn noch nicht über alle Zweifel erhaben. Die kurz zuvor in Dienst gestellte »Delphin« ging 1850 in einer Sturmnacht mit 16 Personen und der gesamten Ladung unter.

Parallel mit den Dampfschiffen kam aber auch das Dampfross in Bewegung. 1859 wurde die Bahnlinie von Weesen dem Seeufer entlang nach Walenstadt und Chur eröffnet. Nur durch den Bau von vielen Tunnels konnte der Streckenabschnitt bis Mühlehorn gesichert werden. Der Kutschen- und später Autoverkehr machte übrigens noch 105 Jahre länger den Umweg über den Kerenzerberg. Erst 1964 wurde die Kantonsstraße auf dem Trassee der Eisenbahn ebenfalls dem Ufer des Walensees entlanggeführt.

Steil hinauf und ebenso hinunter

Kurz bevor der Zug in den Bahnhof Walenstadt einfährt, überquert er die Seez. Um 1800 herum war die Seez der einzige größere Zufluss des Walensees. Die Linth wurde erst 1816 künstlich in den Walensee geleitet. Vorher berührte sie den See nicht und mäanderte direkt in Richtung Zürichsee.

Da der Seeabfluss durch das Geschiebe der Linth verstopft wurde, erhöhte sich in der Folge der Seespiegel um rund sieben Meter. Das Wasser stieg in den Orten Weesen und Walenstadt sowie am ganzen Seeufer höher und höher. Der Boden versauerte und verfaulte, die Häuser waren nicht mehr bewohnbar, Menschen und Tiere wurden krank und starben früh. Die Linthebene und das Gebiet am Walensee drohten für immer zu versinken. Mit der Schaffung des Kanalsystems in der Linthebene durch Hans Conrad Escher wurde der Spiegel des Walensees wieder nachhaltig gesenkt. Heute erinnern noch die Hochwasserdenkmäler im Gäsi und im Hafen von Weesen an die Zeit, als in Walenstadt Schiffe anstatt Kutschen in den Straßen verkehrten.

Vom Bahnhof **Walenstadt** (427 m) in Richtung Ortskern und kurz vor der Brücke über den Tscherlenbach links abzweigen ans Seeufer. Dem Wasser entlang zum deutlich sicht- und im Sommer von Weitem hörbaren Strandbad. Nun den vom Walenstadtberg kommenden Bach überqueren und bei P. 426 auf dem Kiesfahrsträßchen im Zickzack den Lindenwald hinauf bis Frachtina. Dort links halten und über den Aussichtspunkt Engen nach **Garadur** (829 m).

In Garadur wird aus dem Kiessträßchen ein Wanderweg, der im engen Zickzack durch den steilen, vom Lothar-Sturm geschädigten Wald hinunter nach Josen und bei der Josenhaab an den Walensee führt. Dort findet sich auch ein nettes Plätzchen am Kies-/Steinstrand des Walensees. Von der Josenhaab verläuft der Wanderweg jeweils rund 30 Höhenmeter oberhalb des Seespiegels nach Schilt und **Quinten Au** (438 m), wo sich wiederum schöne Picknickplätzchen am Seeufer finden. Vom Schiffsanleger (gleich unterhalb des Restaurants mit kleinem Spielplatz) Verbindungen nach Quinten, Murg und in der Hauptsaison nach Weesen bzw. Walenstadt. Ab Quinten Au ist der Wanderweg breit ausgebaut und führt in ca. 20 Minuten hinüber nach Quinten.

◄◄ **Die MS Alvier verbindet Murg das ganze Jahr über fahrplanmäßig mit Quinten.**

◄ **Der Walensee von oben. Links Walenstadt und in der Bildmitte die Hochebenen von Walenstadtberg.**

3 Walensee

▼ **Bei Engen ist der Aufstieg geschafft. Zeit für eine Verschnaufpause.**

DER WALDTROMMLER

Im Abstieg von Garadur zum Walensee kommen wir zuerst durch einen Mischwald und dann durch ein steiles, vom Lothar-Sturm arg in Mitleidenschaft gezogenes Waldstück. Auffallend sind einzelne Bäume, die auf halber Höhe abgeknickt sind und in deren Stamm große Löcher klaffen.
Den Baumeister dieser Löcher haben wir schon von weit her gehört. Er hat sich durch sein »Tack-tack-tack-tack« verraten. Um ihn aus der Nähe beobachten zu können, müssen wir uns ganz ruhig verhalten. Dann ein scharfes, nicht zu überhörendes »Kick«, das nach einer Pause wiederholt wird. Bald haben wir den amselgroßen Vogel am Baumstamm entdeckt. Wir beobachten, wie er mit ruckartigen Bewegungen den Stamm hoch läuft und dabei immer wieder mit dem Schnabel den Stamm nach Hohlräumen abklopft. Ist er fündig geworden, hackt er die Stelle auf und fischt mit der Zunge Insektenlarven, Spinnen, Asseln, Ameisen, Käfer oder sonstige Leckerbissen hervor. Die meisten Spechtarten besitzen eine rund 30 cm lange, biegsame Zunge mit spezieller Spitze, die einer mit Widerhaken versehenen Harpune ähnelt. Die Zunge ist ein ebenso wichtiges wie komplexes Organ. Sie besteht zum großen Teil aus Muskeln, Sehnen und Knochen, die unter dem Unterkiefer hindurch um den Kopf laufen und vorne am rechten Nasenloch verankert ist. Dass sich der Specht so toll an den Baum klammern kann verdankt er seinen Füßen, bei denen je zwei Zehen mit scharfen Krallen nach vorne und nach hinten gerichtet sind – sie halten die Spechte wie Steigeisen an der Rinde fest. Eine Hinterzehe kann raffinierterweise als Wendezehe nach vorne oder nach hinten gerichtet werden. Beim Aufhacken der Rinde kommt dem Specht sein Stützschwanz zu Hilfe. Verstärkte Federn, die dachziegelartig übereinander liegen, federn die Bewegung ab und halten ihn ruhig am Stamm. Mit Glück sind diese borstenartigen Federn am Stammfuß unter Spechtbäumen zu finden.
Der schnelle Trommelwirbel dient aber nicht etwa der Futtersuche, sondern dem Anlocken der Weibchen und der Abgrenzung des Reviers. Es entspricht also ungefähr dem Gesang der Singvögel. Damit das Trommeln möglichst weit gehört werden kann, wird ein Ast mit einem guten Resonanzkörper, manchmal auch ein Blechbeschlag an einer Telefonstange oder ähnliches Verstärkermaterial ausgesucht. Auf diesen hämmert der Specht mit seinem star-

ken Schnabel in rasend schneller Folge ein: Auf rund 10 Schläge pro Sekunde kommt ein Grünspecht, Schwarzspecht und Buntspecht schaffen über 20 Schläge pro Sekunde. Für diese Höchstleistung sind die Schädel der Spechte speziell angepasst. Ihre lange Zunge ist bei Nichtgebrauch im Schädel aufgerollt und dient zusammen mit speziellen Knochen zwischen Schnabel und Schädel als eine Art Dämpfungsmaterial. Das Klopfen für die Nahrungssuche und für den Nestbau geht wesentlich langsamer vor sich. Hierbei sind die einzelnen Schläge eher voneinander unterscheidbar.

Ist ein Stamm abgeklappert, fliegt der Buntspecht mit seinem charakteristischen, wellenförmigen Flug zum nächsten Baum. Schön ist sein weiß gepunktetes Gefieder mit den leuchtend roten Unterschwanzdeckenfedern anzusehen. Auch an diesem Baum sind schon einige Kerben, Ritzen und Löcher auszumachen – auch hier handelt es sich um noch stehendes Totholz. Die Kerben und Ritzen stammen von früherer Nahrungssuche. Die Löcher deuten auf einen früheren Nestbau hin. In der Regel baut der Buntspecht jedes Jahr eine neue Höhle in einem abgestorbenen Stamm. Das ist eine sehr wertvolle Tätigkeit für viele andere Waldbewohner, die keine Werkzeuge haben, um selber Höhlen herzustellen. Gerne werden sie daher von Meisen, Staren oder Kleibern als Bruthöhlen benutzt, oder von Fledermäusen, Siebenschläfern und Eichhörnchen, aber auch von Hummeln, Hornissen und vielen anderen Tieren besetzt. Als eines der wenigen Tiere ist der Specht fähig, große Höhlen in Bäume zu hämmern.

◄ **Buntspecht an der Arbeit (Bild: Peter Vonwil).**

3
Walensee

BAU DIR EIN GÜSELSCHIFF

Wer im Vorfrühling dem Walensee entlanggeht, findet je nach Windlage am Ufer viel angeschwemmten Abfall. Styropor, Plastikflaschen, bemaltes Holz, Turnschuhe, Fischereiartikel ... Immer wieder überrascht, wie lange sich Abfälle ihrer Verrottung widersetzen und die Natur verschandeln:

Öpfelbütschgi	2–4 Wochen
Baumwolltüchlein	1–6 Monate
Abbaubarer Plastiksack	2–3 Monate
Papiertaschentuch	3 Monate
Papier, Bananenschale, Orangenschale	3–6 Monate
Bonbonpapier, Zigarettenkippe, Zündholz	1 Jahr
Zeitung, Wollsocken	1–3 Jahre
Kaugummi	5 Jahre
Plastifiziertes Papier, Milchpackung	10 Jahre
Filmdose aus Plastik	20–30 Jahre
Nylonstoff	30–40 Jahre
Leder	50 Jahre
Gummisohle	50–100 Jahre
Blechdose, Aludose	100 Jahre
Plastikflasche	500–1000 Jahre
Plastiksack	1000 Jahre
Glasflasche, Styropor	über 10 000 Jahre

Wenn man die Verschandelung des Ufers schon in Kauf nehmen muss, kann man mit den Abfällen etwas Gescheites anfangen. Floße und Schiffe konstruieren beispielsweise. Etwas Schnur mitnehmen und schon geht die Suche nach geeignetem Material los. Das Schiff, das bis zur Anlegestelle in Quinten schwimmt, hat gewonnen!

Doppelkanu für Zipf und Zapf: Aus zwei PET-Flaschen je ein ovales Stück herausschneiden, gerade so groß, dass die Tannenzapfen Zipf und Zapf einsteigen können. Den Verschluss mit geeignetem Material verstopfen, beide Kanus nebeneinander legen und mit Himbeerranken, Schnur, Spargelgummi oder was halt am Strand auffindbar ist aneinander befestigen.

Ledischiff: Durch die Beschichtung im Innern haben auch Tetrapackungen eine enorm lange Lebensdauer. Sie eignen sich naturgemäß besonders zum Transportieren großer Lasten. Das Tetrapack also oben aufschneiden – ideal zum Transportieren von Kieselsteinen, Holz usw.

Nussschalen- oder Eierschalenboot: In eine halbe Eierschale oder Baumnussschalenhälfte etwas Lehm oder einen alten Kaugummi (am besten zwischen den Fingern erwärmt) in die Schale drücken. Zahnstocher oder Ästchen durch das Segel aus Bonbonpapier stechen und im Rumpf einstecken. Lange halten sich diese Leichtgewichte selten über Wasser – dafür sind sie schnell konstruiert und wunderschön anzuschauen.

Und nicht vergessen, am Schluss das Schiff nach Hause zu nehmen – und so ein klein wenig beim Aufräumen des Seeufers zu helfen.

Informationen

Ausgangspunkt / Anreise
Walenstadt, 427 m an der Bahnlinie Zürich–Chur

Endpunkt / Rückreise
Quinten Schiffsanleger (419 m). Stündliche Schiffsverbindung nach Murg. Ab dort ebenfalls stündliche Bahnverbindung nach Walenstadt/Chur oder Weesen/Zürich. Vier bis fünf Schiffsverbindungen täglich ab Quinten (Au) nach Weesen und Walenstadt.

Verpflegung unterwegs
Quinten, Restaurant Hotel Schifflände, Tel. 081 738 14 60, www.schifflaendequinten.ch, und Restaurant Seehus, Tel. 081 738 16 64, www.seehusquinten.ch.
Das ehemalige Bergrestaurant Garadur ist seit 2006 geschlossen, und wird es wohl für immer bleiben.

Karten
Kartenblatt 1134 Walensee

Varianten
Länger: Zweitagesvariante (oder lange Tageswanderung) der gesamten Sonnenküste des Walensees entlang. Erster Tag wie beschrieben nach Quinten. Übernachtung in Quinten oder Quinten Au. Am nächsten Tag weiter nach Betlis und Weesen. Dazu steigt man von Quinten über Laui und Platten zum Seerenwald, dann hinunter nach Seeren und über den stiebenden Seerenbach. Hier lohnt sich ein kurzer Abstecher zum Aussichtsbalkon bei der Rinquelle. Bei dieser größten Karstquelle des Churfirsten-Säntis-Gebietes sprudeln bis zu 30 000 Liter Wasser pro Sekunde aus dem Fels und über einen 30 Meter tiefen Abgrund hinunter. Von der Rinquelle nach Betlis zum Schiffsanleger unterhalb des Weilers und auf der verkehrsberuhigten Teerstrasse nach Weesen (bzw. hinauf zum Lehnirank an der Straße nach Amden). Quinten–Betlis 2 h 30, Betlis–Weesen 1 h 15.

Etwas kürzer: Anstatt in Walenstadt kann man auch in Walenstadtberg beginnen. Dazu nimmt man das Postauto (wenige Kurse pro Tag) von Walenstadt hinauf nach Walenstadtberg Dorf, und kommt dort bei Frachtina in die beschriebene Route. Zeitersparnis ca. 1 h 15.

Ebenfalls kürzer: Wanderung bereits in Quinten Au beenden. Schiffsverbindungen nach Murg. Zeitersparnis ca. 20 Minuten.

3 Walensee

▶ **Die Sonnenufer-Variante nach Weesen führt an der Kapelle von Betlis vorbei.**

4 Murgseen – versteckt und verträumt

Viel Fisch zwischen Glarnerland und Walensee

Erz- und Silberabbau

Die Schweiz ist ein erzreiches Land. Gold, Silber, Kupfer, Eisen, sogar Uran und andere seltene Mineralien kommen vor. Doch diese Vorkommen sind während der Alpenfaltung so verzettelt worden, dass man von einem großen Reichtum an armen Fundstätten sprechen kann. Seit fast 4000 Jahren wird zwischen Graubünden und dem Jura Kupfererz geschmolzen. Aber erst um das Jahr 1400, als bergbauerfahrene Österreicher sich für die Vorkommen in der heutigen Schweiz zu interessieren begannen, setzte eine intensive Bergbauphase ein. Die geologischen Kenntnisse waren damals aber noch zu bescheiden, um die Ertragskraft einer Fundstätte abschätzen zu können. Bei vielen Fundorten war viel weniger Erz vorhanden, als man zu Beginn dachte, was zu Schließungen und Konkursen führte. Auf der Mürtschenalp wurde von 1608 bis ins 20. Jahrhundert Kupfer- und Silbererz geschürft. Zu Beginn war die Silberausbeute so groß, dass man Münzen (die sogenannten Glarner Schillinge) prägen konnte, aber bald versiegten auch hier die Vorräte. Nur eine sehr starke Nachfrage nach Erz konnte die wenig ertragreichen Minen wieder aufblühen lassen – und das war immer dann der Fall, wenn Kriege vor der Tür standen und Waffenschmieden das Eisen zu Höchstpreisen einkauften. Der Dreißigjährige Krieg (1618–1648) war eine solche Zeit, aber auch die napoleonischen Kriege um das Jahr 1800 herum. Nach 1850 kam der Erzabbau vollständig zum Erliegen, und als letzte Erzmine schloss 1966 das Gonzenbergwerk bei Sargans.

Von der einstigen Bergbautätigkeit auf der Mürtschenalp ist nicht mehr allzu viel zu sehen. Wer aber bei der Alp Unter Mürtschen zum Gebiet mit dem Flurnamen »Erzbett« hinaufsteigt, findet dort noch gut sichtbare Abraumhalden und eingestürzte Eingänge ehemaliger Bergwerksschächte, zum Teil sogar noch altes Bergwerksmaterial. Und woher hat wohl der »Silberspitz« oberhalb der Murgegg seinen Namen?

1. Tag: Immer dem Bach entlang

Der Taxibus bringt Wanderer vom Bahnhof Murg am Walensee die vielen Kehren hinauf bis hinter das Seelein von **Merlen** (1099 m). Hier beginnt der gut ausgebaute Wanderweg, zuerst auf dem Holzsteg über den Bach und anschließend in vielen Kehren durch den Bergsturzwald mit seinen roten Felsen hinauf nach **Gspon** (1384 m). Nun auf der wunderbaren Ebe-

Warum zur Murgseehütte?

Der erste Tag steht im Zeichen von wunderbaren Fließlandschaften und alten Bergbauschächten. Die Umgebung der Murgseen ist ein weiteres Wasserparadies: Tümpel, Teiche, Seelein und Bäche laden zum Spielen ein. Wer sein Glück beim Fischen versuchen möchte, kann in der Murgseehütte das Patent erwerben. Die Ausrüstung muss man allerdings mitbringen. Und zum Abschluss: Die Fahrt mit der kleinen Seilbahn nach Ennenda ist wohl etwas vom Abenteuerlichsten, was es für Seilbahnfans in der Schweiz zu erleben gibt. Eine so kleine Kiste mit so viel Luft unter den Brettern findet sich selten zwischen Münstertal und Genfersee.

Routencharakter
2-tägige, recht anspruchsvolle Bergwanderung vom Walensee ins Glarnerland. Keine Tour für Wanderanfänger! Flexible Gestaltungsmöglichkeiten durch eine Vielzahl von längeren und kürzeren, einfacheren und schwierigeren Varianten. An Wochenenden kann in der Murgseehütte recht viel Trubel sein.

Schwierigkeit: T3
Die technisch anspruchsvollsten Stellen befinden sich im Aufstieg von der Murgseefurggel zu P. 2346. »Nur für gute Bergwanderer« steht dort auf einem alten Wegweiser geschrieben. Es finden sich hier zwar keine besonders ausgesetzten Stellen, das Gelände ist aber zu Beginn und am Ende des Weges während rund 10 Minuten recht steil, da der Weg durch plattige Flanken führt. Der Rest der Wanderung stellt keine besonderen Ansprüche an die Geschicklichkeit, eher an die Ausdauer.

Höhenunterschiede und Gehzeiten
1. Tag: Merlen–Ober Mürtschen–Murgseehütte ↗ 890 m, ↘ 170 m, 5 h 15.
Merlen–Ober Mürtschen 3 h 15.
Ober Mürtschen–Murgseehütte 2 h.
2. Tag: Murgseehütte–Schwarzstöckli–Bärenboden ↗ 530 m, ↘ 850 m, 5 h.
Murgseehütte–Schwarzstöckli 2 h 15.
Schwarzstöckli–Bärenboden 2 h 45.

ne dem Gsponbach entgegen und an unzähligen Picknickplätzen vorbei nach **Unter Mürtschen** (1494 m). Hier steht man mitten in der Region, wo früher die Erzgruben betrieben wurden. Von Unter Mürtschen weiter um den Sporn der Murgegg herum und bei P. 1526 über die Brücke zum großen Riet auf 1720 m bei Ober Mürtschen. Nun südwärts langsam ansteigen bis zur Murgseefurggel auf 1985 m. Wenige Meter nach dem Passübergang auf der St. Galler Seite kommt dann die ganze Pracht der Seenplatte zum Vorschein. Also hinunter zum Seeufer bei der Quartner Hütte. Von hier aus zieht sich ein breiter Karrenweg am Hundbüel vorbei zur **Murgseehütte** (1817 m), die auf dem Felsriegel zwischen den beiden Oberen Murgseen errichtet wurde. Die Murgseehütte hat ihren Ursprung übrigens auch dem früheren Erzabbau in dieser Gegend zu verdanken. Als der Bergbau eingestellt wurde, diente das ehemalige Knappenhaus (ein Knappe ist ein ausgebildeter Bergmann) als Unterkunft für die Bauarbeiter, die den Murgseedamm zur Stromgewinnung errichteten. Mit dem Aufkommen des Tourismus um 1900 wurden die Murgseen als willkommene Fischlieferanten für die Kurgäste in der Umgebung, speziell für Bad Ragaz entdeckt. So wurde die Hütte zur Unterkunft für die Murgseefischer. Daher auch der heute noch gebräuchliche Name »Fischerhütte«.

Noch etwas Zeit und Lust auf einen Abendspaziergang? Der **Untere Murgsee** (1702 m) überrascht mit einem kleinen Inselchen, einem Arvenwald und einem mystischen Blau.

2. Tag: Hinauf kraxeln und hinunter schweben

Von der Murgseehütte geht es in einer ersten Etappe zurück zur **Murgseefurggel** (1985 m). Hier folgt man dem Wegweiser (Schwarzstöckli – nur für gute Berggänger) links hinauf ungefähr der Kantonsgrenze entlang in Richtung P. 2142. Nun in weitem Bogen auf den massigen Felsaufbau des Schwarzstöckli zu, den man rechts haltend umgeht und so zu P. 2346 kommt. Wer Lust und eine Viertelstunde Zeit hat, kraxelt noch auf den Gipfel des **Schwarzstöckli** (2385 m). Dann über die Senke P. 2307 zum Wisschamm, über den sich die deutliche Wegspur im Zickzack zur Baracke bei **Rotärd** (2216 m) hinunter schlängelt. Nun links weg in die breite Arena des Schilttals – ein paar Mal den Bach überqueren, und schon steht man auf der überwucherten **Alp Begligen** (1770 m) mit ihren großen Felsblöcken. Nach einem kurzen Stück geradeaus wirds wieder steiler, und beide Wegvarianten enden beim Bergrestaurant Äugsten, wenige Minuten oberhalb der Seilbahnstation **Bärenboden** (1446 m). Die letzte Bewährungsprobe steht an, wenn die kleine Gondel in Sicht kommt. Sonderlich vertrauenserweckend sieht das offene Kistchen ja nicht gerade aus. Aber sie verkehrt schon seit vielen Jahren unfallfrei und man genießt den festen Boden bei der Talstation 11 Minuten später umso mehr. Von der Seilbahn aus sieht man den Bahnhof Ennenda bereits. Er liegt rund 400 Meter in Richtung Glarus und ist in dem kleinen Dorf kaum zu verfehlen.

◂◂ **Am Bach bei Gspon wurde schon mancher Zeitplan über den Haufen geworfen.**

◂ **Auf dem Schwarzstöckli.**

4
Murgseen

▾ **Dunkel und geheimnisvoll liegt der Untere Murgsee in seiner Mulde.**

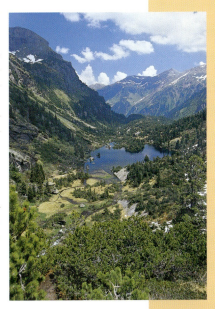

FISCHE IN BERGSEEN

An den Murgseen dreht sich alles um den Fisch. Einerseits um den lebendigen, dem viele Fischer dem Ufer entlang nachstellen, andererseits um den gebratenen, der das Nachtessen zum speziellen Erlebnis macht. Aber welche Fische gibt es eigentlich in den Murgseen? Nun, eigentlich gar keine! Aber fangen wir vorn an:

Die Fische stellen die artenreichste Gruppe innerhalb der Wirbeltiere dar. Mehr als 20 000 Arten wurden weltweit gezählt. In der Schweiz kommen rund 40 Arten vor, die meisten davon in den großen Seen des Mittellandes. In den Bergen, also oberhalb von 1000 Metern, findet man nur noch fünf Fischarten, die auf natürlichem Weg (das heißt ohne Aussetzungen) dorthin finden können. Und nur gerade eine einzige Art – die Elritze – schafft es, Bergseen und Bäche oberhalb von 2000 Metern zu besiedeln.

Die Armut an Fischarten in den Bergen hat verschiedene Gründe. Erstens ist offensichtlich, dass die Bergbäche nur für sehr kräftige Schwimmer wie beispielsweise Forellen stromaufwärts zu überwinden sind. Zweitens sind die meisten einheimischen Arten nicht an das Leben in kaltem Wasser angepasst, da sie ursprünglich aus dem Süden und Westen zu uns einwanderten. Drittens sind viele der kleinen Bergseen sehr nährstoffarm, sodass sich Fischpopulationen nicht selber ernähren könnten. Und viertens liegen Seen ab einer gewissen Höhenstufe fast das halbe Jahr unter einer Eis- und Schneedecke, was ein Übriges zur Fischarmut dieser Gewässer beiträgt.

Wo also Fischer an Bergseen stehen, liegt die Vermutung nahe, dass sie zuvor ausgesetzte Fische angeln. In der Schweiz werden pro Jahr rund 600 Millionen (!) Setzlinge (ganz junge Tiere) und 25 Millionen Fische in allen Größen ausgesetzt. 20 Millionen davon sind Forellen und Saiblinge. Leider werden auch jedes Jahr fast 500 000 amerikanische Lachse und andere nicht einheimische Arten ausgesetzt, was schädlich für die einheimische Fauna wie zum Beispiel den Grasfrosch oder den Bergmolch, aber auch für die Bachforelle ist. Die Zahl der Bachforellen hat zwischen 1990 und 2000 um rund 40 Prozent abgenommen. Natürlich tragen die Fischer nicht allein die Verantwortung für diese Abnahme. Die Verschlechterung der Wasserqualität, das Unterbrechen von Fisch-Wanderrouten durch Kraftwerke und andere Bauten sowie das Schrumpfen des Wassernetzes im Allgemeinen haben einen kräftigen Beitrag dazu geleistet. Zum Glück gibt es seit einigen Jahren zahlreiche Projekte, unseren Gewässern wieder mehr Freiraum und Schutz zukommen zu lassen. Sie haben es dringend nötig.

In den Murgseen werden ausschließlich Sömmerlinge (Jungfische von ca. 10 Zentimeter Länge) von Regenbogen-, Bach-, Seeforellen und Saiblingen ausgesetzt. Das Markenzeichen der Murgsee-Forellen ist ihr lachsähnliches, rotes Fleisch, das durch die natürliche Nahrung gegeben wird. Die größten gefangenen Forellen waren mehr als 50 Zentimeter lang und über 1,5 Kilogramm schwer. Wer die Fischer beobachtet, stellt verschiedene Fangmethoden fest. Zapfenfischerei, Grundfischerei, Fliegenfischerei, Spinnfischen, Bootfischen und vieles mehr. Wer in den Murgseen fischen will, braucht ein Patent (für Kinder zwischen 12 und 16 Jahren kostet es rund 10 Franken), das in der Murgseehütte gelöst werden kann. Für das Fischen gib es strikte Regeln: Mehr als fünf Fische pro Tag (Kinder: drei) darf man nicht rausziehen, und alles, was unter 27 Zentimeter lang ist, muss gleich wieder zurück in den See. Dafür darf man mit natürlichem oder künstlichem Köder, mit Spinner, Wobbler, Löffel, Dreiangel, Hegenen und sogar mit einer Fliege zu Werke gehen. Den selbst geangelten Fisch kann man sich anschließend günstig im Restaurant zubereiten lassen. En Guete!

◄ Junge Forellen lassen sich mit etwas Geduld auch von Hand fangen.

4
Murgseen

▼ Das Fischerboot auf dem Oberen Murgsee ist dem Restaurant vorbehalten.

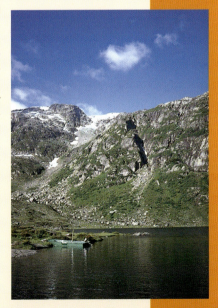

BACHFORELLE AUF DER JAGD

Die Bachforelle ist ein Raubfisch und jagt kleine Tiere wie Larven, Würmer, kleine Fische und fliegende Insekten. Um fliegende Insekten zu erbeuten springt sie aus dem Wasser.

Bevor wir in die Schuppen der Bachforelle schlüpfen, suchen wir in der Umgebung einige lange Stöcke. Mit den Stöcken markieren wir ein ca. 8 Meter breites Spielfeld durch zwei parallele Linien. Die Kinder bilden zwei Bachforellen-Teams (mindestens 3 Fische pro Team) und stellen sich einander gegenüber jeweils hinter einer Linie der Größe nach auf, die Kleinsten vorne.

Die Spielleitung stellt sich mit einem Tuch in die Mitte des Feldes und hält es so in die Höhe, dass die Forellen es mit Springen gerade noch erreichen können. Das Tuch ist ein fliegendes Insekt, auf das die Bachforellen großen Appetit haben.

Auf ein Signal der Spielleitung laufen die ersten beiden Kinder los, um das Tuch zu schnappen und damit so schnell wie möglich hinter die Linie zurückzukehren.

Welche Bachforellen-Familie hat nach einem Durchlauf aller Kinder die meisten Insekten gefangen?

Das »Insekt« kann übrigens auch an einem Baum oder an einem Stock mit einem Einschnitt an der Spitze locker eingeklemmt werden, damit es genug hoch über den Forellen herumschwirren kann. Fair ist, wenn sich immer ungefähr gleich große Forellen im Kampf gegenüberstehen.

Informationen

Ausgangspunkt
Merlen, 1099 m im Murgtal. Eine öffentliche Verkehrsverbindung von Murg am Walensee (Bahnlinie Zürich–Sargans) besteht zwar (noch) nicht, aber per Taxibus (Luzius Walser, 081 738 14 41) erreicht man den Ausgangspunkt problemlos. Die ersten 4 Personen kosten zusammen Fr. 48.–, nachher wird es günstiger. An schönen Sommerwochenenden viele Fahrten pro Tag.

Endpunkt
Ennenda, 478 m an der Bahnlinie Linthal–Ziegelbrücke, rund 10 Gehminuten von der Talstation der Luftseilbahn entfernt. Informationen zu den Fahrplänen der Luftseilbahn unter Tel. 055 640 81 53, www.aeugstenbahn.ch und in der Äugstenhütte.

Übernachtung
Murgseehütte (Berggasthaus Murgsee), 1817 m, Koordinaten 730 610 / 211 200, 65 Plätze in zwei großen Matratzenlagern in der rustikalen, gemütlichen Hütte. Geöffnet von Mai bis Oktober. Satelliten-Telefonnummer 00871 762 826 352 (keine Natel- oder Richtstrahlverbindung). www.murgsee.ch. Die Unterkunft liegt auf dem kleinen Felsriegel zwischen den beiden oberen Seen.

Verpflegung (und Übernachtung) unterwegs
Äugstenhütte: Tel. 055 640 56 06 oder 055 640 45 62 (20 Schlafplätze), 10 Gehminuten oberhalb der Bergstation Bärenboden.
Die verlassene Hütte auf der Alp Begligen ist immer offen und gewährt Unterschlupf bei einem allfälligen Wetterumsturz.

Karten
Kartenblatt 1154 Spitzmeilen

Varianten
Einfacherer Zustieg für den 1. Tag: Mit Taxi oder Auto durch das Murgtal bis Parkplatz Mornen (ca. 1150 m). Dann auf breit ausgebautem und sehr gut markiertem Weg hinauf zum Unter Murgsee und zur Murgseehütte. Ca. 2 h 30, T2.

Vom/ins Murgtal: Aufstieg von Mornen via Unter Murgsee zur Murgseehütte und zurück über Murgseefurggel und Mürtschenalp nach Merlen. Eine perfekte Runde mit Schwierigkeitsgrad T2.

4 Murgseen

▶ Murgseehütte.

5 Spitzmeilenhütte und Wissmilenpass

Eine weite, grüne Arena mit Bächen und Seen unter dem stumpfen Spitz

Landvogt auf Schloss Sargans

Neben Schloss Chillon, dem Schaffhauser Munot und Schloss Tarasp ist das Schloss Sargans hierzulande wohl eines der auffälligsten Bauwerke aus dem Mittelalter.

Ab 1282 wurde die Burg in verschiedenen Etappen errichtet. Zusammen mit Teilen der Altstadt von Sargans bildete die Burg früher eine Festungsanlage. Innerhalb dieser Mauer wohnten die Einburger und außerhalb die rechtlich massiv schlechter gestellten Ausburger. Um zu den gleichen Rechten zu kommen, mussten sich die Ausburger meist von der Leibeigenschaft los- und in der Stadt einkaufen.

1460 bis 1798 war das Schloss Zentrum der Grafschaft Sargans, einer Gemeinen Herrschaft der alten Eidgenossenschaft.

Unter Gemeiner Herrschaft versteht man ein Untertanengebiet, das von mehreren Kantonen der alten Eidgenossenschaft gemeinsam regiert wurde. So wurde auch das Sarganserland im Zweijahresrhythmus abwechslungsweise durch einen Landvogt, also einen Stellvertreter der regierenden Orte, verwaltet. Um die Untertanen unter Kontrolle zu halten, erließen die Landvögte Vorschriften, die teilweise auch stark ins Privatleben eingriffen. Geregelt wurden unter anderem Ehe, Sonntagsruhe, Kirchenzucht, Wirten, Tanzen und Spielen, Fluchen und Beschimpfen, Handel und Gewerbe und das Verhalten gegenüber Fremden.

Der Landvogt war auch für das Hohe Gericht zuständig und kümmerte sich um schwere Verbrechen wie Mord, Raub und Totschlag, Hexerei usw. Bei Straftaten, die durch Verstümmelung gesühnt werden sollten (die sogenannten Lybstraffen), gab es unterschiedliche Strafformen wie: an den Pranger stellen, Abschneiden/Anschneiden von Körperteilen (z. B. Ohren, Zunge), Rutenstreiche, Brandmarken usw. Im Falle der Todesstrafe konnte alleine der Landvogt den Verurteilten begnadigen; wenn er das nicht tat, musste das Urteil sofort vollstreckt werden.

Neben dem Hohen Gericht gab es noch mehrere Stadt- und Landgerichte. Sie versammelten sich wöchentlich und entschieden über kleinere Fälle wie Raufereien, Erbstreitigkeiten, Schuldsachen, Beschädigungen, Wasser- und Wegrechtsfragen, Ehrverletzungen usw. Von den gefällten Bußen erhielt der Landvogt seinen Anteil, was ihn wohl in der Regel nicht dazu bewogen hat, sie möglichst niedrig anzusetzen.

5 Spitzmeilenhütte und Wissmilenpass

Warum zur Spitzmeilenhütte?

Auch wenn man sich bei den Bergnamen nicht besonders auskennt: Die eigenartige Form des Spitzmeilen bleibt im Gedächtnis haften. Und als einer von ganz wenigen Bergen sieht er von allen Seiten fast gleich aus. Wenn das nicht lernfreundlich ist! Die grüne Arena ist ein riesiger Spielplatz. In der Hüttenumgebung finden sich viele Bäche, Teiche, Tümpel und keine halbe Stunde entfernt ein ausgewachsener Bergsee mit allem Drum und Dran.

Tourencharakter
Auch wer keine Bergerfahrung hat, wird wohlbehalten bei der Spitzmeilenhütte ankommen. Wenig Höhenunterschied, gute Wegmarkierung und übersichtliches Gelände. Mit dem Rückweg auf der Variante über Fursch zum Maschgenkamm ergibt sich eine einfache, aber sehr schöne T1/T2-Tour. Wers gerne etwas weiter und anspruchsvoller hat, der wählt die Route über den Wissmilenpass – und wird versteckte Hochebenen über dem Sernftal entdecken.

Schwierigkeit: T2
Keine speziellen technischen Schwierigkeiten. Etwas rutschig im Geröll während den 100 Auf- und Abstiegsmetern vor und nach dem Wissmilenpass. Bei schlechter Sicht ist die Wegfindung auf der ganzen Strecke sehr anspruchsvoll.

Höhenunterschiede und Gehzeiten
1. Tag: Maschgenkamm–Zigerfurgglen–Spitzmeilenhütte ↗ 170 m, ↘ 100 m, 2 h 45.
2. Tag: Spitzmeilenhütte–Wissmilenpass–Skihütte Mülibachtal–Engi Vorderdorf
↗ 350 m, ↘ 1630 m, 5 h.
Spitzmeilenhütte–Wissmilenpass 1 h 30.
Wissmilenpass–Skihütte Mülibachtal 1 h 45.
Skihütte Mülibachtal–Engi Vorderdorf 1 h 45.

1798 entließen die herrschenden Orte auf Druck Napoleons die Grafschaft Sargans in die Freiheit. Einige Monate war sie eigenständiger Kanton, wurde dann in den Kanton Linth (Gebiet Rapperswil–Linthal–Bad Ragaz–Rüti) eingegliedert und landete 1803 beim neu gegründeten Kanton St. Gallen.

1. Tag: Zweimal Seilbähneln, einmal Wandern

Das Abenteuer beginnt in Unterterzen am Walensee. Gleich gegenüber dem Bahnhof steht die Talstation der neuen Luftseilbahn, die Wanderlustige mittels neuer 8er-Gondeln in nur 12 Minuten hinauf zur Tannenbodenalp auf knapp 1400 m bringt. Dort wartet auf der anderen Seite des großen Parkplatzes bereits die nächste Gondel, welche zum Ausgangspunkt der Wanderung, zum Maschgenkamm, auf 2019 m hinauf führt. Dort heißt es endlich Schuhe schnüren und los: Von der Bergstation unter dem Ziger hindurch zur **Zigerfurgglen** (1997 m), dort dem Wegweiser »Spitzmeilenhütte« folgen, leicht absteigen und in die riesige Wiesenarena unter Magerrain und Spitzmeilen eintauchen. Beim Burstbüel auf 1951 m werden zwei Bäche mit dazugehörender sumpfiger Wiese gequert oder je nach Wasserstand durchwatet, dann gehts ganz sanft bergan, am Calanshüttli vorbei zu den Mietböden auf 2057 m. Die Route macht hier einen Knick nach Osten und erreicht 20 Minuten später P. 2069

auf dem Bergrücken in der Verlängerung des First.
Die Schweizerfahne auf dem Vorplatz der Hütte ist schon deutlich zu sehen und wenige Minuten später steht man vor der 2007 neu errichteten **Spitzmeilenhütte** (2087 m).

◄ ◄ **Hier ist gut ruhn. Auf Fursch gibts wunderbare Rastplätze.**

◄ **Anständig dimensionierter Spielplatz neben der Spitzmeilenhütte.**

2. Tag: Hinüber ins Glarnerland

Von der Spitzmeilenhütte frühmorgens am Madseeli vorbei, die grünen Wiesen gegen das graue Geröll eintauschend, zum **Wissmilenpass** (2420 m). Auf Glarner Boden im Zickzack die ersten 100 Höhenmeter recht steil, dann sanft wieder über Alpweiden hinunter auf den flachen Boden beim **Tänzer** (2125 m) und im Bogen zum **Mülibach Oberstafel** (1954 m). Nun auf dem Kiesfahrweg zum Lüser und gemächlich hinunter zur Skihütte Mülibachtal. Zeit für eine Pause bei der gemütlichen Hütte (in der Hauptsaison Übernachtungsmöglichkeit und Restauration). Ein Zick nach links, ein Zack nach rechts und bereits ist der Mülibach bei **Gams** (1468 m) erreicht. Der weitere Weg verläuft wieder entlang dem Kiessträßchen leicht oberhalb des Baches ins **Üblital** (1190 m), und dann alles quasi dem Bachlauf entlang zur Bushaltestelle (812 m) beim großen Webereigebäude in Engi.

5 Spitzmeilenhütte und Wissmilenpass

▼ **Viele Bäche ziehen sich vom Madseeli gegen die Hütte hinunter.**

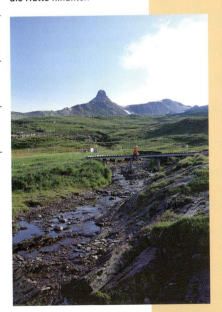

GRASFRÖSCHE

Irgendwann vor langer, langer Zeit verließen urtümlich aussehende, fischähnliche Lebewesen das flache Wasser. Möglicherweise waren Trockenperioden der Anlass für diese Veränderung. Wo die Gewässer zeitweise verschwanden, hatten herkömmliche Fische schlechte Überlebenschancen. Besser dran waren Organismen, die über eine Lunge für die Atmung an Land verfügten und über halbwegs gehfähige Flossenbeine. Da verwandelten sich im Laufe einiger Jahrmillionen also Fische tatsächlich in Landlebewesen.
Ein phänomenaler und höchst bedeutsamer Schritt in unserer Entwicklungsgeschichte, denn in diesem Schritt lag auch die Basis für die Entstehung von Reptilien, Vögeln und Säugetieren – und so um sieben Ecken herum natürlich auch der Menschen.
»Amphi«: auf beiden Seiten, und »bios«, Leben. Doppellebig heißen die Amphibien aus dem Griechischen übersetzt. Bei einem Frosch kann man diese Entwicklung vom Wasserleben zum Landleben jedes Jahr live miterleben. In der Umwandlung der Kaulquappe zum Frosch.
Frösche und Kröten trifft man im feuchten Flachland wie auch an Bergseelein auf 2500 Meter an. Im Flachland begegnet man ihnen ab Februar und am aktivsten sind sie um Mitte März. In den Bergen ist diese Aktivitätszeit um mehrere Monate in Verzug. Man findet sie bereits, wenn das Eis noch nicht ganz verschwunden ist. Die Männchen treffen meist etwas vor den Weibchen im Laichgewässer ein und lassen im Chor ihr Gurren ertönen. Ankommende Weibchen werden sofort umklammert, und nach wenigen Tagen kommt es zur Eiablage und Befruchtung, wobei die Weibchen einen gallertigen Eiklumpen mit bis zu 2500 Eiern ablegen. Danach ist der Aktivitätsspuk vorbei und fast alle Frösche verlassen das Gewässer in Richtung umliegende Wälder und Wiesen, wo sie sich für einige Wochen eingraben. Nach zwei bis drei Wochen schlüpfen kleine schwarze Larven mit großen Kiemenbüscheln aus den Laichteppichen. Sie steigen an die Oberfläche, um von den wärmeren Temperaturen im seichten Wasser zu profitieren. Das wird ihnen aber zum Verhängnis, wenn das Wasser in einem trockenen Frühjahr zurückgeht und Laich wie auch Larven vertrocknen. Für die gesamte Population ist dies allerdings selten eine Katastrophe, weil in einem günstigen, feucht-warmen Frühling eine enorme »Überproduktion« stattfindet, die den Verlust eines Jahrgangs zu kompensieren vermag.
Bald verschwinden die Kiemenbüschel, und eine Kaulquappe wächst heran. Nach zwei Monaten verwandelt sie sich zum Jungfrosch, wobei der Körper einen enormen Umbau (Metamorphose) durchmacht: Lungen wachsen heran, die Raspelzähne verschwinden zugunsten einer Schleuder-

zunge, der Schwanz bildet sich zurück, vier Beine wachsen heran und die Augen treten aus dem Kopf hervor. Eine schier unglaubliche Verwandlung innert kürzester Zeit!

Bis zum Erreichen der Geschlechtsreife nach drei bis vier Jahren führen die Tiere ein Leben im Verborgenen und bleiben dem Wasser fern. Dann kehren sie wieder an ihren angestammten Laichplatz zurück. Die meisten Grasfrösche kommen nicht mehr als zwei- bis drei Mal zum Laichen, werden also kaum mehr als sieben Jahre alt.

Beim Picknick an einem Tümpel lohnt es sich, diese Frösche genauer unter die Lupe zu nehmen. Zuerst heißt es, den Frosch erfolgreich einfangen (schön vorsichtig bitte). Wie fühlt sich die kühle Haut an, die sich so leicht über dem Körper verschieben lässt. Amphibien trinken nicht, sondern nehmen durch die Haut Wasser auf und speichern dieses in Säcken unter der Haut. Findest du das Trommelfell? Schau ihm in die Augen. Ist es nicht ein tolles Tier?

Gefährdete Arten

Warum Amphibien es in letzter Zeit schwer haben und ihre Bestände rückläufig sind, hängt nicht so sehr mit dem Verzehr von Froschschenkeln zusammen. Wesentlich bedeutsamer und gefährlicher ist es, dass ihre Lebensräume mehr und mehr vernichtet werden. Vor allem Kleingewässer gehen durch Zuschütten, Entwässerungsmaßnahmen und Bauten verloren.

Weitere Informationen zu allen einheimischen Amphibien und Reptilien finden sich unter www.karch.ch

5
Spitzmeilenhütte und Wissmilenpass

▼ Amphibientümpel zuhauf vor der Spitzmeilen-Kulisse.

73

DEN AMPHIBIEN AUF DER SPUR

Amphibien zu entdecken ist gar nicht so einfach. Nimm dir Zeit, sitze ruhig an einem Teich, beobachte den Teichboden und die Ränder des Gewässers. Findest du folgende Amphibien?

Informationen

Ausgangspunkt / Anreise
Maschgenkamm 2019 m. Mit der Gondelbahn von Murg (an der Bahnlinie Zürich–Sargans) nach Tannenbodenalp/Flumserberg und mit einer weiteren Gondelbahn von der Tannenbodenalp zum Maschgenkamm.

Endpunkt / Rückreise
Engi GL, 812 m, Bushaltestelle Weberei. An der Buslinie Elm–Schwanden, dort Anschluss an den Zug nach Linthal oder Ziegelbrücke.

Übernachtung
Spitzmeilenhütte SAC, 2087 m, Koordinaten 737 710 / 210 840, 44 Plätze in 4er-, 6er- und 8er-Zimmern. Immer offen, während der Hauptsaison durchgehend bewartet. Große Sonnenterrasse. Tel. 081 733 22 32 und 079 257 45 62, www.spitzmeilenhuette.ch. Das Gelände fällt nördlich der Hütte steil ab. Südlich hingegen finden sich weite, offene Wiesenhänge mit Bächlein, Seen und Tümpeln.

Verpflegung (und Übernachtung) unterwegs
Restaurant in der Bergstation auf dem Maschgenkamm.
Skihütte Mülibachtal. Heimelige Berghütte. Übernachtung und Restauration. Juli und August geöffnet und bewartet, restliche Zeit auf Anfrage, Tel. 079 291 23 49.
Restaurant bei der Bushaltestelle in Engi.

Karten
1154 Spitzmeilen und 1174 Elm

Varianten
Ein sanfterer Abstieg führt von der Spitzmeilenhütte zur Alp Fursch (1792 m, Restaurant) mit ihren schönen Wasserfällen. Dann gehts nochmals hinauf über P. 1830 zur Maschgalugge und zum Maschgenkamm (2019 m). T1–T2, 2 h 30.

Rassiger Abschluss: Die Floomzer-Rodelbahn führt seit 2010 vom Chrüz (1600 m) zur Talstation der Maschenkammbahn. Sehr rassiges Abenteuer.

Besser nicht: Spitzmeilen (2501 m). Die Aufstiegsroute zum Gipfel führt ostseitig durch einen steinschlägigen, sehr steilen Kamin. T5.

5
Spitzmeilenhütte und Wissmilenpass

◀ 1 Froschlaich, 2 Kaulquappe, 3 Halbfrosch, 4 Alpensalamander, 5 ausgewachsener Grasfrosch, 6 Bergmolch.

▶ **Die neue Spitzmeilenhütte an aussichtsreicher Lage.**

PRÄTTIGAU UND RÄTIKON

Über alte Schmugglerpfade nach Österreich schleichen, mit einem Schritt vom scharfkantigen Kalk auf sanfte Blumenwiesen wechseln: Wanderungen in der Nordecke Graubündens ermöglichen einen Blick nach Europa und garantieren Grenzerfahrungen der harmlosen Art.

6–9

6 Pfälzerhütte und Fläscher Seen

Von Liechtenstein hinauf nach Österreich und hinunter in die Schweiz

Liechtenstein

Mit seinen 160 Quadratkilometern Fläche ist das Fürstentum Liechtenstein etwas kleiner als der Nationalpark im Engadin – und der viertkleinste Staat in Europa. Gerade 24,56 Kilometer misst Liechtenstein an seiner längsten Stelle, 12,36 Kilometer an seiner breitesten. Trotz seiner Kleinheit blickt das Land auf eine bewegte Geschichte zurück. Bereits als Teil der römischen Provinz Rätien erhielt die Gegend eine gewisse Bedeutung für den Transitverkehr, als im 1. Jahrhundert n. Chr. eine römische Heerstraße gebaut wurde, die über den Splügenpass, Chur und die Luziensteig auf der rechten Rheintalseite nach Bregenz führte. Während der Jahrhunderte nach dem Zerfall des Römerreiches wechselte der Landstrich viele Male die Besitzer, bis es um 1700 herum Fürst Johann Adam Andreas (ein Abkömmling des Hauses Liechtenstein) gelang, die beiden Herrschaften Schellenberg und Vaduz zu erwerben, die später zum Reichsfürstentum Liechtenstein erhoben wurden. Die Fürsten von Liechtenstein waren bereits in Niederösterreich, Böhmen und Mähren reich begütert und residierten deshalb weiterhin in Wien. Als Napoleon nach 1800 Europa neu ordnete, wurde das Fürstentum als unabhängiger Staat anerkannt. Und so ist es geblieben bis heute.

Bis zum Ersten Weltkrieg war Liechtenstein stark mit dem Kaiserreich Österreich-Ungarn verbunden. Nach dessen Auflösung und Aufteilung suchte Liechtenstein eine enge Partnerschaft mit der Schweiz und übernahm den Schweizer Franken als Währung. Mit der Verfassung von 1921 wurde das Fürstentum Liechtenstein eine konstitutionelle Monarchie, wobei der Fürst verhältnismäßig wesentlich mehr Kompetenzen hat als die Könige der anderen europäischen Monarchien. Erst 1938 wurde der Wohnsitz der Fürstenfamilie von Wien ins Schloss Vaduz verlegt. Mit einer neuen Verfassung band das Fürstenhaus 2003 die Kompetenzen der Gerichte und des Parlamentes zurück und konnte so seinen Machtanspruch zementieren.

1. Tag: Eine Gratwanderung der Extraklasse

Das Postauto hält unmittelbar bei der Talstation der Luftseilbahn von Malbun hinauf zur Bergstation Sareis auf 2003 m. In der Felswand nördlich der Bergstation lassen sich bizarre Turmgebilde, aber auch Naturbrücken und Höhlen erken-

6
Pfälzerhütte und Fläscher Seen

Warum zur Pfälzerhütte und zu den Fläscher Seen?

Eine interessante Gratwanderung am ersten Tag: sehr abwechslungsreich, nie richtig ausgesetzt, gespickt mit Gipfelerlebnissen und Aussicht weit ins Österreichische hinein. Am zweiten Tag beobachtet man mit etwas Glück Steinböcke am Dreiländergipfel Naafkopf und genießt den Bergsommer an den drei Badeseen im Fläscher Tal. Der Abstieg ist auch für Erwachsenengelenke ein Genuss: Den besorgt ein kleines Seilbähnchen bis hinunter nach Malans in der Bündner Herrschaft.

Tourencharakter
2-tägige Bergwanderung. Eine Tour über interessante Kreten am ersten Tag und durch weite Kalk- und Weideplateaus am nächsten Tag. Trotz verhältnismäßig geringer Höhenunterschiede stellt die Route durch ihre kilometermäßige Länge am zweiten Tag einige Anforderungen.

Schwierigkeit: T2–T3
Die anspruchsvollsten Passagen befinden sich am ersten Tag auf dem Grat beim Spitz. Hier verläuft der Weg zweimal rund 10 Meter lang durch eine etwas steilere Hangpartie. Der Weg ist aber genug breit, dass man neben den Kindern hergehen und im Bedarfsfall assistieren kann. Im Abstieg zur Pfälzerhütte ist die etwas ausgesetztere Passage mit Drahtseilgeländern gut gesichert. Der zweite Tag stellt bei schlechter Sicht große Anforderungen ans Orientierungsvermögen. Sinnvoller ist dann die Rückkehr nach Malbun via Tällihöhi.

Höhenunterschiede und Gehzeiten
1. Tag: Sareis–Augstenberg–Pfälzer Hütte ↗ 430 m, ↘ 325 m, 3 h.
Sareis–Augstenberg 2 h 15.
Augstenberg–Pfälzer Hütte 0 h 45.
2. Tag: Pfälzer Hütte–Fläscher Seen–Älpli-Bahn ↗ 470 m, ↘ 780 m, 4 h 30.
Pfälzer Hütte–Fläscher Seen 2 h 45.
Fläscher Seen–Älpli-Bahn 1 h 45.

nen. Von der Bergstation gehts zwei Minuten dem Fahrsträßchen entlang gegen Südosten, dann zweigt ein Wanderweg ab, der immer auf der Krete durch den Legföhrenwald über P. 1956 zu den Lawinenverbauungen führt. Leicht oberhalb der Verbauungen geht es weiter dem breiten Grat entlang zum **Sareiserjoch** (2000 m), dann entschlossener ansteigend unter P. 2075 hindurch zur Einsattelung (2078 m). Der Weg verlässt hier den Grat und zieht sich durch die Flanke des Spitz gegen Mattelti hinüber. Vor P. 2078 und beim Spitz verläuft der Weg zweimal auf einem rund 10 Meter langen Stück durch etwas steilere Hangpartien. Der Weg ist aber breit genug. Nach **Mattelti** (2157 m) erklimmt der Weg wieder den breiter werdenden Grat und führt oben durch Geröll hinauf zum Gipfel des **Augstenberges** (2359 m) mit dem großen, von Malbun her gut sichtbaren Kreuz.

Der deutliche und gut markierte Weg zieht sich nun in direkter Linie südwärts gegen das Bettlerjoch hinunter. Im Abstieg wechseln Fels, Geröll und Wiese immer wieder ab, und bald trifft man auf die Grenzsteine, die den Weg bis zur Pfälzerhütte säumen. Im weiteren Gratverlauf wird eine steilere Partie auf rund 2280 m im Zickzack überwunden, und nach P. 2251 sorgen üppig dimensionierte Drahtseilgeländer und Zementtreppen dafür, dass alle problemlos in der Pfälzerhütte auf 2108 m ankommen.

2. Tag: Badeseen und Seilbähnchen der Extraklasse

Von Norden sind wir gekommen, südwärts ziehen wir weiter. Zuerst noch kurz auf der Wiesenkrete zwischen Liechtenstein und Österreich, aber schon auf 2180 m führt der Liechtensteiner Höhenweg in die weite Kalkebene östlich des Naafkopfs. Zwischen Felsplatten schlängelt sich der Weg an P. 2296 vorbei hinauf zur ersten Krete auf 2311 m. Nun einige Meter in die Senke absteigen und rechts an P. 2288 vorbei über Platten hinauf zum Grenzstein 1 am **Barthümeljhoch** (2315 m). Graubünden beginnt mit ein paar steilen Abstiegsmetern, dann hält der Weg die Mulde hinunter auf P. 2178 zu, dreht dort unter den Felsen hindurch nach rechts und wenige Minuten später steht man im riesigen Weidekessel der Alp Ijes bei den Stallungen auf 1934 m. Nun auf dem Fahrweg talwärts durch die beiden Krüzplatten-Tunnels zum Guggernell. Es lohnt sich ein kleiner Umweg zu den rund 50 Meter höher gelegenen Seen im Fläscher Tal – hier findet man tolle Mittagsrastplätze mit Badegelegenheit! Bei der Talegg am Unterst See wählt man den Weg, der praktisch horizontal gegen die Alp Bad hinüberführt und auf einer Höhe von 2000 m in den Fahrweg zum **Kamm** (2030 m) mündet. Nach dem Kamm über Vorderalp, P. 1803 und oberhalb des Mittelsäß zum Restaurant bei der Bergstation der Älpli-Bahn auf 1801 m. Für die Fahrt mit der modernen Doppelkabine benötigt man unbedingt eine Reservation (Tel. 081 322 47 64), da nur 32 Personen pro Stunde ins 1200 Meter tiefer gelegene Malans transportiert werden können.

◂◂ Blumenwiesen ziehen sich bis hinauf zum Naafkopf.

◂ Malbun en miniature – vom Augstenberg aus gesehen.

6
Pfälzerhütte und Fläscher Seen

▾ Markanter Dreiländerspitz. Der Naafkopf.

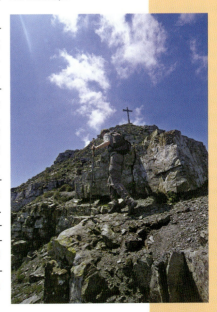

BLUMENWUNDER AM NAAFKOPF

Fast zuoberst am Naafkopf, auf über 2500 Meter, leuchtet der Wegrand in allen Farben. Hier ein Büschel Alpenhahnenfuß, dort zwischen Steinen eingeklemmte Veilchen in aller Pracht und überall die Polster mit leuchtendem Silberwurz.

Wie können so schöne und feine Pflanzen bloß die garstigen Witterungsbedingungen auf dieser Höhe überleben – und wie sind sie überhaupt hierher gekommen? Die Höhenlage und das damit verbundene Klima bestimmen den Wuchs der Pflanzen. Je tiefer die Temperaturen, desto kleinwüchsiger die Pflanzen. In den Gipfelregionen sind vorwiegend Polsterpflanzen und zähe, kleinwüchsige Arten anzutreffen. Solche Pflanzen tragen oft ein dichtes Haarkleid, das vor Frösten schützt und hilft, die spärlichen Sonnenstrahlen möglichst gut einzufangen. Welche Art wo wachsen kann, hängt stark mit dem Untergrund zusammen; begegnet man doch im Kalkgebiet, wie hier am Naafkopf, einer völlig anderen, oftmals reichhaltigeren Vegetation als auf Urgestein (Silikat, Kristallin), wie beispielsweise in der Gotthardregion.

Die Artenfülle wird größer, je weiter man gegen Süden kommt und je weiter man sich dem West- oder Ostrand der Alpen nähert. Die klimatischen Vorteile des Südens und die größeren Niederschlagsmengen an den Alpenrändern sind Gründe dafür.

Neben den erdgeschichtlichen Prozessen haben auch die Eiszeiten das Gesicht der heutigen Flora entscheidend mitgeprägt. Noch vor rund 15000 Jahren waren nahezu die gesamten Alpen mit einer mächtigen Eisdecke überzogen, welche in der Schweiz ungefähr vom Monte Generoso bis gegen Bern reichte. Die alpine Vegetation wurde in dieser Zeit sehr stark dezimiert. Nahezu alles, was wir heute an Vielfalt der Alpenflora bewundern, ist also erst in den letzten paar Tausend Jahren aus den eisfreien Gegenden wieder in die Alpen zurückgewandert.

Aber auch in den Alpen ragten einzelne Gipfel, sogenannte Nunatakker, sogar während der stärksten Vergletscherung aus dem Eismeer heraus und ermöglichten so einigen Pflanzen das Überleben. Den oben erwähnten Silberwurz beispielsweise trifft man häufig in den hohen Bergregionen an. Während der Eiszeit bedeckte dieses Rosengewächs weite Teile der mitteleuropäischen Tundra und festigte nach dem Rückzug der Gletscher als Pionierpflanze das lose Geröll der Moränenhalden und Schwemmböden der Kalkgebiete von Spitzbergen bis zu den Pyrenäen, von Nordgriechenland über Alaska bis nach Japan. Die absoluten Höhenkünstler in den Alpen sind aber nicht die kleinsten Pflanzen, sondern überraschenderweise eher die stattlicheren. So hielt man den Gletscherhahnenfuß lange Zeit für den Höhenrekordhalter, denn die aus der Arktis stammende, zuerst weiß blühende, sich dann manchmal rot verfärbende Blume gedeiht noch am Gipfel des 4274m hohen Finsteraarhorns. Vor wenigen Jahren wurde allerdings am Dom noch etwas weiter oben ein Pflänzchen des Zweiblütigen Steinbrechs gefunden, welches nun den absoluten Höhenrekord hält. Kann sich also der Zweiblütige Steinbrech ins Guinnessbuch der helvetischen Rekorde eintragen lassen, oder wird uns das sich stetig erwärmende Klima schon bald von der Dufourspitze weitere botanische Rekorde bescheren?

1 Hauswurz
2 Aurikel
3 Alpenaster
4 Feuerlilie
5 Alpenhahnenfuß
6 Sonnenröschen
7 Silberwurz
8 Glockenblume

6
Pfälzerhütte und Fläscher Seen

DER GUGELHOPFBERG

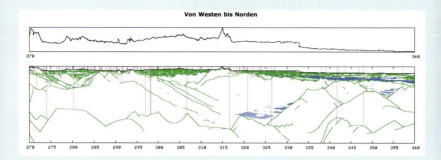

Bergnamen sind Glücksache. Früher wurden Berge oft nach ihrem Aussehen (Rothorn) oder ihrer Lage (Mittagshorn, Churfirsten) benannt. Ein Berg konnte damals mehrere Namen haben, vor allem, wenn er zwischen zwei Tälern oder gar auf der Sprachgrenze stand. Erst als General Dufour um 1860 für das Eidgenössische Topografische Bureau ein Kartenwerk im Maßstab 1:100000 schuf, trieb er die Vereinheitlichung der Bergnamen voran.

Für Kinder sind Bergnamen oft einerlei. Schwarzhorn, Rothorn, Weisshorn – wen kümmerts! Viel interessanter ist da eine eigene Namengebung markanter Geländeformen. Entdecker haben vielen Bergen, Inseln, Menschen und Orten seit jeher die unglaublichsten Namen gegeben (Naafkopf, Osterinseln, Indianer, Barthümeljoch). Also auf zu einer sinnvolleren Namengebung, zeichnen wir unsere eigene Landkarte.

Sieht der bewaldete Hügel dort hinten nicht aus wie ein grüner Gugelhopf, das felsige Horn nicht wie eine Zwergenkappe, die wellige Krete nicht wie Kamelbuckel? Richtige Entdecker zeichnen sich ihre Karten selber und geben den Bergen auch gleich noch einen Namen.

Anschließend sollen die Erwachsenen auf der Landeskarte die offiziellen Bergnamen raussuchen. Dann kann man vergleichen, was eher passt oder besser gefällt.

Oftmals sind sich die Erwachsenen aber auch mittels offizieller Karte und Kompass nicht ganz einig, welcher Berg wie heißt, und wie man die Landeskarte in den Händen zu halten hat. Da hilft die vorgängige Konsultation des Internets. Unter www.gipfelderschweiz.ch sieht man Panoramen ab allen Bergspitzen und SAC-Hütten inklusive Gradbeschriftung, Entfernung und Namenverzeichnis.

Ab dem Naafkopf sind bei Sichtweite 75 Kilometer 815 Gipfel erkennbar, bei 50 Kilometer Sichtweite noch 554 Gipfel und bei 25 Kilometer noch 175 Gipfel. Kein Wunder, sind auch den fantasievollsten Entdeckern mit der Zeit die sinnvollen Namen ausgegangen.

Informationen

Ausgangspunkt / Anreise
Malbun, Haltestelle Zentrum. Buslinien ab Buchs SG und Sargans nach Vaduz. Anschlussbusse von Vaduz über Triesenberg nach Malbun.

Endpunkt / Rückreise
Talstation der Älpli-Seilbahn in Malans. 20 Gehminuten zum Bahnhof Malans für Züge in Richtung Landquart und Klosters. Die Platzreservation auf der Älpli-Bahn ist unerlässlich wegen der geringen Transportkapazität! Tel. 081 322 47 64, www.aelplibahn.ch

Übernachtung
Pfälzerhütte LAV, 2108 m. Koordinaten 765 160 / 215 660, 80 Plätze, immer offen, bewartet von Mitte Juni bis Mitte Oktober. Tel. 00423 263 36 79 oder beim Alpenverein Tel. 00423 232 98 12, www.alpenverein.li. Die Hütte steht auf einem breiten, mit vielen Felsbrocken übersäten Graskamm. Große Sonnenterrasse.
Unterkünfte in Malbun: Liechtenstein Tourismus, Tel. 00423 239 63 00, www.tourismus.li

Verpflegung unterwegs
Restaurant Sareis (neben der Bergstation), mit Trampolin usw.
Bergstation der Älpli-Bahn.

Karten
Kartenblätter 1136 Drei Schwestern und 1156 Schesaplana

Varianten
Abstieg: Wer keinen Platz auf der Älpli-Bahn ergattern konnte, hat zwei Möglichkeiten. Entweder die Tour in umgekehrter Richtung zu machen – dann hats vielleicht Platz auf der Seilbahn –, oder von der Pfälzerhütte über das Vaduzertäli nach Malbun abzusteigen. Dazu folgt man dem Fahrweg von der Hütte über P. 2055 zum Höttatal, schwenkt dort oberhalb der Alp Hötta auf den Wanderweg ein, der über die Tälihöhi ins Skigebiet von Malbun und zur Postautohaltestelle bei der Sesselbahn führt.

Gipfel: Naafkopf, 2570 m. Wer 90 Minuten Zeitreserve hat, dem sei der Abstecher zum Naafkopf ans Herz gelegt. Der interessante Aufstieg hält sich immer auf der österreichischen Gratseite und führt nicht ausgesetzt zum höchsten Punkt. Nur gerade sechs Dreiländerecken gibt es an der Schweizer Grenze. Eines ist mitten im Bodensee, eines auf 3820 Meter in den Walliser Bergen, eines im Basler Rheinhafen, eines im St. Galler Rheintal bei Sennwald und eines im Unterengadin bei Martina. Oft sieht man vom Naafkopf Steinböcke in der Gratfortsetzung gegen den Falknis. Im Abstieg trifft man auf rund 2400 m auf eine Wegspur, die in direkter Linie zum Liechtensteiner Höhenweg führt.

▶ www.gipfelderschweiz.ch

▶ Pfälzerhütte und hinten der Augstenberg.

**6
Pfälzerhütte und Fläscher Seen**

7 Rund um die Schijenflue

Wo S und O nicht nur Himmelsrichtungen sind

Ein unterirdisches Schlammbad

Die Sulzfluh ist ein mächtiger Kalkstock im östlichen Teil des Rätikons an der Grenze zwischen Graubünden und Vorarlberg. Gegen Süden in eindrucksvollen Steilwänden abbrechend, bilden ihre hellen, je nach Licht fast weißen Felsen einen reizvollen Kontrast zu den darunter liegenden Flysch-Schichten, die bis zum Wandfuß hinauf begrünt sind. Und aus der Ferne gesehen gleicht die Sulzfluh einem gigantischen Emmentaler Käse, denn die steil zum Partnunsee abfallende Südostflanke ist mit von weither sichtbaren Höhlen gespickt. Drei von ihnen sind dank ihrer Größe sogar auf der Landeskarte vermerkt.

Die dunklen Löcher üben eine eigenartige, manchmal fast unheimliche Faszination aus. Das scheinen auch die Mitglieder jener Erkundungstour des Schweizer Alpenclubs so empfunden zu haben, deren Expeditionsbericht 1864 die Sulzfluhhöhlen erstmals touristisch bekannt machte: »Wir atmeten wieder wohlig auf, als wir uns dem Ausgang näherten und endlich wieder in unsere Welt hinaustraten. Aber welch traurigen Anblick boten die einzelnen, dem Felsen nach und nach entschlüpfenden Clubisten! Welch merkwürdige Metamorphose ist mit ihnen drinnen vorgegangen! Alle, ohne Ausnahme, so verschiedenfarbig auch ihre Kleidung vor dem Einfahren gewesen, alle tragen jetzt nur eine Farbe, die mattgelbe, und nur an wenigen Stellen tritt das ursprüngliche Colorit in unbestimmten Umrissen hervor. Haben die guten Leute in den unterirdischen Räumen ein Schlammbad genommen?«

Wände und Boden der Höhlen sind mit gelbem Schlamm überzogen. Wer sich also mit den Kindern ein paar Schritte ins Dunkel vorwagen möchte (in der Chilchhöli ist das möglich), muss nicht nur eine Taschenlampe dabeihaben und vorsichtig sein, sondern sollte den Höhlenforscher-Nachwuchs auch nicht unbedingt in die allerneuste Faserpelzjacke stecken.

1. Tag: Höhlisch interessant

Bei der »Alpenrose« in Partnunstafel ist auch für den kleinen Taxibus Endstation (1775 m). Ab hier folgt die Route zur Tilisunahütte bis **Miesbrunnen** (1801 m) noch ein paar Schritte einem Fahrsträßchen und wechselt dann auf ein schmales Bergweglein. Im Nu ist der wunderschön in einer Talmulde gelegene **Partnunsee** (1869 m) erreicht, und obwohl die Wanderung bis hierher noch keine halbe Stunde gedauert hat, ist eine Pause doch beinahe Pflicht.

Warum rund um die Schijenflue?

Unterwegs sein auf Pfaden, auf denen einst die Schmuggler über die Grenze geschlichen sind. In klaren Bergseen ein kühles Bad wagen. Einen Blick in finstere Höhlen werfen. Auf 2319 Meter über Meer die Landesgrenze überschreiten und eine Nacht im Ausland verbringen. Das – und noch viel mehr – hat ein Wochenende im Banne der weißen Kalkwände von Sulzfluh und Schijenflue zu bieten.

Tourencharakter
2-tägige Bergwanderung. Im Anstieg vom Tritt über die Sulzfluhhöhlen zum Grüen Fürggli wird es zwar vorübergehend steil, vor allem am zweiten Wandertag zeichnet sich der Ausflug nach Österreich aber durch geringe Höhendifferenzen aus. Die Tagesetappen halten sich zeitlich im Rahmen, sodass genügend Zeit für die Entdeckungen am Wegrand bleibt.

Schwierigkeit: T3 (T2)
Ihr T3 verdient sich die Wanderung im Aufstieg zu den Höhlen. Die Kalkrippen und Geröllfelder im steilen Gelände verlangen eine gewisse Vorsicht und auch wenn der Pfad keine besonderen Schwierigkeiten bereithält, müssen Kinder hier im Auge behalten oder allenfalls an der Hand genommen werden. Auch weniger Trittsichere kommen aber sicher zur Tilisunahütte: Auf dem alten Schmugglerweg erreicht der Schwierigkeitsgrad nur ein gemütliches T2.

Höhenunterschiede und Gehzeiten
1. Tag: Partnunstafel–Grüen Fürggli–Tilisunahütte ↗ 545 m, ↘ 110 m, 3 h.
   Partnunstafel–Grüen Fürggli 2 h 45.
   Grüen Fürggli–Tilisunahütte 0 h 15.
2. Tag: Tilisunahütte–Plasseggenpass–Partnunstafel ↗ 200 m, ↘ 645 m, 3 h 30.
   Tilisunahütte–Plasseggenpass 2 h.
   Plasseggenpass–Partnunstafel 1 h 30.

Die Seehütte links liegen lassend steigt der Pfad, gleichmäßig an Höhe gewinnend, durch Alpwiesen und Schotterfelder nach Hinderem See und weiter zum **Tritt** (2044 m). Hier taucht der Wanderweg in die kalkige Mondlandschaft aus Rippen, Kanten und Löchern ein, und eine Unzahl von Wegweisern und Markierungen nötigt den Bergwanderer, eine Entscheidung zu treffen. Nach Norden und Osten führen die ehemaligen Schmugglerwege über das Tilisunafürggli zur Hütte (siehe Varianten), während unser Aufstieg zu den Höhlen in westlicher Richtung abzweigt. Über Geröll und Kalkrippen – eine mit Stahlseilsicherung – steigt der rot-weiß markierte Pfad im steilen Gelände bergwärts.

Schwierig wird der Weg nicht, trotzdem ist eine gewisse Trittsicherheit nötig und die Kinder müssen gut im Auge behalten, allenfalls stellenweise auch an der Hand genommen werden. Der Reihe nach säumen See-, Chilch- und Abgrundhöli den Wegrand und geben einen Blick auf ihr finsteres Innenleben frei, wobei vor allem Letztere eindrücklich zeigt, dass sie ihren Namen nicht zu Unrecht trägt. Nach der Abgrundhöli folgt der Pfad zuerst dem Fuß einer markanten Felswand leicht abwärts und strebt dann in einer steilen Rinne direkt dem **Grüen Fürggli** (2319 m) entgegen.

Die flache Kalkplatte mit den Buchstaben S und O zeigt hier oben nicht etwa die Himmelsrichtungen an, sondern markiert den Übergang von der Schweiz nach Österreich. Im Passeinschnitt überquert der Pfad aber nicht nur die Landesgrenze, sondern wechselt vom hellen Kalk auf den dunklen Glimmerschiefer und steuert, in der Alpwiese mit all den Kuhpfaden nicht immer auf den ersten Blick zu finden, in nördlicher Richtung der **Tilisunahütte** (2208 m) entgegen.

2. Tag: Unterwegs in Österreich

Obwohl die Etappenziele des zweiten Wandertages Gruoben- und Plasseggenpass heißen, sind keine großen Anstiege zu bewältigen. Vielmehr führt die Route, immer mehr oder weniger jener Linie folgend, in welcher die Kalkfelsen scheinbar in den grünen Alpwiesen versinken, in lockerem Auf und Ab um die Schijenflue herum.

Der Weg verlässt die Tilisunahütte leicht fallend in südöstlicher Richtung, gewinnt aber bald wieder an Höhe und taucht noch vor dem Gruobenpass erneut in die zerfurchte Kalkwelt ein. Ein kleines Grenzhäuslein zeigt an, dass der Pass erreicht ist und es zur Grenze nicht mehr weit sein kann. Tatsächlich biegt hier auf dem **Gruobenpass** (2226 m) ein Weg in die Schweiz ab, unsere Route zum Plasseggenpass hingegen bleibt in Österreich und führt, kurz etwas steiler abfallend, wieder aus den Kalkfelsen hinaus. In südlicher Richtung an P. 2242 und dem Zollwachthaus (2317 m) vorbei, leitet der Pfad über mit gelbem Enzian reich bestückte Alpwiesen leicht ansteigend zur Passhöhe (2354 m). Nun wieder in der Schweiz zurück, geht es über Plasseggen vorerst gemächlich, dann durch die Engi steil und im Geröll etwas rutschig hinab nach **Balmenlaub** (2027 m) und zur Weberlisch Höli. Für die letzten Meter folgt der Pfad dem Tällibach und führt über Glatt Boden zurück nach **Partnunstafel** (1763 m). Dort wartet bereits das Berggasthaus »Sulzfluh« – der Name überrascht angesichts der Aussicht nicht wirklich – auf durstige Kehlen.

◄◄ Auch wenn nach kurzem Anstieg die Schuhsohlen noch gar nicht glühen – am Partnunsee lohnt sich ein Fußbad so oder so!

◄ Blick von der Grenztafel auf dem Gruobenpass gegen die Sulzfluh: Ganz schön verkalkt ...

7
Schijenflue

▼ Forsche Höhlenforscher am Eingang der Seehöhli.

DIE SCHNAPSWURZEL

Blau, blau, blau blüht der Enzian im Schlager. Das macht er in der Natur zwar in (fast) allen anderen Farben auch, aber tatsächlich: Der blaue Enzian gilt neben Alpenrose und Edelweiß als die Alpenblume schlechthin. Er ist so bekannt, dass die österreichischen Münzdesigner die Pflanze auf ihrer Ein-Cent-Münze verewigt haben. Weil den bekanntesten Vertreter der rund 200 Enzianarten aber jedes Kind kennt, soll hier von seinem großen Bruder, dem Gelben Enzian, die Rede sein.

Der Gelbe Enzian ist tatsächlich erstaunlich groß. Sein Stängel ist fingerdick, 50 bis 140 Zentimeter hoch und unverzweigt. Daran paarweise angeordnet sind elliptische, kahle Blätter. Zwischenbemerkung: Damit unterscheidet sich der Gelbe Enzian sympathischerweise vom Weißen Germer, bei dem die Blätter wechselständig am Stängel sitzen und an ihrer Unterseite flaumig behaart sind. Warum das wichtig sein soll? Weil beide Pflanzen an ähnlichen Standorten wachsen, oft in unmittelbarer Nachbarschaft. Und weil eine Verwechslung fatale Folgen haben kann, denn alle Pflanzenteile des Weißen Germers sind giftig. Die höchste Konzentration der Giftstoffe findet sich in der Wurzelknolle, was böse enden und ein Völlegefühl in weitaus üblere Magenschmerzen verwandeln kann (siehe unten).

Zurück zum Gelben Enzian: Während der Blütezeit von Juni bis August schmückt er sich mit leuchtend gelben, trichterförmigen, fünf- bis sechszipfeligen Blüten, die in den Blattachseln sitzen. Eine Pflanze erreicht meist ein Alter von 10 Jahren, bevor sie das erste Mal blüht. Was allerdings nicht weiter verwunderlich ist, wenn man bedenkt, dass ihr Leben ein halbes Jahrhundert dauern kann.

Seine Pfahlwurzel, mit einer Länge von bis zu einem Meter ebenfalls recht imposant, bohrt der Gelbe Enzian vorzugsweise in kalkhaltige Alpwiesen. Und diese Wurzel ist es auch, die Gentiana lutea, so der botanische Name, bekannt gemacht hat. Einst als Wundermittel gegen die Pest eingesetzt, werden ihre Bitterstoffe heute in Tees und Arzneimitteln verarbeitet und helfen gegen allerlei Wehwehchen: bei Magenbeschwerden infolge zu geringer Magensaftproduktion, bei Verdauungsbeschwerden, Völlegefühl und Blähungen. Zur Appetitanregung enthalten einige Aperitifgetränke wie etwa Alpenbitter Extrakte aus Gelbem Enzian. Womit auch schon der Bogen geschlagen wäre zum »Enzler«, dem Enzianbranntwein. Dieser hat in Tat und Wahrheit seine therapeutische Wirkung zwar bereits bei der Herstellung eingebüßt, wird aber in den Alpenländern als Verdauungsschnaps bei »schwachem Magen« gerne dem Tee vorgezogen.

Das Leben eines zünftigen Enzlers beginnt auf der Wurzelhackbank. Hier werden die frischen Wurzeln (die meist aus Enziankulturen stammen) klein gehackt und mit Quellwasser und Hefe vermengt. In Bottichen muss die Enzianmaische anschließend mehrere Wochen lang gären. Dabei wird der Fruchtzucker der Enzianwurzel in Alkohol umgewandelt. Ist der Gärungsprozess abgeschlossen, wird die Maische zweimal gebrannt, die Bitterstoffe der Wurzel bleiben zurück und gehen nicht ins Destillat über. In Holzfässer gefüllt und im Keller gelagert muss der Enzianschnaps nun noch einige Jahre reifen, bevor er als Digestif zur Linderung des Unwohlseins nach allzu üppigen Mahlzeiten eingesetzt werden kann. Auch in der Tilisunahütte wird Enzianschnaps angeboten. Geschmackssache.

◀ **Stattlich: Der Gelbe Enzian.**

▼ **Der Gelbe Enzian liebt kalkhaltige Alpwiesen wie jene im Aufstieg zum Plasseggenpass. Wer zu spät (im Jahr) kommt, ist selber schuld!**

7 Schijenflue

GUT IN FORM?

Die Natur verblüfft mit einer unendlichen Formenfülle. Neben dem Staunen über die Originalität und Schönheit all dieser Strukturen stellt sich fast zwangsläufig die Frage: Worin liegt ihr Zweck? Sind sie ausschließlich funktional zu verstehen und dienen dazu, den Organismen ein effizientes Leben zu ermöglichen? Oder sind sie etwa gar nicht zweckgebunden, erfreuen sich allein an ihrer eigenen Schönheit? Letzteres kaum. Autohersteller beispielsweise nehmen sich immer häufiger die Natur zum Vorbild. Auf der Suche nach möglichst windschnittigen, leichten oder sparsamen Fahrzeugen bedienen sie sich unter dem Stichwort Bionik – es kombiniert Biologie und Technik – zahlreicher Konstruktionsprinzipien, die in Flora und Fauna während zigtausend Jahren der Evolution erfolgreich erprobt worden sind.

Lassen wir fürs Erste den Zweck beiseite und konzentrieren uns im folgenden Spiel auf die Formen, die in der Natur zu finden sind. Die Spielregeln sind einfach: Auf kleine Kärtchen werden verschiedene Formen gezeichnet, einfachere wie Dreieck, Viereck, Kreis und Strich, etwas komplexere wie Spirale, Herz oder Tropfen. Alle Mitspielenden dürfen ein Formenkärtchen ziehen und bekommen die Aufgabe, in der Umgebung des Rastplatzes oder auf dem folgenden Wegstück natürliche Gegenstände zu suchen, die dieser Form entsprechen. Das können Steine, Blüten, Zweige, Blätter, Samen usw. sein.

Nach Ablauf der vereinbarten Zeit beziehungsweise bei Ankunft am Ziel dürfen alle zeigen, was sie gefunden haben. Gibt es Formen, die in der Natur nur schwer zu finden sind? Oder solche, die besonders häufig vorkommen? Und schon stellt sich unausweichlich die Frage: Dienen sie einem besonderen Zweck? Und wenn ja, welchem?

Informationen

Ausgangspunkt / Anreise
Partnunstafel (Berggasthaus Alpenrösli), 1775 m. Postauto von Küblis nach
St. Antönien Rüti. Von dort mit dem Alpentaxi nach Partnunstafel. Auskunft und
Reservation Gotschna Taxi, Tel. 076 377 77 66.

Endpunkt / Rückreise
Partnunstafel (Berggasthaus Sulzfluh), ca. 1765 m. Mit dem Alpentaxi zurück nach
St. Antönien und mit dem Postauto weiter nach Küblis. Vom Partnunstafel kann
auch mit Trottinetts nach St. Antönien oder sogar nach Küblis gefahren werden.
Auskunft und Reservation in den Berggasthäusern Alpenrösli und Sulzfluh und über
www.trottiplausch.ch.

Übernachtung
Tilisunahütte ÖAV, 2208 m, Koordinaten 785 000 / 211 050, 155 Plätze, ganzjährig
geöffnet und während der Hauptsaison durchgehend bewartet.
Tel. 0043 664 1107 969, www.montafonrunde.at. Große Berghütte, inmitten von Alpwiesen wenig oberhalb des malerischen Tilisunasees gelegen. Euro mitnehmen!

Verpflegung unterwegs
Berggasthaus Alpenrösli, 1775 m, Koordinaten 783 975 / 208 100, Tel. 081 332 12 18,
www.berghaus-alpenroesli.ch, Zimmer und Lager.
Berggasthaus Sulzfluh, ca. 1765 m, Koordinaten 784 075 / 207 700,
Tel. 081 332 12 13, www.sulzfluh.ch, Zimmer und Lager.

Karten und spezielle Ausrüstung
Kartenblatt 1157 Sulzfluh
Euros und Identitätskarte

Varianten
Einfacher: Vom Tritt (2044 m) führt ein interessanter, rot-weiß markierter Pfad durch
die zerklüftete Kalklandschaft von Gruoben (vorbei an P. 2163) direkt zum Tilisunafürggli.

Noch einfacher: Ein zweiter, leicht zu begehender Weg steigt vom Tritt (2044 m) in
sanftem Bogen gegen den Hartmisch Stein ausholend ebenfalls zum Tilisunafürggli.
Bei beiden Routen handelt es sich gemäß österreichischen Karten um alte Schmugglerwege. Zeitersparnis je ca. 30 Minuten.

Eher nicht: Bei der Begehung der Tour in umgekehrter Richtung ist der Abstieg über das Grüen
Fürggli und die Sulzfluhhöhlen berggewohnten
Familien vorbehalten. Bei feuchter Witterung
muss in Begleitung von Kindern in jedem Fall über
das Tilisunafürggli und Hartmisch Stein nach
Partnun abgestiegen werden.

▼ Die Sulzfluh ragt als kantige Pyramide aus
den grünen Matten ob St. Antönien.

▶ Zu Gast beim Österreichischen Alpenverein: Abendstimmung vor der Tilisunahütte.

8 Arosa, Sapün, Strassberg und Fondei

Auf Walserpfaden vom Schanfigg über die Heuberge ins Prättigau

Holz isch heimelig

Holzhäuser haben Tradition in Graubünden. Unterhalb der Waldgrenze wurde früher fast immer mit Holz gebaut, manchmal mit steinernem Sockel, manchmal mit gemauerter Küche. Der Aufbau aber war sehr oft aus Holz. Dass auch Medergen, Sapün und Strassberg mit Holzbauten glänzen, hängt damit zusammen, dass die Waldgrenze im 13. und 14. Jahrhundert (als diese Gegend von Walsern aus Davos besiedelt wurde) höher lag als heute. Kühleres Klima und Abholzung haben seither die Waldgrenze talwärts verschoben. Die ältesten, heute noch erhaltenen Holzwohnhäuser finden sich in der Innerschweiz, wobei das Haus »Bethlehem« in Schwyz mit Baujahr 1287 als das älteste überhaupt gilt. Die Häuser in Sapün sind nicht ganz so alt – aber eines haben sie den Innerschweizer Artgenossen voraus: die wunderbaren Malereien an den Fassaden. Ein prächtiges Beispiel dafür ist das 1863 erbaute Post-Huus mitten im Dorfkern von Sapün. Hier lässt sich erahnen, dass der Bergweiler früher eine ganz andere Bedeutung hatte als heute. Um das Jahr 1800 zählte das Hochtal rund 250 Einwohner. Heute ist das Dorf nur noch von vier Familien ganzjährig bewohnt.

1. Tag: Entlang von Walserdörfern

Vom Bahnhof **Arosa** (1739 m) führt die Route ein kurzes Stück quer durch das Dorf zum Untersee mit seinem idyllischen Strandbad. Ab P. 1691 gehts kurz der Bahnlinie entlang, dann über die Geleise und die kleine Mauer des Stausees (1607 m) bis zur **Furggaalp** (1689 m, Restaurantbetrieb) auf der gegenüberliegenden Hangseite. Nun in gemächlichem Anstieg über Kuhweiden, dann durch den Tiejer Wald zur Tiejer Alp. Auf einem Brücklein wird hier der Bach überquert, bevor man über steile Alpweiden die Hütten von **Tieja** (2011 m) erreicht. Ab Tieja ist es nur noch ein Katzensprung nach Tschuggen, wo der Wanderweg zum Fahrsträsschen wird. Es führt am Naturfreundehaus Medergenfluh vorbei leicht absteigend zum Weiler **Medergen** (2000 m), wo man sich im Restaurant für den Schlussspurt stärken kann. Über die weiten Wiesenflächen steigt der Weg ganz sanft an und führt in weitem Bogen um die Wangegg herum. Auf 2083 m wird der höchste Punkt des heutigen Tages erreicht und kurz darauf bietet sich bei den Seelein ein interessanter Rastplatz an. Ab den Seelein gehts über Weiden rasch abwärts ins Chüpfer Tälli. Der Bach wird bei

8
Arosa, Sapün, Strassberg und Fondei

Warum vom Schanfigg über das Heimeli und Strassberg ins Prättigau?

Kindertaugliche Anziehungspunkte gibt es zwischen Arosa und Jenaz zuhauf. Wichtig ist, dass man nach der Fahrt im Langsambähnchen Chur–Arosa (Durchschnittsgeschwindigkeit keine 25 km/h) nicht bereits im idyllischen Strandbad in Arosa hängen bleibt. An heißen Sommertagen eine ernst zu nehmende Gefahr für die Routen- und Zeitplanung. Das Heimeli besticht mit allerlei Getier im und ums Haus sowie einem Bach, der wie gemacht ist für spektakuläre Bauwerke und Umleitungen. Nach den eindrücklichen Holzbauten in Sapün und Strassberg wartet das Hochtal Fondei mit vielen Wasserläufen und dem Grüensee auf. Und zum Schluss noch eine der längsten Trottinettfahrten Graubündens.

Tourencharakter
3-tägige Bergwanderung, die sich auch für wenig wandergewohnte Familien eignet. Die Tour führt größtenteils über Weidegelände, oft hat man die Wahl zwischen einem Kiesfahrsträßchen und dem Wanderweg.

Schwierigkeit: T2
Kinder im Auge behalten sollte man am zweiten Tag am Fondeier Bach, kurz nach der Holzbrücke P. 1428, wo der gut ausgebaute Weg kurz über einige Brücklein der steilen Felsflanke entlang führt. Bei ungünstigen Sichtverhältnissen ist es wohl besser, das Fahrsträßchen zu benutzen, welches mit einigem Umweg vielleicht schneller ans Ziel führt.

Höhenunterschiede und Gehzeiten
1. Tag: Arosa–Medergen–Heimeli ↗ 590 m, ↘ 500 m, 3 h 45.
   Arosa–Medergen 2 h 15, Medergen–Heimeli 1 h 30.
2. Tag: Heimeli–Sapün–Strassberg ↗ 520 m, ↘ 410 m, 3 h 45.
   Heimeli–Brücke P. 1428 1 h 30, Brücke P. 1428–Strassberg 2 h 15.
3. Tag: Strassberg–Strassberger Fürggli–Fideriser Heuberge ↗ 520 m, ↘ 470 m, 3 h 45.
   Strassberg–Strassberger Fürggli 2 h 45, Strassberger Fürggli–Fideriser Heuberge 1 h.

P. 1890 gequert. Anschließend die Höhe halten und direkt auf den Weiler Jatz zusteuern. Nun noch auf Holzbrettern den Sapüner Bach überqueren und schon steht man vor dem von weit her sichtbaren Berggasthaus **Heimeli** (1831 m).

2. Tag: Durch die tiefe Schlucht

Vom Heimeli (1831 m) auf dem Kiesfahrsträßchen (kein Verkehr) talwärts nach **Sapün Döfji** (1725 m). Obwohl noch keine halbe Stunde unterwegs, lohnt sich hier bereits ein kurzer Halt. Um den Dorfbrunnen scharen sich kunstvoll bemalte, schlank gebaute und dunkel gebrannte Holzhäuser. Früher führte der Alpweg ab Sapün über First direkt nach Strassberg. Auf älteren Karten ist er noch eingezeichnet, aufgrund von Erdrutschen ist dieser Weg aber nicht mehr begehbar! Somit bietet sich von Sapün aus das Wiesenweglein an, das oberhalb von Eggen hindurch sanft abwärts zur Birenschluocht und zur gedeckten Holzbrücke bei P. 1428 über den Fondeier Bach führt. Hier zweigt man rechts ab und steigt auf schmalem Weglein mit einigen Brücken und Geländern dem Fondeier Bach entlang bergwärts in Richtung Strassberg an. Schöne Rastplätze finden sich am Bach auf ca. 1580 m Höhe. Anschließend führt der Pfad vom Bach weg hinauf zur Fahrstraße bei **Stutz** (1759 m). Nach rund 5 Minuten auf dieser Teerstrasse zweigt links ein Feldweg ab, der nach Blackten, Seematten und zum **Skihaus Casanna** (1944 m) führt.

3. Tag: Hinein ins weite Fondei

Vom Skihaus Casanna (1944 m) fast flach hinüber zur ehemaligen Walsersiedlung **Strassberg** (1919 m) und auf dem Kiessträßchen hinein ins breite, weite Fondei. Wunderbare Fließlandschaften mit Bachläufen, Schwemmebenen, Tümpel und Moorflächen begleiten einen über Reckholdern und Barga hinauf zum **Grüensee** (2110 m). Für das letzte Aufstiegsstück wendet sich der Weg vom Durannapass nach Westen, und eine knappe Stunde nach Verlassen des Grüensees steht man zuoberst auf dem **Strassberger Fürggli** (2308 m), sieht in die Fideriser Heuberge und weit, weit unten in den Talboden des Prättigaus. Die Fideriser Heuberge sind rasch erreicht, falls man nicht eine Rast im Obersäß oder am **Unteren Clurnersee** (2063 m) einschaltet. Beim Berghaus Arflina (2000 m) ist die Haltestelle des Taxibusses hinunter nach Fideris, und es stehen Trottinetts samt Helm zum Mieten bereit. Wer sich für die Trotti-Variante entscheidet, kann sich auf eine rund 15 Kilometer lange Fahrt hinunter nach Fideris oder Jenaz gefasst machen. Zuerst recht gemächlich auf der nicht ganz verkehrsfreien Teerstraße nach Eggen, dann steiler, manchmal sogar ziemlich steil bis Fideris. Wer das Trottinett am Bahnhof **Jenaz** (723 m) abgeben möchte, der fährt von Fideris aus bis in die zweite Haarnadelkurve, biegt dort links in den Wiesenweg ein, der hinter der ehemaligen Spanplattenfabrik hindurch an einer tollen Quelle mit Biotop vorbei über Schanänn zum Bahnhof Jenaz führt. Der Bahnhofbrunnen eignet sich hervorragend für Entspannungsübungen der Handmuskeln – immerhin haben sie die 1250 Höhenmeter von den Heubergen zum Talboden praktisch im Alleingang gebremst.

◄◄ **Der Weiler Strassberg und das Fondei vom Skihaus Casanna aus gesehen.**

◄ **Dem Fondeier Bach entlang gehts über einige Brücken in Richtung Strassberg.**

8
Arosa, Sapün, Strassberg und Fondei

▼ **Variante Blackter Flüe: ein schmales Weglein zuoberst auf der Gratschneide.**

SCHMETTERLINGE

Blütenreiche Weiden, Riedwiesen, Moore, Flussauen und magere Wiesen sind die falterreichsten Lebensräume der Schweiz. Und genau diese Lebensräume werden zunehmend rarer. Das Schweizer Mittelland ist deshalb für Schmetterlinge bereits zu einem recht öden Landstrich verkommen. Fachleute schätzen, dass dort heute rund hundertmal weniger Tagfalter fliegen als noch vor hundert Jahren. Von den etwa zweihundert Arten sind mittlerweile fast die Hälfte in ihrem Bestand gefährdet. Besonders prekär steht es um die Falter der Feuchtgebiete, Heu- und Magerwiesen, da ihr Lebensraum zunehmend überbaut und intensiv genutzt wird. Magerwiesen lassen sich durch Düngung im Handumdrehen in ertragsstärkere Fettwiesen umwandeln. Dabei überwuchern konkurrenzstärkere Gräser und Kräuter die bei Schmetterlingen beliebten Blütenpflanzen. Die wenigen übrig gebliebenen Blumen haben zudem kaum eine Chance, sich zu versamen, da solche Wiesen sehr früh und häufig geschnitten werden.

Auf der Wanderung vom Schanfigg ins Prättigau kommt man beispielsweise im Fondei durch ausgedehnte Heuwiesen und Feuchtgebiete. In den 70er-Jahren bestanden Pläne, hier das größte Skigebiet der Schweiz aus dem Boden zu stampfen. 1995 versuchten die Bergbahnen Davos nochmal, ihre Bahnen ins Fondei zu erweitern. Aber die lokale Bevölkerung konnte zusammen mit Pro Natura und anderen Naturschutzorganisationen diese Moorlandschaft mittels Beschwerde vor einem unsinnigen Wintertourismus-Projekt bewahren. So wird man hier auch in den nächsten Jahren einer wunderbaren Sommervögel-Vielfalt begegnen. Immer wieder kreuzen diese Symbole für Lebenslust, Anmut und Leichtigkeit auf der Suche nach Blütenpflanzen die Wege der Wanderer. Schmetterlinge sind wichtige Blütenbestäuber. Die Blütenpflanzen offerieren den Schmetterlingen Nahrung in fester Form (Pollen) oder in flüssiger Form (Nektar). Schmetterlinge haben als Mundwerkzeug einen einrollbaren Saugrüssel von teilweise mehrfacher Körperlänge, mit dem sie tief im Inneren der Pflanze Nektar und Pollen aufsaugen können. Dieser Saugrüssel dient einerseits zur Nahrungsaufnahme, andererseits bleiben an ihm auch Blütenpollen haften, welche bei der nächsten Pflanze abgestreift werden und so diese Pflanze befruchten können.

Falterweibchen legen ihre Eier so nahe wie möglich an den Fressplatz der bald zu schlüpfenden Raupen – meistens an die Unterseite von Blättern oder Knospen. Bei den meisten Arten schlüpft die Raupe nach etwa acht Tagen aus den Eiern. Wenn ihre Haut zu eng wird, häutet sie sich, damit sie weiter wachsen kann. Nach vier bis fünf Häutungen ist in der Regel das letzte Raupenstadium erreicht. Diese Entwicklung dauert je nach Höhenlage und Klima ungefähr fünf Wochen.

Nach der letzten Häutung verwandelt sich die Raupe in die Puppe und ungefähr zwei Wochen später schlüpft aus der Puppe der fertige Falter. Es dauert noch etwa einen halben Tag, bis die Flügel ausgehärtet sind und er in die Weite des Sommers davonfliegen kann.

Den Winter verbringen Schmetterlinge übrigens je nach Art als Falter in der Kältestarre, als Puppe, Raupe oder im Ei-Stadium. Besonders raffiniert sind beispielsweise der Admiral oder der Distelfalter. Sie fliegen im Herbst wie die Zugvögel südwärts über die Alpen und das Mittelmeer, zum Teil 2500 Kilometer weit bis nach Nordafrika, wo sie ihre Eier ablegen. Im nächsten Jahr kehren dann die neuen Schmetterlinge zurück in den Norden. Den unterschiedlichen Überwinterungsstrategien entsprechend verteilt sich auch die Hauptflugphase der verschiedenen Falter über alle Monate der warmen Jahreshälfte.

Die Lebensspanne der Falter beträgt in der Regel einige Tage bis wenige Monate. Manche Arten fliegen nur zwei Wochen lang, andere wie zum Beispiel der Zitronenfalter können zehn bis elf Monate alt werden.

8
Arosa, Sapün, Strassberg und Fondei

▼ **Bläuling auf der Hand. Bist du der Schönste im ganzen Land?**

Buchtipps
Helgard Reichholf-Riehm, *Steinbachs Naturführer Schmetterlinge,* Mosaik Verlag, München 1996 (handliches Bestimmungsbuch)
Valerie Tracqui / Patrick Lorne, *Der Schmetterling,* Esslinger Verlag, Esslingen 2002 (Kinderlesebuch)

SCHMETTERLINGSFORSCHER

Schmetterlingsforscher haben auf Magerwiesen an einem einzigen Tag bis zu fünfzig verschiedene Arten gezählt (Falter oder Raupen). Wie viele findest du?

1 Distelfalter
2 Widderchen
3 Raupe des Schwalbenschwanzes
4 Schwalbenschwanz
5 Grünling
6 Apollo

1

2

3

4

5

6

Informationen

Ausgangspunkt / Anreise
Arosa, 1739 m, Endstation der RhB-Linie von Chur durch das Schanfigg.

Endpunkt / Rückreise
Fideriser Heuberge, 2000 m. Taxibusservice auf telefonische Vorbestellung nach Fideris und Jenaz, Informationen unter Tel. 081 332 13 04, www.heuberge.ch. Ab Fideris rund 7 Postautoverbindungen pro Tag nach Jenaz (an der Bahnlinie Landquart–Klosters–Davos/Unterengadin gelegen).

Übernachtungen
Berggasthaus Heimeli (1831 m), Sapün Jatz, Koordinaten 777 750 / 187 560, 36 Plätze, Tel. 081 374 21 61, www.heimeli.com. Ums Heimeli herum viele Haustiere wie Schweine, Hunde, Katzen und Kaninchen. Neben dem Haus plätschert der Bach vorbei.
Skihaus Casanna (1944 m), Koordinaten 776 890 / 191 680, 30 Plätze, Tel. 081 374 20 82, www.langwies.ch. Das Skihaus liegt an einem kleinen Bach inmitten einer riesigen Weide.

Übernachtungsmöglichkeiten unterwegs
Naturfreundehaus Medergerfluh. Koordinaten 774 720 / 185 650. Nur auf Anfrage geöffnet, Tel. 079 601 12 82 oder Tel. 081 377 15 76, www.naturfreunde-arosa.ch.
Strassberg: Berghaus Strassberg, Tel. 081 374 22 32, Restaurant, Zimmer und Matratzenlager.
Fideriser Heuberge: Berghaus Arflina, Tel. 081 332 13 04, und Berghaus Heuberge, Tel. 081 332 13 05, beide www.heuberge.ch.

Verpflegung unterwegs
Alpbetrieb Furggaalp und Bergrestaurant Alpenrose in Medergen.

Karten
1196 Arosa und 1197 Davos

Varianten
1. Tag: Schneller, einfacher: Vom Bahnhof Langwies hinauf ins Dorf, kurz der Fahrstraße entlang zur Brücke P. 1373 und alles auf dem Fahrsträßchen dem Sapüner Bach entgegen zum Heimeli. Ca. 2 h 30.

3. Tag: Kraxliger: Vom Skihaus Casanna südwestwärts zum Fürggli (2141 m) und dort den Wiesenweg über die Krete hinauf zur Blackter Flüe (2320 m). Ist recht steil, einige Felsbändchen werden gequert. Konzentration ist gefordert, der Weg aber nirgends sehr ausgesetzt. Nach der Blackter Flüe einfacher Abstieg in die Wit Furgga und über den breiten Grat hinauf zum Mattjisch Horn (2460.6 m). Abstieg entweder über Arflinafurgga oder interessanter: in Richtung Arflinafurgga bis P. 2277, dann ostwärts den Kuhweglein entlang nach Tanzlauben und auf der rechten Seite des Baches hinunter nach Marlagis und zum Berghaus Arflina. ↗ 520 m, ↘ 470 m, 3 h, Schwierigkeit T3+.

▶ Skihaus Casanna.

9 Monbiel und Fergenhütte

Das kleine heimelige Hüttchen zuhinterst im Prättigau

Bergstürze und Lawinenverbauungen

Im Juni 1770 brach oberhalb von Monbiel ein Bergsturz los, der im Dorf unten 13 Häuser, 27 Ställe und 7 Speicher zerstörte. 17 Personen – ein Drittel der damaligen Bevölkerung – fanden dabei den Tod.

Das Wiedererstehen des Dörfchens auf den Trümmern des Dorfkerns lässt darauf schließen, dass die Gefahr nach der Naturkatastrophe als gebannt angesehen wurde. In den letzten 100 Jahren haben aber immer wieder kleine Abbrüche und Absackungen von Geländemulden stattgefunden und die Gemeinde veranlasst, Verbauungen und andere Maßnahmen gegen Hangrutsch und Steinschlag vorzunehmen. Die Forstverwaltung hat Entwässerungssysteme gebaut und auf kleineren Rutschungen und Erosionsflächen Erlen und Weiden angepflanzt.

Der beste Schutz für Häuser und Verkehrsverbindungen vor Lawinen, Rüfen und Steinschlag ist ein intakter Schutzwald. Wo dieser Schutzwald fehlt (z. B. durch frühere Lawinenabgänge, Borkenkäferbefall, Abholzung usw.), müssen künstliche Schutzwerke aus Stahl (permanent) oder aus Holz (temporär) erstellt werden. Ist eine Lawine losgebrochen, lässt sie sich nicht mehr aufhalten. Man kann sie höchstens mit Keilen, Dämmen, Bremshöckern in ihrem Lauf leicht ablenken oder bremsen. Die aus dem Tal gut sichtbaren Lawinenverbauungen, sogenannte Schneerechen, verhindern den Abbruch einer Lawine und stehen deshalb im Anrissgebiet. Während Lawinenverbauungen früher auf Betonsockeln standen, werden sie heute fast ausschließlich von Bodenankern gehalten. Um der Lawinenverbauung genügend Festigkeit gegen die Schneemassen zu geben, müssen sie je nach Baugrund drei bis sieben Meter in den Boden gebohrt werden. Eine Lawinenverbauung von 50 Metern Länge wiegt fast 13 Tonnen.

Auf dem Weg zur Fergenhütte sieht man oberhalb von Monbiel deutlich die stählernen Älpetliverbauungen, die verhindern, dass Schneemassen und Steinschlag durch den Monbielerwald ins Dorf Monbiel dringen. Auf der linken Seite oberhalb von Aeuja, fast am Bergkamm, entdeckt man bei genauem Hinsehen die Verbauung Rüggen, welche das Dorf Aeuja schützt.

1. Tag: Hinauf zur Sonnenterrasse

Von der Bushaltestelle in **Monbiel** (ca. 1310 m) auf dem breiten Alpfahrsträßchen eine Viertelstunde taleinwärts, bis

9
Monbiel und
Fergenhütte

Warum nach Monbiel und zur Fergenhütte?

Der Südhang oberhalb von Monbiel eignet sich auch im Oktober noch für Wanderungen entlang der Waldgrenze. Die nicht bewirtete, aber immer offene Fergenhütte ist eine einfache, wunderbar rustikale Berghütte an prächtiger Aussichtslage. Ein Bach, ein Brunnen, große Steine und die weite Weidefläche sind eine Einladung zu selbständigen Entdeckungstouren der Kinder.

Tourencharakter
2-tägige Bergwanderung. Abwechslungsreiche Rundtour der oberen Waldgrenze entlang und über ausgedehnte Weidegebiete der Sonnenhänge oberhalb von Klosters und Monbiel.

Schwierigkeit: T2
Technisch ist die Routenführung nicht besonders anspruchsvoll, einige etwas steilere Passagen zwischen P. 1867 und P. 2083 verlangen etwas Vorsicht. Die Höhendifferenz kann etwas Motivationsarbeit erfordern.

Höhenunterschiede und Gehzeiten
1. Tag: Monbiel–P. 1759–Fergenhütte ↗ 830 m, ↘ 20 m, 3 h.
   Monbiel–P. 1759 1 h 45.
   P. 1759–Fergenhütte 1 h 15.
2. Tag: Fergenhütte–Hirzenbäder–Monbiel ↘ 830 m, ↗ 20 m, 2 h 30.
   Fergenhütte–Hirzenbäder 1 h 15.
   Hirzenbäder–Monbiel 1 h 15.

nach den Häusern von Baretschrüti ein Feldweg links abzweigt und leicht nach Schwendi ansteigt. Bei der Weggabelung (1380 m) kurz nach Schwendi wiederum den linken Weg nehmen, der gegen den Pardenner Wald ansteigt. Der Feldweg wird zum Saumpfad, der sich in angenehmer Steigung durch den kühlen Wald Zick um Zack in die Höhe schraubt. Kurz vor dem Jagdhäuschen auf 1759 m wird der Saumpfad zum Bergwanderweg und steigt rechterhand kurz steil zur Weggabelung auf 1867 m an. Hier finden sich einige nette Rastplätze an verschiedenen kleinen Bachläufen. Nach P. 1867 verläuft das Wegtrassee wieder etwas flacher und steigt dem Berghang entlang oberhalb des Wannelti gegen P. 2083 an, wo man erstmals die kleine Fergenhütte auf ihrer großen Wiese unter den grauen Felszacken erblickt. Kurz darauf steht man vor dem einfachen Holz-/Steingebäude auf 2141 m. So wie die Fergenhütte heute noch dasteht, hat vor 80 Jahren wohl so manche Bergsteigerunterkunft in den Alpen ausgesehen.

Wer im Herbst unterwegs ist, kann sich an den vielen Erdfarben kaum sattsehen. Heidekraut und Heidelbeeren in ihrem prächtigen dunkelroten Herbstkleid, das dürre, hellbeige Gras vor dem tiefblauen Himmel und die Grünschattierungen der Sumpfflächen machen die Umgebung der Fergenhütte zum Farbenspektakel.

2. Tag: Herbstliches Farbenmeer der Birken

Diesem Farbenspektakel steht auch der nächste Tag in nichts nach. Von der Fergenhütte über weite Alpweiden hinunter zum **Obersäß** (1935 m), und nach Ober Garfiun taucht man ins hellgelbe, freundliche Farbenmeer der herbstlichen Birken ein. Obwohl die Hauptverbreitung der Birke in der Schweiz eigentlich auf der Alpensüdseite liegt, kommt sie auch in den Bergregionen Graubündens bis hinauf auf 2000 m recht häufig vor. Von den Laubbäumen steigt nur die Vogelbeere noch höher. Um gut zu gedeihen, brauchen Birken sehr viel Licht und viel Wasser – zwischen dem Obersäß und dem Untersäß ist beides reichlich vorhanden.

Nach P. 1770 wird das leuchtende Gelb noch intensiver und die Moorflächen bei den Hirzenbädern (früher wohl Hirschbäder genannt, Suhlstellen der Hirsche) setzen dem Farbenspiel noch das Tüpfelchen auf das i. Kleine Weiher zwischen großen Felsbrocken laden hier zu einer ausgiebigen Rast. Der Abstieg ist schon bald geschafft, nun fehlen nur noch drei Kurven, ehe man auf der Wiese von Pardenn den Talboden erreicht. Wer nicht auf der Fahrstraße zurück nach Monbiel gehen will (Trottinett-Vermietung in der Alp Garfiun), wechselt mit Vorteil vom Pardenner Boden über den Vereinabach und folgt dem Südufer bis zur Brücke bei P. 1276 nach dem Schindel Boden. Dort führt ein Wiesenweg direkt zur Bushaltestelle und zum Restaurant nach Monbiel hinauf.

◂◂ Weites Tummelfeld um die Fergenhütte.

◂ Herbstfeuerwerk der Birken im Abstieg nach Garfiun.

9
Monbiel und Fergenhütte

▾ Blick von der Fergenhütte hinunter nach Klosters und hinüber zur Weissfluh ob Davos.

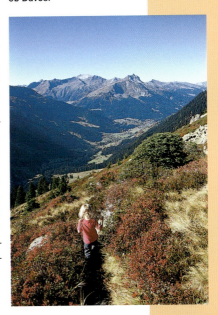

WARUM VERFÄRBEN SICH DIE BLÄTTER?

Im Jahreszyklus wechseln Laubbäume ihre Farbe von Hellgrün zu Grün, zu Gelb und Orange, bei einigen Arten bis hin zu Dunkelrot. Mit den Herbststürmen fallen die Blätter ab und überdecken den Boden mit einer manchmal hüfttiefen, raschelnden und rauschenden Masse. Heidelbeeren und Erikastauden tauchen die Bergflanken in jenes satte, warme Dunkelrot, welches den nahenden Winter verheißt. Aber warum diese verschwenderische Farbenpracht, warum jedes Jahr neue Blätter, was ist der Sinn dahinter?

Die Herbstfarben der Blätter verdanken wir vielerlei Faktoren. So werden verschiedene, in den Blättern gespeicherte Nährstoffe in die Zweige, den Stamm und die Wurzeln umgelagert. Der grüne Blattfarbstoff (Chlorophyll), der für alle grünen Pflanzen überlebenswichtig ist, wird im Herbst in seine kleinen, farblosen Bausteine zerlegt und ebenfalls in die verholzten Teile transportiert, wo er eingelagert wird. Mit dem Wegfall des grünen Farbstoffes treten an den Blättern gelbe, orangefarbene und gelbbraune Farbstoffe (Carotinoide) zum Vorschein, die bis dahin vom grünen Chlorophyll verdeckt wurden. Nach und nach wandern alle wichtigen Inhaltsstoffe vom Blatt in den Zweig ab und es bildet sich ein Trenngewebe, welches mit der Zeit die Verbindungsbahnen zwischen Zweig und Blatt unterbricht. Das entleerte Blatt fällt ab und hinterlässt eine kleine Narbe, die mittels einer Art Korkgewebe umgehend versiegelt wird.

Ausschlaggebend für den Zeitpunkt der Laubfärbung sind sowohl die Tageslänge wie die Temperatur und Witterung – so ist die Dauer und Intensität der Herbstverfärbung jedes Jahr und in jeder Höhenlage etwas unterschiedlich. Langjährige Messreihen zeigen jedoch klar einen Trend zu späteren Eintrittsterminen der Blattverfärbung. Bei einigen Buchenarten beispielsweise findet die Verfärbung heute rund drei Wochen später statt als noch in den 50er-Jahren. Der Zeitpunkt des Blätterregens wird ebenfalls sehr stark durch Temperatur und Witterung gesteuert. In Jahren mit auffallend warmen Herbsttagen fallen die Blätter merklich später als in Jahren mit unterdurchschnittlichen Temperaturen.

Bei einigen wenigen Laubbäumen wie beispielsweise der Erle findet keine Verfärbung der Blätter statt – sie fallen grün zu Boden. Vielleicht, weil sie den Stickstoff, der unter anderem im Chlorophyll enthalten ist, auf leichte Art und Weise wieder beschaffen können. Sie beherbergen nämlich Bakterien, die ihnen den Stickstoff zur Verfügung stellen.

Warum Laubbäume Blätter verlieren, hängt einerseits mit dem regelmäßigen Entsorgen von Schadstoffen zusammen, die sich im Laufe des Sommers in und auf den Blättern angesammelt haben, und auch mit der Schneelast, die auf belaubten Ästen hängen bleibt. Andererseits – und vor allem – ist das Abwerfen der Blätter eine wichtige Vorbereitung auf die kommende trockene Winterzeit. Die Pflanzen müssen sich auf sechs trockene Monate einstellen. Da eine große Buche über das Blattwerk pro Tag mehr als 300 Liter Feuchtigkeit verdunstet, benötigt sie einen recht konstanten und großen Nachschub an Wasser. Dieser Wasserumsatz ist im trockenen Winter unmöglich, da auch die tief hinunter reichenden Wurzeln aus dem gefrorenen Boden längst nicht genügend Wasser aufnehmen können. Sobald der Wasservorrat im Stamm und in den Ästen aufgebraucht wäre, würden Laubbäume durch die sogenannte Frost-Trocknis geschädigt, sie würden austrocknen und mit der Zeit verdorren. Daher ist es für diese Bäume überlebenswichtig, die Verdunstung massiv zu reduzieren. Und das wird bei den meisten Arten mit dem Abwerfen ihrer Blätter erreicht.

**9
Monbiel und
Fergenhütte**

▼ **Verschiedenste Herbstfarben lassen sich bei den Hirzenbädern entdecken.**

BLATTFARBEN IM KREIDESTÄBCHEN

Ein einfacher Versuch, der zeigt, dass in grünen Blättern auch noch andere Farben vorhanden sind. Für dieses Experiment muss man zu Hause ein paar Dinge einpacken: Eine Schale mit Mörser, etwas Sand, ca. 3 Esslöffel Brennsprit, ein kleines Glas, eine Filtertüte, ein neues Stück weiße Tafelkreide und eine Schere.

Nun kann es losgehen: Wir suchen eine Handvoll grüne, nicht allzu harte Blätter (sehr gut eignen sich die Blätter der Großen Brennnessel, weil sie viel Chlorophyll enthalten), schneiden sie in kleine Stücke und füllen sie in die Schale. Mit ca. 3 Esslöffel Brennsprit und etwas Sand werden die Blätter mit dem Mörser ganz fein zerrieben. Die so gewonnene Flüssigkeit lässt man durch den Filter in ein Glas tröpfeln und stellt dann ein Kreidestäbchen aufrecht hinein.

Die Kreide saugt die Flüssigkeit auf und zieht sie hoch. Schon nach wenigen Minuten sind verschiedene Farbzonen zu erkennen: Ganz unten ist die Kreide dunkelgrün gefärbt, dann folgt eine breitere hellgrüne Zone und darüber liegt ein gelber, eventuell noch ein orangefarbener Ring. Es sind die verschiedenen Blattfarbstoffe, die alle gleichzeitig in den Blättern vorhanden waren. Man sieht sie nur nicht, weil sie vom Blattgrün überdeckt werden. Wegen der unterschiedlichen Größe ihrer Farbmoleküle werden sie in unterschiedliche Zonen transportiert: die kleinen nach oben, die großen bleiben unten.

Einen Baum legen

Jeder sucht Dinge, die Teile von einem Baum sind. Wenn alle im Kreis zusammenstehen, kann das Baumbild aus den gefundenen Teilen gelegt werden. Es beginnen die Kinder, die Holz und Rinde gebracht haben, daraus entsteht der Stamm. Nun wird die Wurzel gelegt (falls keine gefunden wurde, kann aus feinen Stöcken oder Tannenreisig eine Wurzel nachgebildet werden). Dann folgen die dicken Äste, daran immer dünnere, und am Schluss noch die Blätter und Früchte.

Beim Betrachten des gelegten Baumes kann zum Beispiel das Thema »Warum verfärben sich die Blätter?« anschaulich erklärt werden.

Informationen

Ausgangs- bzw. Endpunkt / An- bzw. Rückreise
Monbiel, ca. 1310 m. Monbiel ist mit dem Ortsbus ab Klosters erreichbar.

Übernachtung
Fergenhütte SAC, 2141 m, Koordinaten 792 560 / 193 970, 21 Plätze, immer offen, kein Hüttenwart anwesend. Informationen und Reservationen Tel. 079 848 08 25, www.sac-praettigau.ch. Kein Hüttentelefon, aber Mobilfunkempfang. Esswaren müssen mitgebracht werden. Die Umgebung der Hütte ist mit Felsbrocken, Bach und Brunnen für Kinder gut geeignet, in der Hütte selber sind keine Kinderspielsachen vorhanden.

Verpflegung unterwegs
Alp Garfiun, Tel. 081 422 13 69, www.garfiun.ch, auch Trottinettvermietung.
Gasthaus Höhwald in Monbiel, Tel. 081 422 30 45, www.hoehwald-klosters.ch, nur Restaurant, keine Unterkunft.

Karten
Kartenblatt 1197 Davos

▶ Langweilig wirds in der Umgebung der Fergenhütte wohl niemandem.

▼ Fergenhütte mit WC-Anbau links.

9
Monbiel und Fergenhütte

UNTERENGADIN UND MÜNSTERTAL

Unterengadiner Berge: mal rund geschliffen, mal zerfurcht und bizarr zum Himmel ragend – ein Erlebnis für Groß und Klein. Unterwegs auf einsamen Hirsch- und Gämswegen, zu verlassenen Bergwerksstollen – oder mit der futuristischen Doppelstockseilbahn rasant bergwärts.

10–13

10 Grenztour zur Heidelbergerhütte

Doppelstockseilbahn-Grenzwanderungen im hintersten Tal der Schweiz

Das Unikum im Val Fenga

Stattlich und selbstbewusst steht sie in den Weideflächen des oberen Val Fenga, zwar noch knapp auf Schweizer Boden, aber bereits weit ennet der Wasserscheide. Vor dem Haus weht zwar die Schweizer Fahne, gehörten tut sie aber dem Deutschen Alpenverein, und die Pächter der Hütte kommen aus Österreich, genauer gesagt aus Ischgl, wo auch der nächste und bequemste Zustieg beginnt. Auch sonst unterscheidet sich die Heidelbergerhütte markant von einer »normalen« Schweizer Berghütte. Dank Straßenzugang, eigenem Kleinkraftwerk und verhältnismäßig luxuriöser Küche kann eine breite Menüauswahl angeboten werden – vom Apfelstrudel mit Vanillesauce bis zum Super-Size-Heidelberger-Teller, vor dem auch die hungrigsten Berggänger kapitulieren. Nebst Restaurationsbetrieb werden 84 Plätze im Matratzenlager und 72 Betten in Doppel- und Mehrbettzimmern angeboten. Durch diese Größe geht bei der Heidelbergerhütte natürlich der spezielle Hüttencharakter verloren. Durch das Fahrsträßchen von Ischgl her strömen Ausflügler und Mountainbiker in Scharen herbei. Die Geländefahrzeuge vor dem Haus lassen zwar auf einen funktionierenden Transportservice schließen, aber sie nehmen dem hintersten Talkessel auch etwas von der Ruhe und Erhabenheit solcher Orte. Dafür – wie gesagt – gibts guten Schlafkomfort und reiche Menüauswahl in einer der entferntesten Ecken der Ferienecke der Schweiz. Und: Obwohl die Heidelbergerhütte nicht auf Boden der Europäischen Union liegt, findet hier eine Art Verschmelzung von drei Ländern statt – eine kleine Europäische Gemeinschaft im hintersten Val Fenga auf Schweizer Boden.

1. Tag: Doppelstockseilbahn und doppelter Grenzübertritt

Und gleich nochmals ein Unikum. Die Wanderung beginnt mit der Fahrt in der einzigen doppelstöckigen Seilbahn der Schweiz. Bereits in der Warteschlange beim Kassahäuschen werden die Passagiere in getrennten Reihen zum Unterdeck (114 Personen) und zum Oberdeck (65 Personen) geschleust. Die Riesenkabine bringt Wandersleute von Samnaun-Ravaisch in 6 Minuten zur Bergstation beim Alptrider Sattel auf 2499 m hinauf. Der große Wanderwegweiser vor dem Bergrestaurant listet allerhand mögliche Wanderziele auf. Die meisten liegen in Österreich. Kein Wunder, ist doch die Landesgrenze hier in Richtung Westen,

10 Heidelbergerhütte

Warum zur Heidelbergerhütte?

Die Fahrt mit der dicksten Seilbahn der Schweiz eröffnet den Reigen. Die Wanderung hält viele Motivationszückerchen bereit: zwei Grenzübertritte, ein Pass, über den früher die Toten transportiert wurden, ein Kurhaus mit Arsenquelle, eine Fließlandschaft für Molche und Frösche, mit Bächen zum Stauen und anständig Nasswerden, ein kleiner See und eine Hütte mit Familienzimmern. Verbunden durch eine unschwierige Wanderung mit wenig Höhendifferenz im Aufstieg und genug im Abstieg, genau so, dass alle am Schluss angenehm müde sind.

Tourencharakter
2-tägige Bergwanderung. Technisch zwar leicht und mit wenig Höhenmeter im Aufstieg versehen, aber durch seine kilometer- und stundenmäßige Länge nicht zu unterschätzen.

Schwierigkeit: T2
Die anspruchsvollsten Stellen sind die Querung einer etwas steilen Halde beim Bergli vor dem Zeblasjoch und die ersten paar recht steilen Höhenmeter nach dem Fimberpass. Wirkliche Schwierigkeiten bereiten sie aber kaum.

Höhenunterschiede und Gehzeiten
1. Tag: Alptrider Sattel–Zeblasjoch–Heidelbergerhütte ↗ 300 m, ↘ 540 m, 4 h.
Alptrider Sattel–Zeblasjoch 2 h.
Zeblasjoch–Heidelbergerhütte 2 h.
2. Tag: Heidelbergerhütte–Fimberpass–Vnà ↗ 350 m, ↘ 980 m, 4 h 30.
Heidelbergerhütte–Fimberpass 1 h 30.
Fimberpass–Vnà 3 h.

Norden und Osten nur knapp 3 Kilometer entfernt. Man ist hier wahrlich in der äußersten Ecke der Schweiz. Die ersten Wanderminuten führen auf einem Fahrsträßchen hinunter zur Sesselbahn-Talstation des **Planer Salaas** (ca. 2450 m) und dann in Form eines Wanderweges leicht ansteigend zum Salaaser Eck hinauf. Hier verlässt man das Skigebiet und betritt unverschandeltes Neuland. Bloß am Bergkamm oberhalb der Route erinnern die Skibauten daran, dass man sich hier inmitten eines der größten Skigebiete der Ostalpen befindet. Die Wanderroute hält vom Salaaser Eck die Höhe und führt zu P. 2664, unterhalb des Salaaser Kopfs. Bizarre Felsformationen mit Höhlen und tiefen Canyons versüßen den kurzen Abstieg über Bergli und Zeblas zum **Zeblasjoch** (2539 m). Mit dem Wechsel über die Landesgrenze verändert sich auch der Untergrund. Von den saftigen Weiden gehts nun hinüber in das dunkle, feinsplittrige Geröll. Durchaus angenehm zum Laufen und mit den wechselnden Farben von anfänglich Schwarz über Ocker und Beige bis fast Weiß bei der **Fuorcla Val Gronda** (2752 m). Der höchste Punkt ist nun geschafft und in sehr sanftem Abstieg gehts um den Piz Davo Sassè herum, wo der Blick frei wird auf das Val Fenga. Mittendrin, schon jetzt gut erkennbar, steht die Heidelbergerhütte. Vielleicht noch eine kleine Pause auf den Feuchtflächen der Alp Sura oder am Stauseelein mit dem Bächegewirr gleich vor der Hütte (2264 m) – oder doch erst im Schatten der Sonnenschirme auf der Hüttenterrasse?

2. Tag: Steinmännchen, Steinpyramiden

Der Rückweg ins Unterengadin beginnt mit einem kurzen Aufstieg von der Heidelbergerhütte zurück zur Alp Sura. Dort schwenkt man auf den rechten, südwärts führenden Weg ein, der leicht an Höhe gewinnt und nach einer guten Stunde bereits den **Fimberpass / Cuolmen d'Fenga** (2608 m) erreicht. Da die Region im späten Mittelalter zum Unterengadin gehörte, wurden damals die Toten aus Ischgl über diesen Pass auf den Friedhof San Peder nach Sent gebracht. War im Winter der Pass nicht begehbar, so ließ man die Leichen im Estrich einfrieren und transportierte sie später über den gefrorenen Schnee, oder erst im Frühjahr zum Friedhof nach Sent. Von den Steinmännchen zuoberst auf dem Fimberpass gehts fast nur noch abwärts. Zuerst einige Höhenmeter recht steil, denn über den Bach auf die Alpweide hinaus zur Alp Chöglias mit der Hütte auf 2053 m. Das nun folgende Wegstück der Aua Chöglias entlang ist sehr abwechslungsreich. Viele Stellen laden zum Verweilen ein. Bei 1900 m wird das Fahrsträßchen erreicht und kurz darauf, beim Weiler Griosch, hält man auf dem Karrenweg talwärts zum Hof **Zuort** (1711 m) mit Restaurant und Unterkunftsmöglichkeit. Nun auf dem Fahrsträßchen über die Brücke, den eindrücklichen Steinpyramiden von Cluchers entlang über P. 1740 zum kleinen Ort **Vnà** (1637 m), oberhalb von Ramosch. Solche Steinpyramiden aus Kies und Sand tragen oft auf der Spitze ein Stück Fels. Diese seltsamen »Hüte« sind aus festerem Material als die darunter liegenden Schichten und schützen so die Pyramide darunter vor Erosion. Ab Vnà führen rund vier Postautoverbindungen pro Tag via Ramosch nach Scuol. Wer das Postauto verpasst, nimmt den alten Saumweg und ist 30 Minuten später unten in Ramosch. Die Postautohaltestelle liegt an der Kantonsstraße, unterhalb des Dorfes.

◄◄ **Vom Zeblasjoch ein Blick zurück auf die vorangegangenen zwei Wegstunden.**

◄ **Weite Flusslandschaft oberhalb der Heidelbergerhütte.**

10
Heidelbergerhütte

▼ **Samnaun – Zollfreigebiet in der hintersten Ecke Graubündens.**

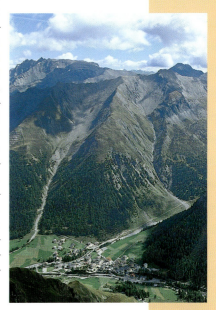

CHALANDAMARZ UND KRATZPUTZ

»Chalandamarz, chaland'avrigl, laschai las vachas our d'uigl«, hallt es Anfang März durch die Gassen der Engadiner Dörfer. Auf Deutsch: Anfang März, Anfang April – lass die Kühe aus dem Stall. Dass es (noch) nicht auf Deutsch von den Plätzen klingt, rührt daher, dass im Unterengadin nach wie vor mehr als zwei Drittel der Einwohner Rätoromanisch sprechen und denken. Rätoromanisch ist der Sammelbegriff für die fünf Idiome Sursilvan, Sutsilvan, Surmiran, Puter und Vallader. Diese Idiome haben sich über die Zeit recht weit voneinander entfernt: So wird der Fuchs zum Beispiel vom uolp zum vualp, golp, vuolp und vulp – je nach Idiom. Das vereinfacht die Verständigung untereinander nicht, deshalb wurde vor rund 20 Jahren das Rumantsch Grischun als gemeinsame Hoch- und Schriftsprache eingeführt (siehe auch Seite 186).

Chalandamarz! Dieser uralte Brauch findet im Engadin in der Regel am 1. März statt und läutet den Frühling ein. Die Kinder versammeln sich am frühen Morgen und ziehen lärmend durch die Dörfer, wobei die Knaben mit Kuhglocken um die Wette läuten und mit Geißeln knallen. Auf den Plätzen werden Frühlingslieder gesungen und die Schüler sammeln mit dem Vers »E scha nu dais inguotta, schi'l luf as sbluotta« (und wenn ihr uns nichts gebt, so fresse euch der Wolf) Geld für das abendliche Fest. Wölfe sind nun ja auch im Engadin nicht mehr die Todesursache Nummer eins, aber man soll das Unglück nicht provozieren und für Versicherungen hat man ja bekanntlich ein offenes Portemonnaie – da gibt man natürlich umso lieber und investiert so in seine gesicherte Zukunft. Nach dem Umzug wird als traditionelle Mahlzeit Kastanien mit Schlagrahm aufgetischt.

Nicht nur in Alois Carigiets Buch *Schellen-Ursli* sind die Unterengadiner Häuser so stattlich und mit verschiedenen Motiven verziert. In den alten Zentren praktisch aller Unterengadiner Dörfer finden sich diese wunderbaren Hausverzierungen – Scraffito (zu Deutsch Kratzputz) genannt. Die Unterengadiner haben ihre Häuser (so einfach sie auch sein mochten) bereits vor vielen Hundert Jahren mit verschiedenen Mitteln dekoriert. Die wahrscheinlich im 16. Jahrhundert aus Italien importierte Scraffito-Technik ist auch unter ungünstigen Witterungsbedingungen sehr lange haltbar und prägt die Dorfbilder noch heute. Damit die Scraffito-Zeichnungen gut zur Geltung kommen, wird auf die dunkle, roh verputzte Hausmauer mit der Kelle ein feiner, heller Kalkputz verteilt und geglättet. Dieser geglättete Putz ist von ungewöhnlicher Konsistenz und überdauert trotz des rauen Bergklimas oft Jahrhunderte. Nun bestreicht man den frischen Putz mit ziemlich dick angerührter Kalkmilch. Die Ornamente werden aus der hellen Fläche herausgekratzt und erscheinen in der dunkleren Farbe des darunter liegenden Fassadenputzes. Bei mehrfarbigen Scraffiti ist die Technik schwierig, da der Bildaufbau umgekehrt werden muss: Zuerst werden die Details angelegt, die Umrisse werden erst zum Schluss sichtbar.

Der Reiz der Ornamente liegt im Zusammenklang der beiden nur wenig kontrastierenden Farben. Ein Scraffito zerschneidet die Fläche nicht (wie man es bei vielen auf historisch getrimmten Neubauten besonders im Oberengadin sieht), sondern streut lediglich eine leichte Verzierung darüber. Trotz ihrer zurückhaltenden künstlerischen Mittel haben Scraffiti eine starke Wirkung. Besonders dort, wo sie Charakter und Gesicht eines ganzen Dorfes bestimmen wie etwa in Guarda, das einem Freilichtmuseum für Engadiner Bauernpaläste gleicht.

Buchtipp
Selina Chönz und Alois Carigiet, *Schellen-Ursli*, Orell Füssli Verlag, Zürich, 2010 (28. Aufl.)

10
Heidelberger-
hütte

▼ Am 1. März werden mit Glocken und Peitschen die bösen Geister aus dem Engadin vertrieben. Auch hier in Zuoz.

WER BIN ICH?

Jedem Spieler wird auf dem Rücken ein Tierbild befestigt, so dass er es nicht sieht. Die Spielerinnen und Spieler gehen paarweise zusammen, sehen sich jeweils das Tier ihres Partners an und stellen sich gegenseitig Fragen mit dem Ziel, ihr eigenes Tier zu erraten. Die Fragen dürfen nur mit Ja oder Nein beantwortet werden. Zum Beispiel: »Kann ich fliegen?« »Fresse ich Würmer und Schnecken?« »Bin ich ein guter Kletterer?« »Lebe ich in Höhlen?«

Gut eignen sich Tiere, die in den Bergen zu Hause sind: Murmeltier, Alpendohle, Steinbock, Gämse, Schneehase, Bergmolch, Steinadler oder Hirsch.

Dieses Spiel kann auch wie das heitere Beruferaten bei Robert Lembke gespielt werden: Ein Kind denkt sich aus, welches Tier es ist, und darf einen Berater aussuchen. Alle anderen raten der Reihe nach. Zum Beispiel: »Hast du vier Beine?« Solange die Antwort Ja lautet, darf weitergeraten werden, und für jedes Ja bekommt der Ratende zum Beispiel ein Blütenblatt. Erst wenn die Antwort Nein lautet, kommt der Nächste dran zum Raten. Gewonnen hat derjenige, der am meisten Blütenblätter bekommen hat.

◀ Doppelstockseilbahn Samnaun–Alptrider Sattel: Noch nie wurden vorher bei einer Personenbahn so dicke Tragseile eingesetzt; sie wiegen 223 Tonnen. Eine voll beladene Kabine bringt 27 Tonnen auf die Waage.

Informationen

Ausgangspunkt / Anreise
Samnaun, Haltestelle Ravaisch, 1775 m. 4 Gehminuten zur Seilbahn zum Alptrider Sattel. Seilbahn Tel. 081 861 86 00, www.samnaun.ch. Postautoverbindungen ab Bahnhof Scuol-Tarasp mit Umsteigen in Martina.

Endpunkt / Rückreise
Vnà, Haltestelle Posta (1637 m). Vier Postauto-Verbindungen täglich nach Ramosch. Umsteigen und weiter zur RhB-Haltestelle Scuol-Tarasp.

Übernachtung
Heidelbergerhütte DAV, 2264 m, Koordinaten 814 860 / 199 270, 156 Plätze in Zimmern und im Matratzenlager. Immer offen, während der Hauptsaison durchgehend bewartet. Tel. 0043 664 425 30 70, www.heidelbergerhuette.com. Sehr kinderfreundliche Umgebung mit Bach und Felsbrocken, um sich dahinter zu verstecken.

Verpflegung unterwegs
Alp Trida, Bergstation der Seilbahn von Samnaun-Ravaisch.
Hof Zuort, vor Vnà (auch Übernachtungsmöglichkeit, Tel. 081 866 31 53).

Karten
1179 Samnaun und 1199 Scuol

Varianten
Abkürzung zur Heidelbergerhütte: Mit dem Taxi von Samnaun bis kurz vor das Zeblasjoch (ca. 2450 m). Taxi Tirana, Matthias Prinz in Samnaun, Tel. 081 868 56 27. Verkürzt die Route um knapp 2 h.

Heidelbergerhütte–Ischgl: Der einfachste Abstieg von der Heidelbergerhütte ist der Fahrstraße entlang in knapp 3 Stunden nach Ischgl. Um mit öffentlichen Verkehrsmitteln von Ischgl nach Scuol zurückzukommen, nimmt man den Bus nach Landeck, steigt um in den Bus nach Martina und ins Postauto nach Scuol. Dauert 2 h 30 bis 3 h 30. Nach Sargans kommt man von Landeck mit dem Zug über Feldkirch. Dauert rund 3 h 30.

Heidelbergerhütte–Kurhaus Val Sinestra: Ab dem Hof Zuort (1711 m) über Cluchers und vor der Brücke P. 1693 auf dem Wanderweg talwärts der munteren La Brancla entlang zum Kurhaus (1522 m, mit Unterkunft und Restaurant, Tel. 081 866 31 05, www.sinestra.ch) und Postautohaltestelle Val Sinestra. Achtung: Ab Val Sinestra verkehren nur rund drei Postautos pro Tag zu unglücklichen Zeiten. Zeitersparnis ca. 20 Minuten.

10 Heidelbergerhütte

▶ Heidelbergerhütte: deutsch-österreichisch-schweizerisches Teamwork.

11 Chamanna da Grialetsch und Schwarzhorn

**Der Schwarzhorngipfel:
146 Meter über der magischen Grenze!**

HCD und SLF

Fragt man die Kinder nach den beiden Kürzeln, die so eng mit Davos verbunden sind, dann ist das Ergebnis voraussehbar. Klar, der HCD ist doch der lokale Eishockeyclub in Blau-Gelb, x-facher Schweizer Meister und zudem Ausrichter des legendären Spengler Cups, an dem sich jedes Jahr zwischen Weihnachten und Neujahr Topteams aus der ganzen (Eishockey-)Welt messen.

Bei SLF wird es schon schwieriger, obwohl sich die Geschichte auch hier um Eis und Schnee dreht. Da geht wohl eher den Erwachsenen und vor allem den Skitourengängern unter ihnen ein Licht auf: »Lawinenbulletin des Eidgenössischen Instituts für Schnee- und Lawinenforschung Weissfluhjoch-Davos ...« Bereits 1932 wurde ein erstes Schneelabor auf dem 2662 m hoch gelegenen Weissfluhjoch eingerichtet, um länger dauernde Beobachtungen und Experimente durchführen zu können. Die Parsennbahn stellte zu diesem Zweck eine Holzbaracke und einen Arbeitsraum in der Bergstation zur Verfügung und gewährte den Forschern freie Fahrt mit der Bahn. Jeden Winter wurde die Baracke tief eingeschneit und somit zu einem natürlichen Kältelabor mit einer gleichbleibenden Temperatur von –5 bis –7 Grad. 1942, im Gründungsjahr des SLF wurde gleich auch das erste eigene Institutsgebäude gebaut. Da es aus dem umliegenden Bruchstein errichtet wurde, galt die »Bruchbude« als architektonisches Bijou und sollte für lange Zeit das Zentrum des SLF bleiben. Erst 1996 wurde nach 60 Jahren Schnee- und Lawinenforschung auf dem Weissfluhjoch das neu erbaute Institutsgebäude an der Flüelastraße in Davos-Dorf bezogen und zum Hauptsitz des SLF.

1. Tag: Zur Chamanna da Grialetsch

Auch auf der Fahrt durchs Dischmatal hinauf nach Dürrboden sind Schnee und Eis ein Thema: Das Postauto schnauft bergwärts durch ein breites, vor langer Zeit vom Gletscher gehobeltes und von Moränenwällen übersätes Trogtal, welches in Scalettahorn und Piz Grialetsch im Süden einen eisigen Abschluss findet. In **Dürrboden** (2007 m) ist Endstation, ab hier geht es nur noch zu Fuß weiter. Bei einem Wegweiser 50 Meter talaufwärts gabelt sich der Weg. Der Pfad zur Chamanna da Grialetsch hält sich auf der östlichen Talseite und steigt auf einem von Geröllbrocken und Wacholdersträuchern übersäten Rücken zwischen zwei Bächen

11
Chamanna da
Grialetsch und
Schwarzhorn

Warum zur Chamanna da Grialetsch und zum Schwarzhorn?

Mit den Kindern auf einen ausgewachsenen 3000er steigen? Beim Picknick auf dem Gipfel den Blick von der Berninagruppe zum Finsteraarhorn schweifen lassen? Keine Frage: Das Schwarzhorn ist der ideale Berg dafür. Und als Ausgangspunkt bietet sich mit der Chamanna da Grialetsch eine leicht erreichbare Hütte an, die ein hübsches Seelein samt Kletterinsel ihr Eigen nennt.

Tourencharakter
2-tägige Bergwanderung. Zwischen Dischmatal und Flüelapass warten zwei recht unterschiedliche Tage auf die kleinen Gipfelstürmer. Die Wanderung von Dürrboden hinauf zur Chamanna da Grialetsch ist kurz und kurzweilig und zur Unterhaltung findet sich manch kleines Bergbächlein. Der Aufstieg zum Schwarzhorn dagegen zieht sich etwas länger hin und die Luft ist in Gipfelnähe spürbar dünner.

Schwierigkeit: T3
Die Route auf das Schwarzhorn bietet keine nennenswerten Schwierigkeiten. Einzig im Einstieg zum Rücken, der von der Schwarzhornfurgga zum Gipfel hinauf führt, wird es kurz etwas ausgesetzter und die Kinder müssen in der Nähe behalten werden. Etwas mehr Probleme kann die Orientierung bereiten: Da sich die Wegspuren namentlich vor und nach der Fuorcla Radönt häufig in Geröll- und Blockfeldern verlieren und die Markierungen gesucht werden müssen, sind für die Begehung mit Kindern gute Sichtverhältnisse Voraussetzung.

Höhenunterschiede und Gehzeiten
1. Tag: Dürrboden–Chamanna da Grialetsch ↗ 530 m, 2 h 15.
2. Tag: Chamanna da Grialetsch–Fuorcla Radönt–Schwarzhorn–Flüelapassstraße ↗ 670 m, ↘ 870 m, 5 h.
   Chamanna da Grialetsch–Fuorcla Radönt 1 h 45.
   Fuorcla Radönt–Schwarzhorn–Flüelapassstraße 3 h 15.

gemütlich bergan. Zwei markante Buckel, je mit dem Mast einer alten Telefonleitung gekrönt, weisen – zumindest bei guter Sicht – die allgemeine Richtung. Auf ca. 2240 m dreht der immer gut markierte Weg ab und folgt, vorübergehend etwas steiler ansteigend, dem Furggabach Richtung Osten. Er führt in den Taleinschnitt, flacht wieder ab und erreicht bald den schön gelegenen **Furggasee** (2510 m). Zur **Fuorcla da Grialetsch** (2537 m) ist es von hier ein Katzensprung und auch die Hütte (2542 m) liegt nur noch hinter zwei kleinen Hügeln versteckt. Rechtzeitig hier oben anzukommen, lohnt sich übrigens: Kaum eine andere Berghütte hat einen so romantischen See (samt Kletterinsel!) direkt vor der Haustüre zu bieten.

2. Tag: Rot-Weiß auf das Schwarzhorn

Der Aufstieg zum Schwarzhorn beginnt beim Wegweiser nahe der Fuorcla da Grialetsch (2537 m), bei welchem man am Vortag kurz vor der Hütte schon vorbeigekommen ist. Auch wer frühmorgens unterwegs ist, friert nicht lange, denn der Pfad windet sich gleich nordwärts einen steilen Grashang hinauf. Ab knapp 2600 m wird es – was die Steigung betrifft – gemütlicher, dafür sind nun vermehrt pfadfinderische Künste gefragt. Obwohl mit Wegzeichen und Stangen gut markiert, muss die beste Route in den Blockfeldern immer wieder gesucht werden, was zwar Spaß macht und kurzweilig ist, allerdings auch Wanderzeit kostet.

Die **Fuorcla Radönt** (2788 m) bietet sich mit einem malerischen Seelein als Rastplatz an und gibt einen ersten imposanten Blick auf das Schwarzhorn frei. Vorerst heißt es dann aber noch einmal kurz abzusteigen, bevor sich beim Wegweiser auf ca. 2730 m die Route zum Schwarzhorn von der direkten Abstiegsspur Richtung Flüelapass abwendet und über das Vorfeld des **Vadret da Radönt** (Vadret ist das rätoromanische Wort für Gletscher) gegen Westen führt. Mal besser, mal schlechter markiert (und daher nur bei ausreichender Sicht zu empfehlen!), leitet der Pfad unschwierig und zuerst beinahe eben hinüber zu ein paar namenlosen Bergseelein, dann steiler hinauf zum Weg, der von der Passstraße heraufkommt (2800 m). Bei der **Schwarzhornfurgga** (2880 m) geht es dann richtig zur Sache: Über den zuerst etwas schmalen (Kinder in der Nähe behalten oder gegebenenfalls an der Hand nehmen), dann breiten Rücken geht es auf gutem Weg in ständigem Zickzack dem Gipfel entgegen. Die Luft wird mit jedem Schritt dünner, das Panorama immer atemberaubender. Kleine Kostprobe gefällig? Die versammelten Pize Palü, Bernina, Kesch und Linard oder das Finsteraarhorn, Tödi und Ortler sind nur ein paar der Perlen, die es zu bestaunen gibt.

Wer sich auf dem Gipfel des **Schwarzhorns** (3146.2 m) satt gesehen und gegessen hat, steigt wieder zur Schwarzhornfurgga ab und folgt dem gut markierten und ausgebauten Weg zuerst durch Schotterfelder, dann über Bergwiesen talauswärts. Vor der Flüelapassstraße wird es kurz noch einmal etwas steiler und ausgesetzter, aber mit der nötigen Vorsicht bietet auch diese Passage keine Probleme.

An der Passstraße wartet leider nur die Postautohaltestelle (nahe P. 2332). Auf dem Wanderweg nördlich der Straße ist aber notfalls auch die Passhöhe (2383 m) mit Restaurant und Kiosk bald erreicht.

◄◄ **Chamanna da Grialetsch:** Im harmonischen Einklang mit der Natur!

◄ **Balanceakt:** Im steinigen Vorfeld des Vadret da Radönt ist der Gleichgewichtssinn gefordert. Im Hintergrund das Schwarzhorn. Gut zu erkennen der flache Grat, auf dem der Wanderweg von der Schwarzhornfurgga zum Gipfel führt.

11
Chamanna da Grialetsch und Schwarzhorn

▼ Über einen von Geröllbrocken und Wacholdersträuchern übersäten Rücken steigt der Pfad zur Chamanna da Grialetsch hinter Dürrboden gemütlich bergan.

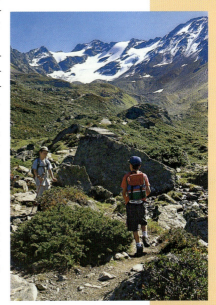

EISIGE ZEITEN

Es ist noch gar nicht so lange her, seit sich die Erkenntnis durchgesetzt hat, dass die Gletscher das Aussehen unserer Landschaft wesentlich mitgeformt haben. Bis weit ins 19. Jahrhundert hinein glaubten nämlich auch viele Gelehrte, die Sintflut habe die Gestalt der Erde geprägt. Inzwischen ist aber klar, dass die Gletscher bedeutende Landschaftsformer sind – oder waren. Insbesondere während der Eiszeiten wurde durch die fließenden Eismassen an den Gebirgen gehobelt und geschrammt und das abgetragene Gestein an anderer Stelle als Moränen wieder aufgehäuft oder als Findlinge abgelagert. Nun ist es ja seit den Eiszeiten – zumindest nach menschlichen Maßstäben – doch schon eine ganze Weile her, und von einer Abkühlung des Klimas kann im Moment keine Rede sein, ganz im Gegenteil. Unbestritten ist aber, dass es Eiszeiten gegeben hat, und vielleicht auch wieder geben wird. Denn die Erde hat in ihrem langen Leben schon verschiedene Kaltzeiten erlebt. Man geht davon aus, dass sie zu Urzeiten mehrmals weitgehend von Eis bedeckt war. Die vorläufig letzte Eiszeit begann vor rund anderthalb Millionen Jahren und endete, in erdgeschichtlichen Dimensionen ausgedrückt, erst vor Kurzem. Und obwohl sich die Eismassen vor etwa 12 000 Jahren aus Europa zurückgezogen haben, gehen viele Wissenschaftler davon aus, dass die Eiszeit noch gar nicht vorüber ist, wir also nur in einer Zwischeneiszeit leben.

Kennzeichnend für die Eiszeiten war nicht alleine ein Absinken der Temperaturen um etliche Grad, sondern auch extreme Schwankungen des Klimas. Die Gletscher wuchsen an, schmolzen ab und gewannen in einer nächsten Kälteperiode wieder an Größe. Die letzte Kaltzeit, im Alpenraum in Fachkreisen Würmeiszeit genannt, erreichte ihren Maximalstand vor 20 000 Jahren. Über dem Oberengadin, der Surselva, dem Goms und dem Mattertal lagen zu dieser Zeit riesige Eisdome, deren Oberfläche auf über 3000 Meter hinauf reichte, und auch in der Region Davos ragten nur noch die höchsten Gipfel aus dem eisigen Panzer. Gleichzeitig lag der Meeresspiegel, da ja eine riesige Menge Wasser im Eis gebunden war, rund 130 Meter unter dem heutigen Niveau.

Warum es überhaupt Eiszeiten gab? Darüber wird eifrig geforscht und spekuliert. Theorien gibt es jedenfalls verschiedene. So sah etwa ein gewisser Herr Milankovitch die Ursachen für die zyklisch auftretenden Eis- und Warmzeiten in Veränderungen der Gravitationskräfte im System Sonne, Mond und Erde. Dadurch, so vermutete er, ändere sich die Form der Erdumlaufbahn sowie die Neigung der Erdachse, und dies habe wiederum Einfluss auf die Verteilung der Sonnenenergie auf der Erde. Er gelangte zur Hypothese, dass eine Eiszeit immer dann auftritt, wenn die Sommersonneneinstrahlung in hohen nördlichen Breiten minimal wird. Eine andere Theorie wittert die Ursache der Eiszeiten in der Plattentektonik: Das Verschieben von Kontinenten mit hochragenden Gebirgen in höhere Breiten begünstige eine Vergletscherung. Sei dann erst einmal ein ausgedehnter Eisschild vorhanden, reflektiere

▲ Früher unter einem dicken Eispanzer, heute ein romantischer Rastplatz: malerisches Seelein bei der Fuorcla Radönt.

die helle Fläche das Sonnenlicht verstärkt in den Weltraum und bewirke eine zusätzliche Abkühlung. Und schließlich werden auch große Mengen an Staub, durch Vulkanausbrüche und Meteoriteneinschläge in die Atmosphäre geschleudert, für die Verdunkelung der Sonne und damit die Abkühlung verantwortlich gemacht.

Wie auch immer: In nächster Zeit wird die Chamanna da Grialetsch kaum vom Gletscher überfahren. Palmen werden am Strand des Hüttensees aber wohl auch keine wachsen.

11
Chamanna da Grialetsch und Schwarzhorn

DER YETI

Im Himalaja, auf dem Dach der Welt, soll sich ein rotbraun behaartes Wesen von stattlicher Größe herumtreiben. Man beschreibt es als etwa zwei bis drei Meter hoch, über 200 Kilogramm schwer, und seine Fußabdrücke sollen 43 Zentimeter lang sein. Sein Name? Yeti – der »Mann in den Felsen«, oder ganz einfach der »Schneemensch«. Die englische Zeitung *Daily Mail* rüstete 1954 eine Expedition aus, um nach dem Yeti zu forschen. Russische Wissenschaftler durchstreiften den Himalaja auf der Suche nach dem sagenhaften Wesen, und selbst der Extrembergsteiger Reinhold Messner soll durch einsame Höhen gekraxelt sein, um dem Geheimnis auf die Spur zu kommen.

Gelöst ist das Rätsel bislang nicht: Riesen-Orang-Utan, Schneebär, Urmensch oder Dämon – die Palette der präsentierten Lösungen ist groß und der Mythos darf weiterleben.

Machen wir uns am besten selber ein Bild! Dazu braucht es lediglich ein paar Farbstifte und einige Blatt Papier. Alle Mitspielenden setzen sich in einen Kreis oder an einen Tisch. Die Aufgabe: Es muss ein Bild des Yeti gemalt werden. Aber ganz so einfach ist die Sache natürlich nicht. In einer ersten Runde zeichnet nämlich jeder Mitspieler im obersten Viertel des Blattes nur den Kopf. Dann wird das Blatt gefaltet, und zwar so, dass der Halsansatz erkennbar bleibt, die Kopfzeichnung aber nach hinten geklappt und damit unsichtbar ist. Das Blatt wird weitergereicht, dann zeichnen alle den zweiten Teil, also den Oberkörper mit Armen und Händen. Und so weiter: Umfalten, weitergeben, Beine zeichnen, umfalten, weitergeben, Füße zeichnen. Zum Schluss werden die Blätter aufgefaltet und die Bilder begutachtet. Grauenvoll, wenn man einem dieser Ungetüme unterwegs wirklich begegnen würde!

Informationen

Ausgangspunkt / Anreise
Dürrboden, 2007 m. Bus von Davos, Dorf (Mitte Juni bis Ende September).

Endpunkt / Rückreise
Flüelapassstraße, Haltestelle Susch, Abzweigung Schwarzhorn, nahe P. 2332.
Postauto nach Davos, Dorf, oder Susch (Ende Juni bis Mitte Oktober).

Übernachtung
Chamanna da Grialetsch SAC, 2542 m, Koordinaten 792 800 / 176 300, 61 Plätze, ganzjährig geöffnet und während der Hauptsaison durchgehend bewartet.
Tel. 081 416 34 36, www.grialetsch.ch. Ein idyllischer See, jede Menge Kletterfelsen und die flache Umgebung machen die Chamanna da Grialetsch zur idealen Familienhütte.

Verpflegung unterwegs
Restaurant Dürrboden, Tel. 081 416 34 14, Übernachtungsmöglichkeit.
Passhotel Flüela-Hospiz, Tel. 081 416 17 47, www.flueela-hospiz.ch, Zimmer und Lager.

Karten
Kartenblatt 1217 Scalettapass

Varianten
Einfacher: Auf der beschriebenen Route über die Fuorcla Radönt und hinab zum Wegweiser auf ca. 2730 m. Von dort führt ein rot-weiß markierter Weg auf der östlichen
Seite des Gletschervorfelds des Vadret da Radönt geradewegs hinunter nach Radönt und weiter zur Postautohaltestelle an der Flüelapassstraße. 3 h ab der Chamanna da Grialetsch.

Noch einfacher: Von der Chamanna da Grialetsch schlängelt sich ein Pfad ohne nennenswerte Auf- und Abstiege in nordöstlicher Richtung vorbei an zwei Seelein (2496 m) gegen Munt da Marti, fällt dann etwas steiler ab und leitet über Bergwiesen entlang der Flüelastraße passwärts zur Postautohaltestelle. 2 h ab der Hütte.

11
Chamanna da Grialetsch und Schwarzhorn

▼ Wegweiser für den Yeti? Markierungsstangen der Skiroute zwischen Chamanna da Grialetsch und Fuorcla Radönt.

▶ Frostiger Hüttennachbar: Der Vadret da Grialetsch.

12 Lischana und Sesvenna

Hohe Berge – tiefe Schluchten. Gletscher, Bergwerke und unzählige Seen

Bergbau am Mot Madlain

Bereits auf den ersten Blick wirkt S-charl nicht wie ein normales Dorf in den Bündner Alpen. Allzu stämmig die Gebäude, allzu großzügig die Anlage im Dorfkern, allzu speziell die Lage. Das Geheimnis des sichtbaren Wohlstands von S-charl liegt aber für einmal nicht im Durchgangsverkehr, sondern tief im Bergesinnern. Am Mot Madlain wurde bis 1827 auf über 2000 Meter blei- und silberhaltiges Erz abgebaut. Wer an einer Führung in die ehemaligen, rund 10 Kilometer langen Stollenanlagen teilnimmt, findet sich in einem Wirrwarr von niederen und schmalen Gängen wieder. Die Stollen wurden nicht rechtwinklig vorangetrieben, sondern den Erzadern entlang und verlaufen deshalb in wildem Auf und Ab, manchmal sogar im Zickzack. Die Enge der Gänge lässt darauf schließen, dass auch Kinder für die mühselige Plackerei im Bergesinnern eingesetzt wurden. Am Boden sind Reste von Holzschienen zu erkennen, auf denen Erzgestein in kleinen Wagen, sogenannten Stollenhunden, ins Freie gekarrt wurde. Dort wurde das erzreiche Gestein vom Rest getrennt und die wertvolle Fracht hinunter in den Talboden getragen, wo es neben dem heutigen Bergbaumuseum (eines der interessantesten weit und breit) geschmolzen wurde. Die Ruinen dieser Gebäude sind noch gut auszumachen. Das mächtige Haus auf dem Dorfplatz von S-charl ist nicht etwa die Residenz des Erzkönigs, sondern das ehemalige Unterkunftsgebäude (Knappenhaus) der Bergleute.

1. Tag: Steil hinauf zum Felsenthron

Vom Bahnhof Scuol bringt uns das Postauto über die Innbrücke zur Haltestelle **San Jon** (ca. 1460 m). Hier werden die Schuhe geschnürt und dann gehts los: zuerst flach zum großen Reitstall von San Jon (1465 m) und ans Ende der Lichtung, wo der Wanderweg zur Chamanna Lischana bergwärts abzweigt. Diesem Wanderweg entlang in Bachnähe durch den lichten Wald hinauf ins Val Lischana. Bei 1703 m wird der Bach ein erstes Mal gequert. Bald steigt der Weg steiler an und führt in vielen Windungen über steile Felsbändchen und bald wieder flache Grasböden hinauf zur Chamanna Lischana, die majestätisch auf ihrem Felskopf auf 2500 m thront und das Geschehen in Scuol zu überwachen scheint.

12 Lischana und Sesvenna

Warum zu Lischana und Sesvenna?

Jeder der drei Tage bietet eine Hauptattraktion. Am ersten Tag ist es die Lischanahütte SAC. Neu renoviert und angebaut und dadurch modern, komfortabel, aber trotzdem eine richtige Hütte mit Kompost-WC mit allem, was dazugehört. Am zweiten Tag sind es die wunderbaren Gesteinsfarben, die Seenplatte von Rims mit ihren vielen blauen Perlen und die imposante Uina-Schlucht. Den Abschluss bildet die Wanderung entlang eines Baches mit vielen Rastmöglichkeiten nach S-charl, wo Erzbergwerk und Bärenmuseum warten.

Tourencharakter

Hoch hinaus geht diese Dreitageswanderung. Der Kulminationspunkt liegt auf 2954 m und setzt Kondition und Motivation voraus. Wanderanfänger werden hier kaum glücklich, zu groß die Höhendifferenz am ersten Tag, zu weit die Etappen der darauffolgenden Tage. Wer aber bereits Wandererfahrung und Trainig hat, erlebt hier eine einmalig abwechslungsreiche Landschaft auf höchstem Wanderniveau zwischen Unterengadin und Südtirol.

Schwierigkeit: T2–T3

Nicht technische Schwierigkeiten führen zu dieser Bewertung (am anspruchsvollsten ist wohl das kleine Felsbändchen, welches am zweiten Tag eine knappe Stunde nach der Hütte gequert oder großräumig umgangen wird). Anspruchsvoller sind die Weite und die Verlassenheit der Gegend. Weitab von jeder »Zivilisation« auf fast 3000 Meter Höhe, können Wetterumstürze ernste Folgen haben. Warme Kleider, Mütze, Handschuhe unbedingt mitnehmen. Bei schlechter Sicht sollte man den zweiten Tag mit Kindern nicht wagen und geht besser dem Aufstiegsweg entlang zurück.

Höhenunterschiede und Gehzeiten

1. Tag: San Jon–Lischanahütte ↗ 1035 m, 3 h 30.
2. Tag: Lischanahütte–Lais da Rims–Sesvennahütte ↗ 600 m, ↘ 850 m, 5 h (plus Abstecher zu den Uina-Tunnels 40 Minuten)
3. Tag: Sesvennahütte–Fuorcla Sesvenna–S-charl ↗ 560 m, ↘ 1010 m, 5 h.

2. Tag: Blaue Perlen und grüne Grenzen

Ein großer Tag steht an. Frühmorgens den gut markierten Weg in Richtung Piz Lischana einschlagen und über P. 2589 bergwärts ansteigen. Kurz darauf ein Felsbändchen hinauf zu den Wiesen bei P. 2804 und zur breiten Passeinsattelung auf 2954 m. Noch nie auf einem 3000er gestanden? Also kurz nordwärts die Flanke hinauf queren zu P. 3044. Von dort aus sieht man den Piz Lischana. Und nochmals hinunter in Richtung Scuol, von wo aus diese Berge gestern noch so hoch und unbezwingbar dreingeschaut haben. Von P. 2954 führen Wegspuren über das ehemalige Gletscherfeld hinunter direkt zu den Lais da Rims, wo sich bei P. 2703 tolle Picknickplätze anbieten. Wer dem Zufluss des größten Sees entlanggeht, findet auf 2732 m nochmals einen See, kurz dahinter noch einen und, und, und. Die Seenplatte ist voller Wunder. Der Abstieg von P. 2703 führt oberhalb des Kratersees hindurch zur Ebene auf 2505 m, dann kurz steil hinunter zur **Alp Sursaas** (2155 m), dem Tor zur Uina-Schlucht.

Hier hat sich vor hundert Jahren der Deutsch-Österreichische Alpenverein verdient gemacht, als er ein fast 600 Meter langes Wegstück durch die senkrechten Felswände entlang der schäumenden Uina aus dem Fels gehauen hat. Der Weg sollte der damals neu erbauten Pforzheimerhütte (neben der Sesvennahütte) mehr

Touristen und Einnahmen bringen. Aber dann kam ein Krieg, und nochmals ein Krieg und als die Touristen endlich wieder kamen, standen von der Pforzheimerhütte nur noch die Grundmauern. Geblieben ist aber der spektakuläre Zugangsweg. Er kann von der Alp Sursaas aus in einem halbstündigen Abstecher gegen Norden erkundet werden.

Von der Alp Sursaas zur Sesvennahütte ist es noch eine knappe Stunde. Zuerst hinauf zur Landesgrenze auf 2295 m und zum Schlinigpass auf 2309 m und schon sieht man links die Ruine der alten Pforzheimerhütte und rechts die moderne **Sesvennahütte** (2258 m) – mehr Gasthaus-Hotel als Hütte, mit breiter Dessert-Auswahl. Berühmt sind beispielsweise die Apfelchüechli an warmer Vanillesauce.

◄ ◄ Wasser, Fels und Schnee. Eine Wanderung hart an der Dreitausendergrenze.

◄ Ist die Alp Sesvenna erreicht, dauerts nur noch wenige Minuten bis nach S-charl.

12
Lischana und Sesvenna

3. Tag: Von den Berggipfeln zum Bergbau

Von der Sesvennahütte (2258 m) südwestwärts, gut angeschrieben und markiert hinauf unter dem Lago Sesvenna hindurch zur Fuorcla Sesvenna auf 2819 m. Hier verabschiedet man sich vom Südtirol und betritt wieder Schweizer Boden. Man bestaunt auf den ersten Abstiegsmetern noch die Gletscherflächen des Piz Sesvenna und folgt dann dem Weg zum Seelein auf 2654 m, dann über die Felsstufe hinunter ins Val Sesvenna, wo sich ab P. 2358 wieder tolle Rastplätze zuhauf anbieten. Bei der **Alp Sesvenna** (2098 m, Getränke und Alpprodukte erhältlich) mutiert der Wanderweg zum Kiessträßchen, dem man bis hinunter nach **S-charl** (1810 m) folgt.

▼ Dunkle Krateraugen und hellblaue Seelein warten bei den Lais da Rims.

HOLZTRIFT ZUR SALZGEWINNUNG

Wer dem Unterengadiner Inn entlanggeht, entdeckt im Wald vor allem auf den Schattenseiten des Tales immer wieder alte Forstwege, Runsen und Lichtungen, die auf intensive Holznutzung in früheren Zeiten schließen lassen. Tatsächlich wurden früher wohl nirgends in der Schweiz die Wälder großflächiger und intensiver ausgebeutet als entlang dem Inn zwischen Zernez und der Landesgrenze bei Martina.

Dieser große Holzschlag hing zusammen mit dem enormen Brennholzverbrauch der Städte am unteren Inn und vor allem der Saline von Hall im Tirol, einige Kilometer unterhalb von Innsbruck am Inn gelegen. Salz war in Mitteleuropa früher ein äußerst begehrtes und knappes Gut, sogenanntes weißes Gold. Seit dem 13. Jahrhundert war die Saline der wichtigste Lebensnerv der Stadt Hall. Im Salzbergwerk im Halltal wurde mit Wasser Salz aus dem Gestein gespült. Heraus kam eine Wasser-Salz-Brühe, die sogenannte Sole, welche durch eine Holzleitung zum Sudhaus am Inn geleitet und dort zu Salz versotten wurde. Zum Betrieb dieser Sudhäuser wurden Unmengen von Holz herbeigeschafft.

Und da es zu dieser Zeit noch keine breiten Straßen gab, wurde Holz wenn immer möglich auf dem Wasserweg, zum Beispiel auf dem Inn transportiert. Demzufolge lag das Unterengadin an der direkten Schwerverkehrsroute zur Saline von Hall, die übrigens auch Endpunkt für die Schifffahrt auf dem Inn war, da beim Sudhaus ein Holzrechen zum Auffangen des Triftholzes den Fluss absperrte. Aber auch Holz war ein knappes Gut und die oft einzige Einnahmequelle von Berggemeinden im Winter.

Die Saline Hall kaufte (oder nahm sich unter Militärschutz) Wälder und holzte dort großflächig ab. Die Bäume (Mindestdurchmesser 72 cm) wurden anschließend in rund drei Fuß lange Stücke zerkleinert. Auf einer speziell für diesen Zweck errichteten Holzrutsche, die manchmal mehrere Kilometer lang sein konnte, wurde das Holz in den Fluss hinunter geleitet. Dort, am Ende einer solchen Rutsche, baute man eine Triftklause, eine Art Staudamm. Die Holzstücke sausten die Rutsche hinunter und trieben im aufgestauten Wasser hinter dem Damm, bis die Mauer gesprengt wurde und eine große Wassermasse mitsamt dem Holz talwärts in Richtung Hall floss.

Dieses schlagartige Öffnen der Dämme richtete am Unterlauf der Flüsse und Bäche oftmals große Schäden an. Es kam immer wieder zu Unterspülungen und Hangrutschungen, zu Verlust von Weiden oder halben Dörfern – wie zum Beispiel im Valle di Campo im Tessin im Jahre 1857.

Aber auch der großflächige Holzschlag selbst führte zu Schäden, die heute noch an den Berghängen sichtbar sind. Einerseits wurden die der Bäume beraubten, ungeschützten Böden der Erosion preisgegeben. Andererseits verbreiterten sich die Reistzüge, in denen Holz hinunter in den Fluss befördert wurde. Nach kurzer Zeit bildeten sich dort durch Lawinen, Murgänge, Regen und Schmelzwasser tiefe Täler und Schluchten.

Auf dem Inn wurde das Holz dann durch Trift (das bedeutet treiben lassen) gegen

12
Lischana und Sesvenna

Hall hinunter geführt. Damit das Holz nicht versehentlich zum Beispiel als Brennholz in die Städte geliefert wurde, hatte man es mit speziellen Zeichen versehen. Während der Trift ging manchmal bis zur Hälfte des abgeschickten Holzes verloren, das heißt, es blieb irgendwo hängen, wurde entlang des Flusses gestohlen oder ging unter. Wer sich von der Saline Hall gekennzeichnetes Holz unrechtmäßig aneignete, dem konnte es passieren, dass ihm zur Strafe eine Hand abgehackt wurde. So wertvoll war Holz in diesen Zeiten.

▲ Im Val d'Uina wurden früher große Mengen Holz geschlagen und auf dem Inn zur Saline nach Hall transportiert.

KLANGINSTALLATIONEN

Natürlich eignet sich Holz ganz hervorragend, um es zu verbrennen, dadurch Wärme zu erzeugen, eine Wurst zu braten, um etwas zu heizen oder eine Maschine in Gang zu setzen.

Aber Holz hat auch eine leise, sinnliche Seite – eine musikalische. Viele wohlklingende Instrumente werden aus Holz gefertigt. Große wie ein Flügel oder kleine wie ein Piccolo. Oder solche, die es in groß und klein gibt wie beispielsweise ein Xylofon.

Um selber ein Xylofon zu bauen, hängt man eine Serie von Hölzern in unterschiedlicher Dicke und Länge mittels Schnur an einen Ast. Die Töne erzeugt man durch das Anschlagen mit einem Ast. Manchmal spielt auch der Wind eine Melodie.

Natürlich kann man das auch am Boden ausprobieren. Dazu benötigt man größere, dickere Holzstämme oder Äste. Zur Vorbereitung legt man dazu zwei längere, ca. 10 bis 200 cm dicke Äste parallel zueinander. Darauf werden die Klanghölzer quer nach Dicke und Tonhöhe gelegt. Mit einem stabilen Stock schlägt man auf die Klanghölzer und korrigiert dann wohl ein paar Mal, um eine schöne Tonleiter zu erhalten. Gelingt es, eine nette Melodie zu spielen oder das Horn des Postautos vor den scharfen Kurven im Val S-charl zu imitieren?

Und: Aus großen Rindenstücken kann man auch schöne Kugelbahnen bauen, mit Kurven und Schanzen und natürlich einem Ziel, welches die Kugel auffängt. Wenn man auf der Strecke beispielsweise in einer scharfen Kurve oder unterhalb der Schanze einen flachen Stein, eine Metall-Trinkflasche oder Ähnliches hinstellt, ergibt es eine lustige Musik. Eine Kugel oder einen runden Stein dabeizuhaben, ist allerdings Voraussetzung dafür.

Informationen

Ausgangspunkt / Anreise
Postautohaltestelle San Jon (ca. 1460 m) an der Linie Scuol–S-charl. Scuol-Tarasp ist Endstation der RhB-Linie durch das Unterengadin.

Endpunkt / Rückreise
S-charl, 1810 m. Endpunkt der Postautolinie von Scuol durch das Val S-charl. Achtung: Es verkehren pro Tag lediglich rund vier Busse zwischen S-charl und dem Bahnhof Scuol-Tarasp.

Übernachtungen
Chamanna Lischana CAS, 2500 m, Koordinaten 821 160 / 183 460, 42 Plätze. Immer offen, bewartet von Anfang Juli bis Anfang Oktober. Tel. 081 864 95 44 (unbedingt reservieren), www.sac-cas.ch. Obwohl die Hütte auf einem Hügel thront, ist die Umgebung durchaus kindergerecht, solange man eine gewisse wanderkundige Vorsicht walten lässt.
Sesvennahütte, 2258 m, Koordinaten 829 000 / 180 310, 80 Plätze in Zimmern und Matratzenlager, bewartet von Mitte Juni bis Ende Oktober. Tel. 0039 0473 83 02 34, www.sesvenna.it. Der Streichelzoo mit Esel, Kaninchen, Zwergziegen und Schafen, ein attraktiver Spielplatz, ein kleiner Klettergarten und zwei Seelein in Hüttennähe, machen aus der Sesvennahütte ein Spielparadies.
Übernachtungsmöglichkeiten in S-charl: Hotel Mayor, Tel. 081 864 14 12, www.gasthaus-mayor.ch; Crusch Alba & Alvetern, Tel. 081 864 14 05, www.cruschalba.ch; Chasa Sesvenna, Tel. 081 864 06 18, www.sesvenna.ch.

Verpflegung unterwegs
Die Alp Sesvenna bietet Alpprodukte und Getränke an. Zwischen den großen Steinen vor der Alp versteckt sich eine Quelle mit Brunnen.

Karten
Kartenblatt 1199 Scuol und 1219 S-charl.

Varianten
Noch einen Tag anhängen? Einen würdigen Abschluss der Tour bietet auch die Etappe von S-charl durch den Wald von Tamangur zum Ofenpass. Von S-charl der Clemgia entgegen zur Brücke auf 2018 m und links hinauf nach Tamangur Dadora (2127 m). Über das Bächlein in den God Tamangur mit seinen uralten, meterdicken Arvenriesen nach Tamangur Dadaint (2122 m. Dort über die Brücke zur Alp Astras (2135 m, Alpprodukte, Restauration, Pferdekutschenverbindung von/nach S-charl). Anschließend hinauf zur Plan Mattun und zur Fuorcla Funtana da S-charl (2393 m), hinunter zu P. 2237 und rechtshaltend über Plan da l'Aua zum Ofenpass (Postautohaltestelle Süsom Givè) auf 2149 m. ↗ 600 m, ↘ 270 m, 5 h 30. Schwierigkeit T2.

Piz Lischana (3105.2 m): Zu erreichen ab P. 3044 über den langgezogenen Grat. Am Schluss in steilem, etwas rutschigem Zickzack hinauf zum Gipfel. Schwierigkeit T4. Zeitbedarf rund 1 h ab/bis P. 3044.

12
Lischana und Sesvenna

▼ Lischanahütte: hoch über dem (Unterengadiner) Alltag.

▶ Lischanahütte: mit Öko-WC im Vordergrund.

13 Nationalpark und Chamanna Cluozza

Ein altes Blockhaus und viele Hirsche, Gämsen, Steinböcke und Murmeltiere

Nationalpark

1872 wurde in den USA der erste Nationalpark gegründet. Schon bald regten sich in den Kreisen der Schweizerischen Naturforschenden Gesellschaft Bestrebungen, auch in der Schweiz ein Großreservat zu gründen, in dem sich die Natur frei von Einflüssen durch Mensch und Haustier entfalten sollte.

Motivation war also nicht der Mensch mit seinem Bedürfnis nach urtümlicher Landschaft zum Wandern, Verweilen, Betrachten. Sondern es ging um den natürlichen Lebensraum und die Möglichkeit, seine möglichst unbeeinflusste Entwicklung wissenschaftlich studieren und erforschen zu können.

1909 konnte als erster Schritt das Val Cluozza von der Gemeinde Zernez für 25 Jahre gepachtet werden. 1914 wurde dann der Nationalpark offiziell gegründet. Im Laufe der Jahre kamen weitere Gebiete dazu, als Letztes die Seenplatte von Macun, sodass nun 172,4 Quadratkilometer in Höhenlagen zwischen 1400 und 3174 m unter Schutz stehen.

Vor der Gründung des Parks wurden in der Region Land- und Waldwirtschaft betrieben und in kleinerem Maßstab Bodenschätze abgebaut. Tausendköpfige Schafherden, Kälber, Rinder, Kühe und Ochsen weideten auf den Wiesen zwischen Ofenpass und Zernez. Damals gab es in der Region weder Steinböcke noch Hirsche oder Bartgeier. Durch immer präzisere Schusswaffen wurden auch die vermeintlichen Nahrungskonkurrenten Luchs, Bär und Wolf ausgerottet. Nur wenige Gämsen und Adler sowie kleinere Säugetiere überlebten diese Zeit.

Heute sind viele dieser Tierarten nicht mehr direkt durch den Menschen bedroht. Aber, was vielleicht schlimmer ist, die Zersiedelung der Landschaft geht weiter, die unberührt gebliebenen Gebiete werden zusehends von Straßen durchschnitten und von allen Seiten her angeknabbert. Dem gilt es entgegenzusteuern. In den letzten 20 Jahren hat Österreich 6, Deutschland 11, Italien 17 und die Schweiz 0 neue Nationalparks geschaffen.

Daher lancierte Pro Natura im Jahr 2000 die Idee eines neuen Nationalparks in der Schweiz und stellte dem ersten solchen Projekt ein Startkapital von einer Million Franken in Aussicht. Von den ursprünglich vier Projekt-Regionen Zermatt, Adula/Rheinwaldhorn, Uri und Locarnese ist nach eingehenden Abklärungen nur noch Adula/Rheinwaldhorn übrig geblieben. Ob dort tatsächlich ein

13
Chamanna
Cluozza

Warum in den Nationalpark zur Chamanna Cluozza?

Der Nationalpark ist kein Zoo. Nicht hinter jedem Baum wartet ein Hirsch und selbst Gämsen sind zuweilen nicht einfach zu entdecken. Aber gerade das macht die Angelegenheit spannend. Sich Zeit nehmen. Absitzen. Mit dem Fernglas die Waldgrenze am Gegenhang und die Lichtungen nach Tieren absuchen. Den Blick auch auf die kleinen Tiere, auf Ameisen, andere Meisen und den allgegenwärtigen Tannenhäher lenken. Und mittels der Nationalparkbroschüre findet man sogar heraus, wie der Bartgeier mit den zwei gebleichten Federn an der linken Schwinge heißt.

Tourencharakter
2-tägige Bergwanderung auf markierten, recht häufig begangenen Bergwegen. Ideal auch für Wanderanfänger. Durch die Höhenlage auch bei hochsommerlichen Temperaturen geeignet.

Schwierigkeit: T2
Keine besonderen technischen Schwierigkeiten. Am ersten Tag die Kinder um P. 2126 herum im Auge behalten, am zweiten Tag in den engen Kurven um P. 2060. Wege durchgehend sehr gut markiert und instand gehalten.

Höhenunterschiede und Gehzeiten
1. Tag: Zernez–Bellavista–Cluozza ↗ 810 m, ↘ 325 m, 3 h 45.
   Zernez–Bellavista 2 h.
   Bellavista–Cluozza 1 h 45.
2. Tag: Cluozza–Murter–P3 ↗ 690 m, ↘ 900 m, 4 h.
   Cluozza–Murter 2 h.
   Murter–P3 2 h.

neuer Nationalpark entsteht, wird sich 2012 oder 2013 zeigen.

1. Tag: Zum Blockhaus mitten im Nationalpark

Vom Bahnhof **Zernez** (1471 m) quert man das Dorf und kommt am Dorfausgang in Richtung Ofenpass zum Nationalparkhaus, wo man gerade die aktuellen Park-Informationen einholen kann. Wo sind momentan Hirsche zu sehen, wo Steinböcke oder Gämsen, sind alle Wege offen?

Vom Nationalparkhaus rund 200 Meter der Ofenpassstraße entlang, dann die Brücke über den Spölbach (1485 m) überqueren und auf dem Fahrsträßchen über La Gianzana und Selva ansteigen. Aus dem Fahrsträßchen wird ein Karrenweg und bald nach der Lichtung von **Prasüra** (1789 m) ein Wanderweg. Bei der **Bellavista** (2039 m) noch ein letzter Blick zurück auf Zernez, dann verlässt man die Krete und tritt in den Nationalpark ein. Praktisch ohne Höhengewinn führt der Weg oberhalb des Vallun Padratscha an P. 2092 vorbei und steigt dann leicht an zu P. 2126, dem höchsten Punkt der heutigen Etappe. Nun gehts wieder bergab, einige Taleinschnitte werden überquert, bis auf einer Höhe von 1804 m die Ova da Cluozza erreicht ist.

Jetzt ist es nur noch ein Katzensprung zur Chamanna Cluozza. Sie versteckt sich im dichten Wald am gegenüberliegenden Berghang auf einer Höhe von 1882 m. Abends kann man von der Blockhütte aus an der Bergflanke von Chuderas (in nordöstlicher Richtung) oftmals Hirsche beobachten.

2. Tag: Hinauf zu Gämsen, Steinböcken und Murmeltieren

Drei Minuten nach dem Verlassen der Chamanna Cluozza in südlicher Richtung erreicht man die Abzweigung des blau-weiß markierten Wanderweges über die Fuorcla Val Sassa ins Val Trupchun. Wir aber nehmen den rot-weiß markierten Bergweg, der in engem Zickzack die knapp 400 steilen Höhenmeter hinauf gegen Murter elegant überwindet. Bei P. 2235 erreicht man die offene Wiese, wo oft Gämsen und Steinböcke zu sehen sind. Noch die letzten paar Kehren zum großen, mit gelben Pfosten markierten Rastplatz auf der Passeinsattelung Murter auf 2545 m. In unmittelbarer Nachbarschaft des Rastplatzes haben Murmeltiere ihre Bauten gegraben. Mit etwas Geduld lassen sie sich hier aus nächster Nähe hervorragend beobachten. Auf der Ostseite des Murter führt der Wanderweg durch steiniges Gelände hinunter zum Plan dals Poms.

Nach P. 2338 wird das Gelände steiler und der Weg zieht sich in engsten Kurven in Richtung Spölbach. Wer in der Umgebung der Cluozzahütte noch keine Hirsche beobachten konnte, hat hier vielleicht Glück. Hinsetzen, sich einige Minuten Zeit nehmen und mit dem Fernglas die obere Waldgrenze und die kleinen Weideflächen zwischen den Bergföhren absuchen. Im Zickzack gehts weiter hinunter bis Plan Praspöl, wo die Spöl auf einer großen Brücke (1648 m) überquert wird. Am andern Ufer steigt der Weg nochmals kurz an und trifft beim Parkplatz P3 (1768 m, Postautohaltestelle Vallun Chafuol) auf die Ofenpassstraße.

◄ ◄ Wildes Val Cluozza.

◄ Die Rastplätze im Nationalpark sind mit gelben Pflöcken markiert. Hinten die Hochfläche des Murter.

13
Chamanna Cluozza

▼ Die Ova da Cluozza sucht sich nach jedem größeren Unwetter ein neues Bett.

DER BÄR KOMMT!

Kaum hatten einige Wanderer im Sommer 2005 einen Bären im Münstertal beobachtet, verbreitete sich die Nachricht wie ein Lauffeuer. Scharenweise fielen Touristen in die Gegend ein, um den Bären mit eigenen Augen zu sehen. Das waren zwar gute Nachrichten für die Schweizer Tourismusindustrie und die Naturschützer – aber nicht alle waren von der Ankunft des Bären begeistert.

Obwohl sich Bären vorwiegend von Pflanzen, Beeren, Wurzeln, Insekten, Nüssen und natürlich von Honigwaben ernähren, verschmähen sie als Allesfresser auch Fleisch nicht. Wildtiere erbeuten sie selten, sie fressen eher Aas – oder sie versuchen ihr Glück bei Schafherden und in Hühnerställen. Deshalb herrscht bei einigen Schweizer Viehzüchtern Alarmstimmung, wenn die Rede von einwandernden Bären ist. Da Großraubtiere vor langer Zeit vertrieben wurden, lassen Schweizer Landwirte ihr Vieh ohne besondere Schutzmaßnahmen auf den Alpweiden grasen. Aber nach mehreren bekannt gewordenen Wolfattacken (wie der Bär wurde auch der Wolf vor rund 100 Jahren in der Schweiz ausgerottet, aber seit 1995 sind mehrere aus Frankreich und Italien eingewanderte Exemplare gesichtet worden) werden zunehmend Maßnahmen ergriffen, um Herden vor Wildtieren zu schützen.

Woher kam der Bär? Hatte er sich verirrt oder war er nur auf der Durchreise?

Früher war der Braunbär in ganz Europa von Portugal bis Sibirien verbreitet, war also auch in der Schweiz heimisch. Im Tessin beispielsweise wurden zwischen 1808 und 1885 mindestens 167 Bären getötet, wobei jeder Jäger 30 Franken für ein erlegtes Männchen und 50 Franken für ein Weibchen erhielt – damals ein guter Monatslohn. Auf dem Höhepunkt der Bärenjagd führten Bevölkerungswachstum, Industrialisierung und Abholzung zwecks Landwirtschaft und Holzgewinnung zu einer stetigen Schrumpfung des Lebensraums des Bären. Der letzte Schweizer Bär wurde 1904 im Val S-charl, am Rand des heutigen Nationalparks, erlegt. Heute verfügt Slowenien mit rund 300 Tieren über die größte Bärenpopulation der Alpen. Von dort aus wandern regelmäßig Braunbären nach Österreich und Nordostitalien ein. Für die Schweiz von großer Bedeutung ist die kleine, isolierte Bärenpopulation im italienischen Trentino, kaum 50 Kilometer von der Grenze entfernt, wo rund 20 Bären leben.

Erwachsene Braunbären leben als Einzelgänger oder sind als Mütter mit ihren Jungen unterwegs. Alle zwei bis drei Jahre gebären Bärenmütter in einer Winterhöhle zwei bis drei winzige Junge, die nur knapp 400 Gramm wiegen. Durch die nahrhafte Muttermilch wachsen sie sehr schnell und verlassen im Frühjahr bereits die Höhle. Sie bleiben zwei bis drei Jahre bei der Mutter und suchen sich dann eigene Lebensräume. Das führt sie in weiten Streifzügen in neue, noch nicht von Bären besiedelte Gebiete. Auch unser Schweizer Bär war ein Jungtier auf der Suche nach geeignetem Lebensraum und stammte aus dem Trentino. Wenn sich die Trentino-Kolonie weiterhin gut entwickelt, kann mit weiteren Einwanderungen gerechnet werden. Als mögliche Einwanderungsgebiete stehen das Münstertal und

der Nationalpark im Vordergrund, aber auch im Puschlav ist mit dem Auftauchen von Bären zu rechnen.

Nach einem Aufenthalt im Münstertal und am Ofenpass wurde der Bär 2005 auch im Nationalpark gesehen. Schließlich wanderte er gegen Ramosch im Unterengadin ab und verschwand dann auf Nimmerwiedersehen im österreichisch-italienisch-schweizerischen Ländereck. Ob er illegal abgeschossen wurde?

Ein Verwandter des Nationalpark-Bären war im Frühjahr 2006 im deutsch-österreichischen Grenzland unterwegs und richtete einigen Schaden bei Haustieren und Bienenvölkern an. Er wurde geschossen, weil er keine große Scheu vor Menschen zeigte und somit als gefährlich galt.

Weil aber Jungbären immer wieder neue Territorien für sich erschließen müssen, ist in Zukunft wieder mit Bärenbesuch zu rechnen – auch in der Schweiz. Der Bär kommt!

▲ Fast vier Wochen hielt sich im Sommer 2005 ein Bär im Münstertal auf. Auch hier zwischen Tschierv und dem Ofenpass.

13
Chamanna Cluozza

TIERPANTOMIME

Spielerisch kann man das einfach nachstellen:
Attraktiv ist es, wenn man Kleingruppen von 2 bis 4 Personen bilden kann. Jede Gruppe wählt im Geheimen ein Tier mit charakteristischen Merkmalen aus. Der anderen Gruppe wird nichts verraten. Nun gilt es, das ausgewählte Tier mit einem Schauspiel darzustellen. Wer sich gut einfühlt, kann auch typische Handlungen darstellen.
Bleiben wir beim Beispiel Eichhörnchen, das von 3 Kindern nachgestellt wird. Ein Kind spielt den Kopf, das für die typischen Pinselöhrchen kleine Tannenzweiglein nimmt oder mit gefächerten Fingern die Pinselohren darstellt. Das zweite Kind hängt sich als Rumpfteil an den Kopf und stellt mit seinen Händen dar, wie das Eichhörnchen ein Nüsschen hält und daran knabbert. Wobei der Mund natürlich zum Kopf also zu Kind 1 gehört. Das dritte Kind probiert mit dem Körper den Schwanz zu spielen, also eine schöne S-Form zu machen und dabei möglichst buschig und kuschelig auszusehen.
Gut darzustellen sind neben den Eichhörnchen natürlich auch Hirsch, Fuchs, Specht, Schlange, Schnecke, Frosch, Adler, Hase, Maus, Murmeltier und so weiter.
Ein schönes Erlebnis ist es auch, in der Dunkelheit nach dem Nachtessen nach draußen zu gehen. Sich an einen Platz abseits der Hüttengeräusche hinzusetzen und in stockfinsterer Nacht den Geräuschen des Waldes zu lauschen. Unglaublich, was da alles knackt und quietscht.

»Ich habe ein Eichhörnchen gesehen, da oben auf dem Baum!« »Stimmt gar nicht, das war nur ein Vogel.« »Und seit wann haben Vögel einen buschigen Schwanz, Pinselöhrchen und springen von Baum zu Baum?«
Tja, wer geübt ist, genau auf die wichtigsten Merkmale eines Tieres zu achten, dem kann man nicht so leicht eine schöne Entdeckung ausreden.

Informationen

Ausgangspunkt / Anreise
Bahnhof Zernez (1471 m) an der Linie der Rhätischen Bahn von Landquart/Scuol nach St. Moritz
Das Postauto Zernez–Val Müstair hält direkt vor dem Nationalparkhaus.

Endpunkt / Rückreise
Postautohaltestelle »Parkplatz P3, Vallun Chafuol« (1768 m) an der Ofenpassstraße, zwischen Ova Spin und Punt La Drossa. Fast stündliche Postautoverbindungen nach Zernez und nach Sta. Maria und Müstair.

Übernachtung
Chamanna Cluozza, 1882 m, Koordinaten 805 000 / 171 470, 68 Schlafplätze in Zimmern und im Matratzenlager. Von Ende Juni bis Mitte Oktober durchgehend bewartet. Tel. 081 856 12 35, www.nationalpark.ch. Viel Informationsmaterial über Tiere und Pflanzen in der Hütte. Auch Hörner, Geweihe und Fellstücke zum Anfassen. Durch die Lage im Nationalpark und das geltende Weggebot kann man aber nicht wild in der Hüttenumgebung herumstreunen – man hält sich an die bestehenden Wanderwege.

Karte
Kartenblatt 1218 Zernez

Im neuen Nationalparkzentrum in Zernez (Tel. 081 851 41 41, www.nationalpark.ch) findet sich eine tolle Ausstellung über den Nationalpark und die Umgebung.

Es lohnt sich sehr, auf diese Wanderung ein Fernglas oder Fernrohr mitzunehmen. Achtung: Der Nationalpark ist kein Zoo. Tiere sind zum Anschauen da, nicht zum Berühren. Die Wege nicht verlassen!

▶ Das Blockhaus Cluozza wurde bereits im Jahre 1910 errichtet. Nach einer umfassenden Renovation im Jahre 1993 stehen nun insgesamt 44 Betten in Matratzenlagern und 24 in Zimmern zur Verfügung.

OBERENGADIN, PUSCHLAV UND BERGELL

Hohe Berge, tiefe Täler! Im Oberengadin dreht sich alles um Steinböcke, Gletscher und Wanderdreitausender. Und um einen See mit richtigen Eisbergen. Im Puschlav wiederum liegen die blausten Augen der Berge – und das Eis wird in vier verschiedenen Aromen serviert!

14–17

14 Saoseo im Puschlav

Die blausten Augen der Berge

Der Schienenstrang über den Berninapass

Graubünden mit seinen vielen Pässen war schon seit jeher ein Transitland. Das Aufkommen der alpenquerenden Eisenbahnstrecken setzte der Zeit der Säumerei und Kutscher ein jähes Ende. So verringerte sich mit der Eröffnung des Gotthardtunnels 1882 die Menge der Graubünden passierenden Transitwaren schlagartig und konnte nicht wie andernorts durch den motorisierten Warenverkehr aufgefangen werden. In Graubünden herrschte von 1900 bis 1925 ein allgemeines Fahrverbot für Automobile, was für die Speditionsbranche einen erheblichen Marktnachteil bedeutete. Die Folge war eine schwere wirtschaftliche Krise in den Passtälern, die einen beträchtlichen Teil der Bevölkerung zur Auswanderung zwang. Der Anschluss an eine eigene Bahn-Alpentransversale wurde als vordringlichstes Ziel auf dem Weg aus der wirtschaftlichen Isolation gesehen. Kein Wunder, träumte auch Graubünden von einer alpenquerenden Transitbahn. 1889 wurde die Eisenbahnlinie von Landquart nach Klosters eröffnet, und 1903 erreichte der Schienenstrang Scuol, St. Moritz und Pontresina. Das Herzstück des RhB-Netzes, die Albulabahn, war fertiggestellt. Nun fehlten noch die Verbindungsgleise über die Landesgrenze. Scuol wie St. Moritz blieben aber Sackbahnhöfe. Die geplante Verbindung von München nach Scuol, durchs Engadin nach St. Moritz und über den Malojapass und das Bergell hinunter nach Chiavenna war im Bau, konnte aber wegen des Ausbruchs des Ersten Weltkriegs nicht fertig-gestellt werden. Die geplante Ofenbergbahn von Zernez durch das Münstertal nach Mals im Vinschgau wurde wegen Finanzierungsproblemen ebenso ad acta gelegt. Was blieb, war die Linie von Pontresina über den Berninapass nach Tirano. Am 5. Juli 1910 konnte diese Strecke eröffnet werden. Ursprünglich als Touristenbahn nur für den Sommerbetrieb vorgesehen, lief die Berninabahn in den ersten Betriebsjahren stets am Rande des Bankrotts und wurde daher 1942 von der Rhätischen Bahn übernommen. Diese modernisierte die Strecke und baute sie in der Nähe der Passhöhe komplett neu, um die Bahnverbindung auch im Winter betreiben zu können.

Heute werden Tausende von Touristen, teils sogar im offenen Cabriolet-Wagen, auf der Bernina-Linie befördert. Die Aussicht von der Montebello-Kurve auf Morteratsch-Gletscher und Bernina wie auch

14 Saoseo im Puschlav

Warum ins Puschlav und zum Lagh da Saoseo?

Sehr speziell sind sicher die verschiedenfarbenen Seen im Val da Camp. Tiefblau und geheimnisvoll dunkel der Lagh da Val Viola, sagenhaft hellblau der Lagh da Saoseo. Spektakuläre Wasserwelten, eine graugrüne Landesgrenze und eine tolle Hütte machen die Umgebung Saoseo zum idealen Familienwandergebiet.

Tourencharakter
2-tägige Bergwanderung. Sehr abwechslungsreiches Gebiet, von unzähligen markierten Routen durchzogen. Die Postautostrecke (Kleinbus) durchs Tal eröffnet vielfältige Abkürzungsmöglichkeiten. Sehr geeignet für Familien mit wenig oder gar keiner Wandererfahrung. Höhepunkte wie der Saoseo-See oder die Poz da Rügiul sind ab der Hütte in einer knappen halben Stunde erreicht.

Schwierigkeit: T2
Keine technischen Schwierigkeiten. Entlang der Landesgrenze sind die Wegspuren sehr undeutlich: Das Gelände ist aber gutmütig und lässt viele Varianten zur Plaun da la Genzana zu. Bei schlechter Sicht besser entlang der Aufstiegsroute zurückgehen.

Höhenunterschiede und Gehzeiten
1. Tag: Sfazù–Terzana–Saoseo ↗ 400 m, 3 h.
  Sfazù–Terzana 1 h 30.
  Terzana–Rifugio Saoseo 1 h 30.
2. Tag: Rifugio Saoseo–Pass da Val Viola–Rifugio Saoseo ↗ 500 m, ↘ 500 m, 4 h 30.
  Rifugio Saoseo–Pass da Val Viola 2 h 30.
  Pass da Val Viola–Rifugio Saoseo 2 h.

die Linienführung zwischen Alp Grüm und Cavaglia sind legendär und allein schon einen Besuch im Puschlav wert.

1. Tag: Wasserwelten

Von der Postautohaltestelle Sfazù auf 1622 m auf dem Kiesfahrsträßchen zwei Kehren aufsteigen und bei Colonia di Buril auf den Wanderweg wechseln. Dieser überquert kurz darauf den Bach und steigt auf zur Häusergruppe von **Suracqua** (1757 m). Auf gutem, anfänglich von Steinmauern gesäumtem Weg wird bald Terzana erreicht, wo man in einigen Zickzackkurven 100 Höhenmeter ansteigt und dann wieder flach und ungemein schön über Brücklein, viele Wasserläufe und an sprudelnden Quellen vorbei zu einem Seelein mit vielen Baumstämmen im Wasser kommt. Die Pause sollte man aber noch knapp 10 Minuten aufschieben, bis man das Seelein bei Poz da Rügiul erreicht. Ein kleiner Zufluss und ein großer Abfluss lassen auf große unterirdische Quellen schließen, halten den See kristallklar, aber auch im Hochsommer werden kaum badetaugliche Temperaturen erreicht. Ein besonders schönes Gebiet liegt in der Bergsturzlandschaft hinter dem Seelein, wo kleine Pfade dem Fluss entlang führen.

Nach Poz da Rügiul folgt der Wanderweg dem Flusslauf, der bei **Saoseo** (1973 m) auf der Brücke überschritten wird. Gleich danach weisen die rot-weißen Markierungen nordwestwärts in den Wald, und einige Minuten später steht man vor dem behäbigen Steinbau des Rifugio Saoseo (1986 m), der Unterkunft für diese Nacht. Einchecken, das große Gepäck deponieren, den sagenhaft leckeren Kuchen probieren und im Abendlicht den Lagh da Saoseo (Saoseo-See) bewundern. Dazu folgt man vom Rifugio den vielen Wegweisern, die einen in rund 30 Minuten direkt zum See (2028 m) mit der sagenumwobenen hellblauen Farbe führen. Deutlich sieht man auch die Felseninsel, wo Milena und der Berggeist die Blütenblätter ins Wasser streuten (siehe die Sage »Die blauen Blumen«, Seite 150).

◄ ◄ **Wie ein blaues Auge liegt der Lagh da Saoseo im Val da Camp eingebettet.**

◄ ▼ **Wasserwunderwelt Poz da Rügiül, eine Viertelstunde von der Hütte entfernt.**

14
Saoseo im Puschlav

2. Tag: Bergwelten

Vom Rifugio Saoseo in nordöstlicher Richtung an P. 2080 und dem kleinen Lagh da Scispadus vorbei zum **Lagh da Val Viola** (2159 m) hinauf. Wie ein dunkler Smaragd liegt er in seiner Mulde zwischen der Wiese, wo vielleicht Milena mit ihrer Familie wohnte, und dem unwegsamen Bergsturzgeröll. Beim Kreuz wartet ein schöner Rastplatz auf uns. Nun steigt der Weg etwas steiler an und führt zwischen Moton und Motin hindurch direkt zur Landesgrenze auf der Passhöhe. Vom Grenzstein Nr. 10 lohnt es sich, den kleinen Hügel mit dem Grenzstein Nr. 11 zu besteigen. Hier lieferten sich im letzten Jahrhundert die Grenzwächter und Schmuggler öfters ein Katz-und-Maus-Spiel.

Von hier oben hat man eine tolle Aussicht hinüber zum halbmondförmigen See mit seinen kreisrunden, schwimmenden Grasinselchen und hinunter zum italienischen Rifugio Val Viola. Die Wegspuren verlieren sich hier in der weiten Graslandschaft. Die Route führt oberhalb des halbmondförmigen Sees hindurch zur flachen Einsattelung bei P. 2455 und von dort wieder zurück in die Schweiz zur Plan da la Genzana. Hier wählt man mit Vorteil die weniger steile Abstiegsroute über Campasciol zurück zum Lagh da Val Viola und die letzte halbe Stunde der Aufstiegsroute entlang zurück nach Lungacqua, zum Rifugio Saoseo.

DIE BLAUEN BLUMEN – EINE PUSCHLAVER SAGE

»Ganz hinten im Val di Campo, kurz bevor der Übergang ins Val Viola beginnt, liegen eine Anzahl kleiner Seelein, glasklar und spiegelnd. Nur eines davon unterscheidet sich von all den übrigen wie ein Türkis von Kieselsteinen – es ist der Saoseo-See. Aber wieso erstrahlt er allein in leuchtender Farbe? Dies sollst du nun gleich wissen.

Früher waren alle Seelein gleich farblos wie Kristall, und auf ihrer glatten Oberfläche spiegelte sich die Bergwelt, sodass man sie wie auf einer Postkarte bewundern konnte.

Vor langer, langer Zeit wohnte zuhinterst im Tal eine Bauernfamilie mit fünf Kindern. Das Jüngste war ein Mädchen; es hieß Milena. Ihre besondere Liebe galt den Blumen und den Tieren und so ergab es sich von selbst, dass sie die Hühner besorgte und mit Ziegen und Schafen auf die Weide zog. Sie trieb sie gegen das Val Viola, ließ sie zwischen Buschwerk äsen und führte sie zur Tränke an die Seelein und konnte dabei manch wildes Tier beobachten und manch wunderbare Blume bestaunen.

Eines Tages machte Milena eine Entdeckung. Eines ihrer Schafe stand bei einer Föhre inmitten der wunderbarsten Blumen – Blumen, wie sie Milena noch nie gesehen hatte; ihre Blätter waren dunkelgrün und lang wie Hasenohren, in ihrer Mitte erhob sich die Blüte lilienartig und von leuchtend türkisblauer Farbe. Die Kleine staunte, und als sie die Schafe nach Hause getrieben hatte, stand das Staunen noch immer in ihren Augen und alle wunderten sich, sie jedoch erzählte nichts.

Nächsten Tages suchte sie die Föhre am Saoseo-See wieder auf, voller Ängstlichkeit, die Wunderblumen seien nur ein Traum gewesen – doch siehe, sie waren noch alle da, nickten leise im Wind und ließen ihr Blau leuchten. Abends konnte sie ihr Geheimnis nicht länger für sich behalten und erzählte ihren Geschwistern von den wunderbaren Blumen. ›Wo sind sie? Zeig sie uns! Warum hast Du keine mitgebracht?‹ Doch die Kleine sagte: ›Die darf man doch nicht pflücken. Es sind nicht viele und solche gibt es bestimmt nirgends. Zeige ich sie euch, so pflückt ihr sie bestimmt alle.‹ ›Oh nein, wir werden sie nicht anrühren, bestimmt nicht‹, sagten die Geschwister. Aber Milena kannte ihre Geschwister und behielt den Ort der Blumen für sich. Mit der Zeit wurden die andern allzu neugierig und schlichen ihr nach, als sie ihre Blumen besuchte. Am Abend hieß es triumphierend: ›Wir haben deine Blumen gesehen; du brauchst nicht zu glauben, dass sie nur für dich da sind, aber sie sind wirklich das Prächtigste, das man sich denken kann. Hab keine Angst, wir werden das Plätzchen nicht verraten, so dumm sind wir nicht, nur dachten wir uns, dass die Leute im Tal solch herrliche Blumen auch noch nie gesehen haben, und deshalb, so dachten wir uns, soll-

◀▼ **Lagh da Saoseo.**

14
Saoseo im Puschlav

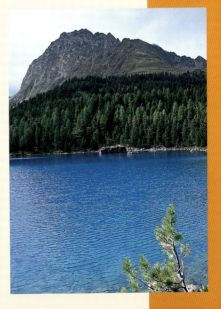

ten wir sie pflücken und verkaufen; nächstes Jahr blühen sie ja sicher wieder. So könnten wir viel Geld verdienen.‹ Milenas Augen weiteten sich vor Entsetzen und ihr ›Nein!‹ war ein einziger Schrei.

Sofort eilte sie zu ihren Blumen, setzte sich neben sie ins Gras. Dicke Tränen sammelten sich in ihren Augen; ratlos und schlaff vor Trauer blickte sie auf die zarten Kelche, und sie sah in Gedanken schon das Heer von Sonntags-Blumenjägern, bewaffnet mit Schaufeln, Messern und Taschen durch die Wälder stürmen. – Plötzlich erschreckte sie ein leises Klirren und sie sah, wie eine der blauen Blüten wie durch Geisterhand geknickt wurde. Jetzt sah sie eine Hand aus Glas, eine Geisterhand – oh – ihr wurde schwarz. Ohnmächtig lag sie im Gras, jedoch ein starker Duft, als wie von Zimt, erweckte sie wieder und sie hörte eine Stimme: ›Fürchte dich nicht, kleines Mädchen, ich bin der Berggeist. Verzeih mir, wenn ich dich erschreckt habe, aber ich meine es nur gut mit dir, denn ich kenne deinen Kummer. Ich werde die blauen Blumen vor den Menschen schützen, sieh ...‹ Und sie sah das gläserne Männlein vor sich stehen, welches einen großen Strauß der wunderbaren blauen Blumen in Händen hielt, und sie schielte hinüber zum Plätzchen – keine Blumen waren dort zu sehen, nicht einmal deren Stiele, keine Blätter, rein gar nichts mehr.

Alle Blüten waren in den gläsernen Geisterhänden und schienen frei in der Luft zu schweben. Nun aber legte der Berggeist sie in Milenas Schoß und befahl ihr, ihm zu folgen. Er führte sie zum Saoseo-See und betrat den See, so wie unsereins Parkett betritt, ging auf ihm, so wie unsereins auf einer Straße geht. Milena, die blauen Blüten in ihrer Schürze, zögerte. Aber der Geist winkte ihr lebhaft, und so wandelte auch sie auf dem See, ohne zu versinken. Sie gingen bis zur kleinen Felseninsel und kletterten hinauf. Oben griff der Berggeist eine Blume und warf sie in die Fluten, Milena musste unwillkürlich lächeln und warf nun eine ihrer Blumen nach der anderen in den See, wo sie wie auf einen Spiegel aufgemalte türkise Tupfen wirkten, doch sieh, ganz sachte und allmählich lösten sich die zarten Kelche auf, wie Zucker im Tee, bis nichts mehr von ihnen übrig blieb als nur die Farbe, die leuchtend türkise Farbe!

Dann sprach der Berggeist: ›Ich kenne dich schon lange und sah mit Freuden deine Fürsorge um Tiere und Pflanzen, so wollt' ich dich belohnen und schenkte dir diese blauen Blumen. Aber ich vergaß dabei die anderen Menschen und ihre Habgier; so habe ich dir anstatt Freude Leid gebracht. Nun soll dich dieser See an mein wohlgemeintes Geschenk erinnern und du sollst nie vergessen, dass seine leuchtende Farbe deinetwegen entstanden ist.‹

Und stehst du einmal am Saoseo-See, dann denk an diese Geschichte und bleibe ehrfürchtig in Gottes Natur und zertrete nicht achtlos die Blumen, noch reiße sie aus – weder hier noch sonstwo! Man weiß nie, was man sich damit verscherzt!«

Aus: Sina Semadeni, *Puschlaver Märchen*, Werner Classen Verlag, Zürich 1993

◂ **»Nur eines der Seelein unterscheidet sich von all den übrigen wie ein Türkis von Kieselsteinen ...«**

**14
Saoseo im Puschlav**

DER GERAUBTE WINTERVORRAT

Speziell im Herbst kann man beobachten, wie emsig viele Tiere ihre Nester auspolstern und die Vorratskammern füllen, für die lange Winterzeit. Dies tun vor allem Tiere, die eine Winterruhe halten, die also viele Monate mit einem begrenzten Nahrungsangebot auskommen müssen und daher ihre Aktivitäten über die kalte Jahreszeit zurückschrauben. Eichhörnchen, Fuchs, Dachs und viele andere halten eine Winterruhe. Sie wachen alle drei bis fünf Wochen auf, fressen aus dem Vorrat, entleeren den Darm, blinzeln in die Winterlandschaft, um sich dann wieder gemütlich einzurollen. Ist der Vorrat aufgebraucht, gestohlen oder nicht mehr aufzufinden, dann ist es aus mit dem gemütlichen Weiterschlafen. Darum wird der Vorrat verteidigt und falls nötig zurückerobert – darum geht es bei diesem Spiel.
Und außerdem friert nachher bestimmt keiner mehr.
Als Vorrat braucht man einen Korb gefüllt mit Tannenzapfen und Schnüren oder Ästen, um ein Spielfeld und Durchgänge zu markieren.
Das Spielfeld wird in der Mitte geteilt, wobei es auf dieser Linie nur drei Durchgänge gibt. Auf der einen Seite befindet sich das Nest der Eichhörnchenfamilie, auf der anderen Seite die Höhle der Räubermäuse. Die Eichhörnchen sammelten einen großen Wintervorrat (ein Korb voller Tannenzapfen), den ihnen die Räubermäuse leider geklaut haben. Nun müssen sie die leckeren Tannenzapfen zurückholen.
Der Korb steht zu Beginn des Spiels an der Stirnseite des Spielfeldes bei den Mäusen. Die Eichhörnchen, das sind alle Mitspieler außer zwei Mäusewächtern, wollen den Vorrat wiedergewinnen, indem sie Zapfen für Zapfen aus der Mäusehöhle abtransportieren. Aber die Mäuse bewachen natürlich die drei Eingänge zu ihrem Bau – allerdings nur mit zwei Wächtern. Wer von einem Wächter erwischt (berührt) wird, muss zuerst zurück zum Eichhörnchennest, um dann einen neuen Anlauf zu starten. Alle rennen so lange, bis alle Zapfen wieder im Eichhörnchennest sind.

Informationen

Anreise / Ausgangspunkt
Postautohaltestelle Sfazù Fermata, 1622 m. Von Pontresina oder Poschiavo mit der Berninabahn bis Ospizio Bernina (Passhöhe), dort auf das Postauto umsteigen in Richtung Poschiavo bis Sfazù.

Endpunkt / Rückreise
Pro Tag rund vier Postautoverbindungen von Lungacqua (1 Minute von der Saoseo-Hütte) über Sfazù (umsteigen) nach Ospizio Bernina mit Bahnanschluss nach Pontresina und Poschiavo. Wer zu Fuß vom Rifugio Saoseo nach Sfazù geht (1 h 15), hat mehr Verbindungen in Richtung Oberengadin.

Übernachtung
Rifugio Saoseo CAS, 1986 m, Koordinaten 806 080 / 141 920, 80 Plätze im Lager und in Familienzimmern, während der Hauptsaison durchgehend bewartet, immer offen, Tel. 081 844 07 66, www.saoseo.ch. Ein Bach vor der Hütte, ein Wald gerade dahinter, der See nicht weit entfernt und für Schlechtwettertage viele Spiele und Lesestoff in der Hütte. Im Rifugio Saoseo wirds so schnell niemandem langweilig.
Ristorante Alpe Campo (2064 m) im Weiler Camp, Koordinaten 806 050 / 142 430, 25 Plätze im Lager, während der Hauptsaison durchgehend bewartet.
Tel. 081 844 04 82 oder 079 610 54 28, www.valdicampo.ch.

Verpflegung unterwegs
In Sfazù: Restaurant bei der Postautohaltestelle sowie Hotel Albergo Zarera etwas unterhalb der Passstraße.
Pass da Val Viola: Rifugio Viola, 2314 m, 10 Minuten auf der italienischen Seite der Grenze gelegen. Berühmt-berüchtigt für die riesige Polentapfanne, die dort übers Feuer gehängt wird.

Karten
Kartenblatt 1278 La Rösa

14 Saoseo im Puschlav

▼ In der Hüttenumgebung sieht man im Herbst viele Tiere ihren Wintervorrat anlegen.

▶ Ein typisches Puschlaverhaus: das Rifugio Saoseo.

15 Piz Albris und Munt Pers

Gipfel, Gletscher, Gämsen – und viele, viele Steinböcke

Klimawandel am Schafberg

Mit dem Schafberg hatte Pontresina schon seit jeher Sorgen. Früher waren es vor allem die Lawinen, die das Dorf bedrohten. Daher ließ der einheimische Hotelier Zambail um 1880 oberhalb des Dorfes die ersten Steinmauern errichten »gegen alles Übel, das von oben das Dorf bedrohte«. 110 Jahre, 14 Kilometer Schutzbauten und über eine Million neu gepflanzter Bäume später ließ eine bis anhin nicht gekannte, neue Bedrohung die Dorfbewohner aufhorchen. Am 8. August 1988 schob sich eine Rüfe, in der Fachsprache Murgang genannt, mit riesigen Geschiebemassen von den steilen Hängen des Schafbergs unaufhaltsam in Richtung Pontresina. Wo eine Mure mit bis zu 50 Kilometer/Stunde und 2,5 Tonnen Gewicht pro Kubikmeter durchpflügt, bleibt normalerweise kaum ein Stein auf dem anderen. Zum Glück wurden die Schuttmassen von zwei Brücken des Sesselliftes vom Dorfkern weggelenkt und kamen beim Friedhof, knapp oberhalb des Dorfes zum Stillstand. Man begann, sich mit dem Phänomen des Permafrostes intensiver auseinanderzusetzen. Der Permafrost hält sozusagen den Berg im Inneren zusammen, aber nur solange er nicht auftaut. Wird, wie das zurzeit aufgrund der Klimaerwärmung der Fall ist, aus dem ewigen Eis im Berg Wasser, sind Murgänge oder Steinschlag vorprogrammiert.

Bereits in den 1950er-Jahren wies der damalige Kreisförster auf die Hangbewegungen hin, die »sich stetig auswirken und jedes allzu starre Bauwerk mit der Zeit beschädigen«. Er erkannte auch, dass »der Permafrost den Erbauer vor ganz neue Fundationsprobleme stellt, deren Tragweite heute noch kaum überblickt wird«. Permafrosthänge kriechen langsam talwärts und mit ihnen alle Bauwerke, die auf den gefrorenen Schutt gebaut sind: Hütten, Restaurants, Skiliftstationen, Hochspannungsmasten, oder Schutzbauten gegen Hochwasser, Steinschlag und Lawinen. Da bleibt noch viel zu tun. Eine Herausforderung für viele Orte im Alpenraum – nicht nur für Pontresina.

1. Tag: Steinbocklandia

Vom Bahnhof **Pontresina** (1774 m) über die Ova da Roseg zur Brücke über die Flaz. Dort dem Wegweiser zum Sessellift folgen und wenige Minuten später steht man vor der Talstation. In luftiger Höhe schwebt man bald am Friedhof und dem Val Giandains entlang, wo der große

Piz Albris und Munt Pers

Warum zum Piz Albris und Munt Pers?

Der Titel sagt bereits vieles über die Höhepunkte der Route aus. Mit etwas über 3200 Metern ist der Munt Pers der steinige Höhepunkt dieses Buches. Aber nicht die Höhe allein zählt – der Ausblick auf Bernina, Bellavista, Piz Palü und die darunter leuchtenden Gletscher lässt Kinder- und Erwachsenenaugen sich weiten. Dasselbe gilt natürlich für das Zusammentreffen mit den Steinböcken beim Piz Albris. An wenigen anderen Punkten in der Region ist die Chance so groß, Steinböcke von so nahe erleben zu können.

Tourencharakter
Zwei 1-tägige Bergwanderungen im Oberengadin. Technisch einfach, aber durch die Höhenlage um 3000 Meter herum halt doch eine Herausforderung. Einerseits arbeitet die Pumpe nicht mehr so reibungslos in der Höhe und andererseits sind Wetterumschwünge ernster zu nehmen als in tieferen Lagen. Wetterbericht gut studieren.

Schwierigkeit: T2 und T3–
Bei der Wanderung zur Fuorcla Pischa (T2) ist die Orientierung in Passnähe bei ungünstiger Witterung schwierig, technisch ist die Route unproblematisch. Beim Abstieg nach der Fuorcla Pischa Kinder im Auge behalten.
Munt Pers (T3–): Bekannter und belebter, gut markierter Wanderweg. Der anspruchsvollste Wegabschnitt ist die Querung der recht steilen Flanke unter dem Vorgipfel P. 3141. Auf rund 50 m Länge ist es hier ratsam, die Augen auf die Kinder und den knapp ein Meter breiten Weg zu richten. Bei Gewittern befindet man sich während der gesamten Wanderung in ausgesetzter Lage ohne Schutzmöglichkeit. Der Höhe wegen muss etwas mehr Zeit als normal eingeplant werden.

Höhenunterschiede und Gehzeiten
1. Tag: Alp Languard–Fuorcla Pischa–Talstation Diavolezza ↗ 550 m, ↘ 800 m, 5 h.
    Alp Languard–Fuorcla Pischa 3 h.
    Fuorcla Pischa–Talstation Diavolezza 2 h.
2. Tag: Diavolezza–Munt Pers–Diavolezza ↗ 250 m, ↘ 250 m, 2 h 30.
    Diavolezza–Munt Pers 1 h 30.
    Munt Pers–Diavolezza 1 h.

Murgang seinerzeit zum Stehen gekommen war. Gut sichtbar sind auch die Lawinenverbauungen auf der anderen Talseite.

Von der **Alp Languard** (2325 m) aus hält man sich an den Wanderweg, der oberhalb des Baches ins Val Languard hinein zieht. Bald ist der **Lej Languard** (2594 m) und damit ein schöner Rastplatz erreicht. Vom Seeende führt der Wanderweg in einigen steilen Kehren die Flanke hinauf zur Hochebene beim Muot dals Leijs. Noch etwas weiter ansteigen. Bei P. 2819 gelangt man auf den breiten Weg, der vom Piz Languard her kommt. Südwärts haltend ist wenige Minuten später über Blockgelände die **Fuorcla Pischa** (2848 m) erreicht. In dieser Umgebung sieht man sehr oft Steinwild. Es lohnt sich, hier oder beim Lej da La Pischa eine längere Pause einzuschalten und die Hänge mit dem Feldstecher abzusuchen.

Von der Fuorcla Pischa zieht sich der Weg durch hügeliges, karges Gelände in einigem Auf und Ab südwärts zu P. 2769, wo der Abstieg durch die steile Flanke ins Val da Fain beginnt.

Zuerst ein Felsband via P. 2625 umgehen, dann in die Wiesen des Val Pischa zurück und hinunter zum Talgrund auf 2172 m. Auf dem Fahrsträßchen zur Brücke über die Ova da Bernina, wo man linkshaltend in wenigen Minuten die RhB- und Seilbahnstation **Diavolezza** (2093 m) erreicht.

Will man oben auf der Diavolezza übernachten, muss man aufpassen, dass man die letzte Seilbahn nicht verpasst. Abfahrt je nach Jahreszeit zwischen 16.30 und 17.30 Uhr.

2. Tag: 3207.1 Meter über Normalnull

So hoch hinaus kommt man selten ohne Pickel und Steigeisen. Und mit einem Übernachtungsort auf sage und schreibe 2973 m werden auch die anstehenden Höhenmeter nicht zur Qual.

Von der Diavolezza Bergstation (2973 m) quer über die Sonnenterrasse in Richtung Nordwesten, direkt auf den Munt Pers zu halten. Zahlreiche Wegweiser helfen bei der Orientierung. Zuerst in etwas unentschlossenem Auf und Ab dem breiten Grat folgend, beginnt der weiß-rot-weiß markierte und hier noch recht breite Weg nach einigen Minuten stärker anzusteigen und traversiert nach P. 3070 ein Schotterfeld unterhalb des Vorgipfels P. 3141. Anschließend führt der Weg im Zickzack über die mit großen Felsbrocken übersäte, sanft geneigte Südflanke bis knapp unter den Gipfel. Die letzten 50 Höhenmeter werden dann auf dem aussichtsreichen, breiten Grat bis zum Gipfelsteinmann (3207.1 m) bzw. zu den vielen Gipfelsteinfamilien zurückgelegt. Der Abstieg zurück zur Diavolezza folgt der Aufstiegsroute. Unterwegs entdeckt man oft das leuchtend blaue Polster des Himmelherolds. Eine wunderbare Bergblume in leuchtendem Blau!

◀◀ Das Panorama von der Diavolezza mit Palü (links) und Bernina ist kaum zu übertreffen.

◀ In der Umgebung der Lejs d'Albris bekommt man fast mit Garantie Steinböcke zu Gesicht.

15
Piz Albris und Munt Pers

▼ Jedem sein eigener Steinmann. Der Piz Bernina schaut neidisch herüber.

WIE STEINBÖCKE ZUM PIZ ALBRIS KAMEN

Um das Jahr 1800 herum waren die Schweizer Alpen eine Einöde – wenigstens was das Vorkommen von größeren Säugetieren betraf. Nicht nur Raubtiere wie Wolf und Bär waren praktisch ausgerottet, die Sichtung eines Hirsches oder Rehs war zuweilen gar eine Zeitungsmeldung wert. Das Aufkommen von modernen Schusswaffen und immer wiederkehrende Nahrungsmittelknappheiten hatten ihren Tribut gefordert. Besonders übel erging es dem Steinbock. Vom Bündner Wappentier lebten im gesamten Alpenbogen nur noch einige Dutzend Tiere – und zwar in einem Jagdreservat des italienischen Königs am Gran Paradiso, im Aostatal.

Nach und nach besannen sich aber die Schweizer wieder auf ihre Traditionen: »Die Eidgenossenschaft wird die Besiedlung der Freiberge mit Steinböcken anstreben«, steht im 1875 veröffentlichen Bundesgesetz über Jagd und Vogelschutz. Die ersten Aussetzungen misslangen jedoch, da man auf Kreuzungen zwischen Hausziegen und Steinböcken aus Wildparkbeständen zurückgriff. So versuchte sogar der Bundesrat vom italienischen König Vittorio Emmanuele III., »reinblütige« Steinböcke zu bekommen – vergebens. Daraufhin kontaktierten Steinwild-Freunde aus St. Gallen italienische Wilderer, die ab 1906 in mehreren nächtlichen Aktionen frisch geborene Kitze in den streng bewachten Jagdrevieren am Gran Paradiso beschafften und nach St. Gallen brachten. Im Tierpark Peter und Paul vermehrten sie sich so erfolgreich, dass um 1911 zuerst im Gebiet der Grauen Hörner im St. Galler Oberland, später am Piz Ela bei Bergün mehr als ein Dutzend Tiere ausgesetzt werden konnten. Beide Kolonien waren jedoch nicht überlebensfähig, weshalb 1920 ein weiterer Versuch, diesmal im kurz zuvor gegründeten Schweizerischen Nationalpark unternommen wurde. Vier von sieben ausgesetzten Tieren wanderten über die Landesgrenze ins Val Livigno ab, direkt vor die Flinten der Jäger und Wilderer. Die restlichen Tiere flüchteten zurück in die Schweiz und fanden in der Region von Piz Albris und Piz Languard ein geeignetes Territorium. Die Gruppe pflanzte sich erfolgreich fort und heute ist sie eine der zahlenmäßig stärksten innerhalb der nun 14 Steinbockkolonien Graubündens.

Schutzbestimmungen im gesamten Alpenraum ermöglichen heute das Überleben von rund 30 000 Tieren, ungefähr die Hälfte davon auf Schweizer Gebiet. Am Piz Albris, auf der ersten Etappe der hier vorgeschlagenen Wanderung, ist die Chance sehr groß, Steinwild aus allernächster Nähe beobachten zu können. Manchmal nachmittags oberhalb des Lej Languard, manchmal morgens zwischen Fuorcla Pischa und Lajets da la Pischa. Steinböcke sind sehr standorttreu. Bei warmem Wetter findet man sie oftmals auf den kühleren Nordseiten der Bergspitzen, bei kälterer Witterung suchen sie die sonnenbeschienenen Hänge und Bergflanken auf. Als Wiederkäuer haben sie es auf die nahrhaften, eiweißreichen jungen Gräser und Kräuter abgesehen. Wie diese bis zu 90 Kilogramm schweren Tiere bei einer solch spärlichen Vegetationsdecke überleben können! Im Winter leben Steinböcke von angereichertem Fett und dürren Gräsern auf

Piz Albris und Munt Pers

den vom Wind freigewehten Graten. Im Gegensatz zu Geweihträgern wie Reh und Hirsch, tragen bei den Hornträgern (Steinwild und Gämswild) Männchen und Weibchen einen Kopfschmuck. Bei den Weibchen sind die Hörner bis 40 Zentimeter, bei den Männchen bis 120 Zentimeter lang und mehrere Kilogramm schwer. Die Altersbestimmung aus der Distanz ist schwierig, da nicht die vorderen Schmuckknoten, sondern die Altersringe am hinteren Teil der Hörner Jahrringe sind. Aus der Distanz hilft die Faustregel: Schmuckknoten dividiert durch zwei ergibt das ungefähre Alter.

Da die Steinböcke keine natürlichen Feinde mehr haben, sind sie nicht schreckhaft. Manchmal bleiben sie sogar auf dem Weg liegen, wenn Wanderer anmarschieren. Näher als 10 Meter sollte man sich trotzdem den Steinböcken nicht nähern. Wildtiere bleiben Wildtiere, und Wanderer machen besser einen respektvollen Bogen um sie herum.

▲ Heute keine Seltenheit mehr. In den Schweizer Alpen leben zurzeit rund 15 000 Steinböcke.

FLOH STICHT VOGEL FRISST SPINNE FRISST FLOH

Praktisch jedes Tier hat Feinde. Feinde wollen einem ans Blut und bringen Stress. Genau darum gehts bei diesem Spiel.
Auf einem großen Platz, zum Beispiel bei der Fuorcla Pischa oder am Lej Languard, wird ein Spielfeld eingegrenzt. Die Mitspieler teilen sich in die drei Tierarten Floh, Vogel und Spinne auf, die jeweils durch charakteristische Gesten dargestellt werden.
Floh: durch Stechen mit den Zeigefingern in die Luft. Vogel: durch Flügelschlagen mit den Armen. Spinne: durch spinnenähnliches Krabbeln mit den Händen in der Luft.
Die drei Tierarten stehen in folgender Beziehung zueinander: Floh sticht Vogel. Vogel frisst Spinne. Spinne frisst Floh. Man braucht etwas Geduld, bis allen klar ist, wer wen frisst und welche Geste zu welchem Tier gehört.
Auf Kommando gehen alle Tiere ihrer Nahrungssuche nach und das große Fressen und Stechen beginnt. Welche Tierart ist am erfolgreichsten?
Wenn Flöhe und Vögel nur hüpfen, Spinnen nur krabbeln dürfen, gibt das eine gewisse Würze ins Spiel – und nachher ist sicher niemandem mehr kalt.

Informationen

Ausgangspunkt / Anreise und Endpunkt / Rückreise
1. Tag: Pontresina Bahnhof (1774 m) an der Bahnlinie von Samedan und St. Moritz nach Poschiavo und Tirano. Rückreise: Haltestelle Diavolezza (2093 m) der Berninabahn an der Linie von Tirano und Poschiavo nach Pontresina.
2. Tag: Bergstation Diavolezza (2973 m). Von der Haltestelle Diavolezza (an der Bahnlinie Pontresina–Berninapass–Tirano) in 2 Minuten zur Talstation der Seilbahn Diavolezza und mit der Großkabine hinauf zur Bergstation Diavolezza.

Übernachtung
Berghaus Diavolezza in der Seilbahn-Bergstation, 2973 m, , Koordinaten 794 220 / 143 210, 200 Plätze in Zimmern und Matratzenlager. Offen von Mitte Juni bis Mitte Oktober. Tel. 081 842 62 05, www.diavolezza.ch. Verschiedene Kraxelmöglichkeiten in der Nähe der Unterkunft. Durch zum Teil lockere Steine nicht immer ganz harmlos.
Übernachtung im Tal: Verschiedene Unterkünfte in Pontresina. Verkehrsbüro Tel. 081 838 83 00, www.pontresina.com.
Berggasthaus Berninahaus, Bernina Suot, 2046 m, Tel. 081 842 64 05, www.berninahaus.ch
Ospizio Bernina, Bernina Ospizio, 2307 m, rustikal, günstig, Tel. 081 844 03 03, www.bernina-hospiz.ch.

15 Piz Albris und Munt Pers

Seilbahn
Diavolezza-Bahn, Informationen Tel. 081 838 83 00 und www.diavolezza.ch

Verpflegung unterwegs
Restaurant in der Bergstation des Sesselliftes auf der Alp Languard und Chamanna Paradis, ca. 30 Minuten vom Laj Languard entfernt.

Karten
1. Tag: Kartenblätter 1257 St. Moritz und 1258 La Stretta
2. Tag: Kartenblatt 1277 Piz Bernina

Varianten
Abstieg zum Berninapass und entlang dem Lago Bianco zur Alp Grüm. Von der Bergstation in weitem Bogen ostwärts unter dem Sass Queder (ein noch einfacherer Wanderdreitausender) hindurch zu den Seelein (2857 m). Dann ostwärts über P. 2766 ins Val d'Arlas und zur Seenlandschaft von Lej Pitschen und Lej Nair. Dem Westufer des Lago Bianco entlang zur Staumauer und zum Berggasthaus Sassal Mason (2355 m) mit fabelhaftem Blick auf das Puschlav. Nun hinunter zu der von Weitem sichtbaren Bahnstation Alp Grüm (2091 m) mit Restaurant. Bergstation Diavolezza–Alp Grüm, 4 h, Schwierigkeit T2+.

Eine weitere Abstiegsmöglichkeit sind die täglichen Gletscherführungen von der Diavolezza über den Vadret Pers, die Isla Persa und den Morteratschgletscher nach Morteratsch. Informationen beim Kur- und Verkehrsverein Pontresina, Tel. 081 838 83 00, www.pontresina.ch.

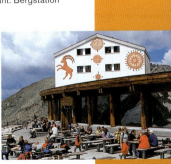

▼ Wer sich mit dem Fernglas auf die Lauer legt und etwas Geduld hat, bekommt im Val Languard viele Tiere zu sehen.

► Berghaus Diavolezza.

16 Roseggletscher und Chamanna Coaz

Eisberge und Eiszacken unter dem Piz Bernina

Chamanna Coaz

Ein seltsamer Hüttenname. Meistens heißen SAC-Hütten wie der Berg, zu dessen Besteigung sie erbaut wurden, oder man übernahm den althergebrachten Flurnamen. Nur in Ausnahmefällen wurde eine Hütte nach einer Persönlichkeit benannt – die Coazhütte ist eine solche Ausnahme.

Erbaut im Jahre 1877 hieß sie dem Flurnamen entsprechend noch Chamanna Murtèl und bot auf 17 Quadratmeter (ein großes Kinderzimmer) Grundfläche Platz für 10 (!) Personen. 1926 wurde sie ein erstes Mal gründlich umgebaut, bot zwölfmal mehr Platz und konnte nun 30 Personen aufnehmen. Dieser stolze Bau wurde dann zu Ehren von Johann Wilhelm Fortunat Coaz auf den heute noch gültigen Namen getauft.

Johann Coaz (1822–1918) war einerseits Kantonsoberförster von Graubünden und in späteren Jahren sogar erster Eidgenössischer Forstinspektor. Andererseits interessierte er sich sehr für Meteorologie, Glaziologie, Lawinenforschung, Fischerei – und: für das Bergsteigen. In jungen Jahren arbeitete er zunächst als Gebirgstopograf, wobei ihm quasi berufshalber nicht weniger als 21 Erstbesteigungen in den Bündner Alpen glückten. Seine größte bergsteigerische Heldentat vollbrachte er aber am 13. September 1850, als er nach zwanzigstündiger topografischer Arbeit als Erster den Gipfel des Piz Bernina erklomm. Auch im Alter gings noch hoch hinaus. Als 78-Jähriger stand er zuoberst auf dem 4023 Meter hohen Weissmies (ausgerüstet nur mit Bergschuhen und einem Regenschirm). 1914, im Alter von 92 Jahren, trat Johann Coaz von seinem Amt zurück. Seine letzte wissenschaftliche Arbeit beendete er 1918, wenige Wochen vor seinem Tod.

Die Coazhütte wurde seit 1926 verschiedene Male umgebaut und erweitert; gründlich im Jahre 1964, als wegen Hangrutschung ein neuer Standort gesucht werden musste, und dann 1982, als ein Anbau an die alte Hütte gepappt wurde. Von der 1926er-Hütte ist nichts mehr übriggeblieben – außer dem Namen des bergsteigenden Forstinspektors.

1. Tag: Eiszacken à gogo

Zugegeben, der Start der Wanderung ist nicht gerade idyllisch. **Murtèl** (2699 m) heißt der Ort, Zwischenstation der Seilbahn von Surlej zum Gipfel des Corvatsch. Die erste Viertelstunde Weg in Richtung Coazhütte führt durch ein

16 Rosegggletscher und Chamanna Coaz

Warum zum Roseggletscher und zur Chamanna Coaz?

Nebst der wahrlich imposanten Oberengadiner Bergkulisse ist der Gletscher einer der Hauptanziehungspunkte der Tour. Keine halbe Stunde oberhalb der Coazhütte steht man am Gletscherrand, fühlt den kalten Eishauch und blickt in hellblautiefe Spalten und Löcher hinein. Auch eine Seltenheit sind die Eisberge, die auf dem Lej da Vadret schwimmen. Ein Stück Arktis – made in Switzerland.

Tourencharakter
Gemütliche Wanderung ohne allzu große Höhendifferenzen am ersten Tag. Der zweite Tag geht mit einem ruppigen Abstieg zum See hinunter recht in die Knochen. Wem das zu viel wird, der steigt im Hotel Roseg vielleicht auf die Pferdekutsche um.

Schwierigkeit: T2+
Keine besonderen technischen Schwierigkeiten. Die letzten 200 Höhenmeter Abstieg zum See sind recht steil. Sonst lauern die Gefahren wohl eher bei etwas rutschigen Passagen im Gletschervorfeld oder in Form von nassen Kleidern am Bach- bzw. Seeufer.

Höhenunterschiede und Gehzeiten
1. Tag: Murtèl–Fuorcla Surlej–Chamanna Coaz ↗ 200 m, ↘ 290 m, 3 h 30.
   Murtèl–Fuorcla Surlej 0 h 45.
   Fuorcla Surlej–Chamanna Coaz 2 h 30.
2. Tag: Chamanna Coaz–Lej da Vadret–Roseg–Pontresina ↗ 70 m, ↘ 900 m, 4 h 30.
   Chamanna Coaz–Lej da Vadret 1 h.
   Lej da Vadret–Roseg 1 h 30.
   Roseg–Pontresina 2 h.

eher trostloses Tal am Rande des Skigebiets auf einer Versorgungsstraße, leicht ansteigend zur Fuorcla Surlej.
Und plötzlich ändert sich das Bild: Unter uns befindet sich der Lej da Vadret (Gletschersee) mit den Eisströmen des Roseg-, Sella- und Tschiervagletschers, darüber die Fels- und Eiszacken von Corvatsch, Glüschaint, Roseg, Scerscen, Bernina, Prievlus, Morteratsch, Tschierva und wie sie alle heißen. Sa-gen-haft!
Von der **Fuorcla Surlej** (2755 m) zieht sich der Weg am Restaurant vorbei und steigt leicht ab zu P. 2722, wo links der Weg ins Val Roseg abzweigt. Unsere Route dreht aber rechts ab und verläuft die ersten paar Minuten fast ohne Höhenverlust gegen Süden. Erst ab P. 2689 wird das Gefälle steiler, einige Bachläufe werden überquert und nach dem Tiefpunkt auf 2555 m gehts wieder leicht hinauf, weit oberhalb des Lej da Vadret hinüber bis in den Talabschluss, wo die **Chamanna Coaz** (2610 m) auf ihrer Felskanzel vor der mächtigen Gletscherkulisse thront.

2. Tag: Eisberge voraus

Da heute praktisch nur Abstiegshöhenmeter auf dem Pflichtprogramm stehen, lohnt sich die Morgenrunde hinauf zum Roseggletscher sehr. Dazu fragt man den Hüttenwart, wo der Zugang momentan am einfachsten ist, und folgt seinen Instruktionen. Keine halbe Stunde oberhalb der Hütte steht man vor dem Gletschereis. Blankgeschliffene Felsen zeigen den Rückzug der letzten Jahre an.

Der Abstieg von der Chamanna Coaz durch das Val Roseg nach Pontresina führt die ersten 20 Minuten der Zustiegsroute entlang zurück zu P. 2645. Nun hält man entschlossen talwärts und erreicht den Lej da Vadret nach ziemlich steilem Abstieg. Dann alles dem Seeufer entlang, nach Eisschollen Ausschau halten und trotzdem auf den Weg achten. Gegen das Seeende bieten sich schöne Rastplätze an.

Jetzt folgt der Wegabschnitt durch das ehemalige Gletschervorfeld. Der Weg hält sich dazu immer an die linke Seite des manchmal weit verzweigten Flusssystems und erreicht die Alp Ota Suot auf 2022 m. Nun wird der Weg breiter und führt zum Gasthaus Roseg (1999 m), wo Pferdekutschen müde Wandersleute nach Pontresina befördern.

Aber auch der Fußweg ist schön. Zwar verläuft er die ersten paar Hundert Meter auf der Kutschenstraße, dann zweigt er aber kurz vor P. 1943 rechts ab und verläuft durch den Wald oberhalb der Alp Segunda in Richtung Pontresina. Bei der Alp Prüma wechselt die Fahrstraße auf die andere Flussseite, der Wanderweg bleibt rechts vom Wasser wie eh und je.

Bei Acla Colani kommt man durch das Felssturzgebiet und schon bald wird die Bahnlinie unterquert. Nun heißt es den Schritt drosseln, denn keine 10 Minuten später steht man vor dem Bahnhof (1774 m), mitten im Rummel von Pontresina.

◀◀ **Am Horizont leuchten die Eisriesen. Nun ist es nicht mehr weit zur Chamanna Coaz.**

◀ **Gletscher und Gletschervorfeld im Val Roseg.**

**16
Roseggletscher
und Chamanna
Coaz**

▼ **Am Gletscher oberhalb der Hütte finden sich immer skurrile Eisgebilde.**

GLETSCHERRÜCKZUG

Das Klima wird wärmer – den Gletschern gehts ans Eingemachte. Große Temperaturschwankungen kamen in den letzten paar Tausend Jahren zwar schon des Öfteren vor, beängstigend ist jedoch die Geschwindigkeit und Intensität der Klimaänderung der letzten Jahre.

In der Erdgeschichte gab es Wärmeperioden mit Palmen in der Zentralschweiz und Kälteperioden, als halb Europa von Gletschern bedeckt war. Während diesen Eiszeiten wurde viel Wasser in Form von Gletschereis an Land gebunden, was den Meeresspiegel um bis zu 130 Meter absinken ließ. Dadurch entstanden zahlreiche Landbrücken wie zum Beispiel die Landverbindung über die Beringstraße zwischen Sibirien und Alaska, was zahlreichen Tier- und Pflanzenarten sowie den damaligen Menschen die Besiedlung eines neuen Lebensraums ermöglichte. Flache Meere wie beispielsweise die Nordsee waren in diesen Zeiten teilweise ausgetrocknet und die gesamte Küstenlinie des Mittelmeers lag viel weiter draußen im Meer.

Die letzte richtige Eiszeit (die sogenannte Würmeiszeit, benannt nach einem Nebenfluss der Donau) dauerte etwa 100 000 Jahre und ging vor rund 12 000 Jahren zu Ende. Während ihres Höchststandes waren über 90 Prozent der heutigen Schweiz von Eis bedeckt. Das Eis des Rhonegletschers ging weit über Bern hinaus und bildete den Bieler- und Neuenburgersee an seinem Ende, ein zweiter Teil dieses Giganten zweigte Richtung Genf ab. Der Rheingletscher floss über Chur bis zum Bodensee und nach Schaffhausen, und der Linthgletscher erreichte das heutige Zürich bis Baden und schliff zu seiner Linken den Albis aus der Molasse, zu seiner Rechten den Pfannenstiel. Rund um das Zürichseebecken finden sich heute zahlreiche Moränenablagerungen, welche auf verschiedene Gletscherstände hindeuten.

Nach dieser Eiszeit folgten verschiedene Wärmeperioden. Auch in den letzten tausend Jahren gab es Warmzeiten, wie wir gegenwärtig eine durchleben. Um die Jahre 850 und 1250 herum waren Temperaturen und Gletscherstand ähnlich wie heute. Die großen Wanderungen der Walser mit der Besiedlung hoch gelegener Täler fand in einer solchen Warmperiode statt (siehe Wanderung Nr. 19). Die darauffolgende Klimaverschlechterung, die sogenannte kleine Eiszeit, hatte ihren Höhepunkt um 1715, und seit 1860 sind die Alpengletscher auf dem Rückzug. Gletscher ernähren sich dadurch, dass sie in ihren höheren Lagen während des Jahres mehr (Schnee-) Masse erhalten, als sie in tiefen Lagen durch Schmelzung verlieren. Seit 140 Jahren schmilzt im Sommer an der Zunge mehr Eis, als im Winter im Nährgebiet (den obersten Lagen) an Schnee abgelagert wird. Die Längenänderungen seit dem Messbeginn der Gletscher im Jahre 1880 sind beachtlich. Zog sich doch der Morteratschgletscher um 6,5 Kilometer zurück, der Rhonegletscher um fast 8 Kilometer und der Große Aletschgletscher in diesen 125 Jahren um nicht weniger als 23 Kilometer. Momentan verliert der Roseggletscher (den wir auf dieser Wanderung streifen) jedes Jahr etwas über 50 Meter

Länge, der benachbarte Tschiervagletscher schrumpft um rund 35 Meter.

Der große Längenverlust des Roseggletscher hat wohl mit seiner relativ geringen Masse zu tun und mit seiner Zunge, die im Gletschersee endet. Durch die erhöhte Wärmezufuhr des Sees im Sommer brechen dort immer wieder Eismassen aus der Gletscherzunge und treiben als regelrechte Eisberge im blaugrauen Wasser des Lej da Vadret. Die Roseg-Eisberge schmelzen zum Teil lange nicht und treiben als weiße Kolosse mehrere Wochen im See. Wie auch bei den richtigen Eisbergen in der Arktis und Antarktis ist der über dem Wasser schwimmende Teil nur rund 10 Prozent seiner Masse. Der weitaus größte Teil versteckt sich im milchigen Wasser. In wenigen Jahren schon wird sich der Roseggletscher aus dem Wasser zurückgezogen haben, was seinen Schrumpfungsprozess verlangsamen wird. Wer also Schweizer Eisberge sehen will, soll jetzt die Wanderung unter die Füße nehmen.

Im Internet finden sich unter http://glaciology.ethz.ch/swiss-glaciers/ die aktuellen und historischen Messwerte der mehr als hundert überwachten Gletscher der Schweiz.

Buchtipp
Max Maisch / Conradin Burga / Peter Fitze, *Lebendiges Gletschervorfeld,* Geografisches Institut der Universität Zürich und Gemeinde Pontresina, 1999. Zu beziehen beim Verkehrsverein, 7504 Pontresina. Ein wunderbares, leicht verständliches Büchlein.

▼ **Der Lej da Vadret erreicht auch im Hochsommer kaum Badetemperatur.**

16
Roseggletscher und Chamanna Coaz

REISE MIT DEM WASSERTROPFEN

Sucht euch ein schönes Plätzchen an einem munter gurgelnden Bächlein, vielleicht zwischen dem Gletschersee und Ota Suot. Nehmt euch einige Minuten Zeit, streckt euch auf dem flachen Sandboden neben dem Wasser wohlig aus, lasst die Sonne auf den (Faser-)Pelz brennen und macht euch in Gedanken auf die lange, abenteuerliche Reise der Schneeflocke vom Himmel über den Gletscher, Bach und Fluss bis ins Meer.

Ein Erwachsener liest den Text über das Leben der Schneeflocke bzw. des Wassertropfens langsam und mit langen Pausen vor, damit alle genügend Zeit haben, ihre Bilder entstehen zu lassen:

»Schließe die Augen und atme langsam tief ein und aus / Fühlst du den kühlen Gletscherwind / Stell dir vor, wie du als Schneeflocke im Wintersturm auf den Gletscher hinunter tanzt / Es ist kalt, du frierst und wirst zu Eis / langsam, sehr, sehr langsam wirst du nach unten geschoben / Eine Reise, die unendlich viel Zeit in Anspruch nimmt / Nun wird es wärmer und wärmer / Das Eis taut auf und wird zu Wasser / Achte auf die Geräusche ringsherum / Hörst du das Gurgeln des Baches / Stell dir vor, du bist einer von den vielen kleinen Wassertropfen im Bach / Du sprudelst mit vielen anderen Tropfen über die Steine und wirst wild durcheinandergewirbelt / Du hüpfst über einen kleinen Wasserfall / Im Bach triffst du eine Forelle / Der Fluss wird größer und größer / die Geschwindigkeit verlangsamt sich / du fließt jetzt sehr träge dahin / Nun endlich bist du im Meer angekommen / Schmeckt es sehr salzig, das Meer / Lange ruhst du dich aus im Meer / Die warmen Sonnenstrahlen ziehen dich mit vielen anderen Wassertropfen nach oben / Zusammen werdet ihr zu einer großen, dunklen Wolke, die der Wind über das Land bläst / Du wirst immer schwerer / bis du dich nicht mehr halten kannst und / plitsch-platsch / aus der Wolke auf die Erde hinunter regnest / Schließlich landest du auf einer Alpwiese und sickerst durch den Boden ins Grundwasser / Unter der Erde triffst du viele andere Wassertropfen / Gemeinsam als kleines, unterirdisches Bächlein macht ihr euch auf die Suche nach einem Ausgang ans Tageslicht / und endlich sprudelst du als Quelle aus dem Berg ans Licht / Höre noch einmal auf das Rauschen des Baches / und lausche den Vögeln und dem Wind / Du verlässt jetzt den Bach und bist wieder DU / Bewege langsam deine Finger und Zehen / bewege nun auch die Arme und Beine und strecke dich gemütlich / Öffne deine Augen wieder.«

Wie habt ihr euch gefühlt? War es vielleicht manchmal unheimlich? Oder wie war das Gefühl, als du als Quelle auf die Erdoberfläche sprudeltest? War es schwierig oder einfach sich auf diese Reise einzulassen? Wie geht der Wasserkreislauf genau?

Informationen

Ausgangspunkt / Anreise
Zwischenstation Murtèl (2699 m) der Seilbahn von Surlej zum Corvatsch. Die Haltestelle Surlej Corvatschbahn ist ab St. Moritz mit dem Engadin-Bus (Tel. 081 834 91 00, www.engadinbus.ch) zu erreichen.
Fahrplan und Informationen der Corvatschbahnen unter Tel. 081 838 73 73 und www.corvatsch.ch.

Endpunkt / Rückreise
Pontresina (1774 m) an der Bahnlinie von Tirano und Poschiavo über den Berninapass nach Samedan und St. Moritz.

Übernachtung
Chamanna Coaz CAS, 2610 m, Koordinaten 784 360 / 139 740. 80 Plätze, während der Hauptsaison durchgehend bewartet, immer offen. Tel. 081 842 62 78 und Tel. 081 828 87 77, www.coaz.ch. Talseitig gehts von der Chamanna Coaz recht steil hinunter in Richtung See, aber bergwärts finden sich breite Geländeterrassen mit von Stein- und Felsbrocken durchsetzten Wiesen. Der Gletscher ist bloß eine halbe Stunde von der Hütte entfernt.

Verpflegung unterwegs
Restaurant in der Seilbahn-Mittelstation Murtèl, Tel. 081 838 73 83.
Restaurant Fuorcla Surlej, Tel. 081 842 63 03.
Hotel Roseg Gletscher, Tel. 081 842 64 45, www.roseg-gletscher.ch.

Karten
Kartenblatt 1277 Piz Bernina

Varianten
Die Chamanna Coaz liegt am Bernina-Trek genannten Weitwanderweg, der in 7 Tagesetappen 6 Oberengadiner SAC-Hütten miteinander verbindet. Die Route verläuft folgendermaßen: Madulain–Chamanna Es-cha–Albulapass–Chamanna Jenatsch–Silvaplana–Chamanna Coaz–Chamanna Tschierva–Chamanna Boval–Berninapass–Rifugio Saoseo–Poschiavo.

16 Roseggletscher und Chamanna Coaz

▼ Klein fängt es an. Und eine abenteuerliche Reise steht bevor.

▶ Eigenwillige Form. Die Chamanna Coaz besteht aus zwei aneinandergebauten, vieleckigen Gebäuden.

17 Wilde Berge über dem Albignasee

Eine Seilbahn, zwei Gletscher, und unzählige Kraxel- und Klettervarianten

Von Bergsteigern und Schuhsohlen

Wer von der Staumauer des Albignasees bergwärts schaut, ist immer wieder hingerissen von der Wildheit und Schönheit des Bergkranzes an der italienischen Grenze. Unbesteigbar schauen die Zinnen aus. Unten die Gletscher, oben der wild gezackte Granit, beinahe senkrecht. Kein Wunder, galten die Gipfel des Bergells lange Zeit als unbezwingbar.
Als der Engländer Edward Whymper 1865 das Matterhorn erstbestiegen hatte, ging eine wichtige Phase im Alpinismus zu Ende – jene der Erstbesteigungen. Bis auf wenige Ausnahmen waren nun alle großen Berge der Alpen bestiegen, Bergsteigen entwickelte sich zu einer Art Trendsport. Auf den einfachen Gipfeln und Gletschern standen sich die Touristen gegenseitig auf die Füße. Die Bergeller Berge aber waren zu dieser Zeit noch ein weißer Fleck auf der Landkarte. Erst 1867 änderte sich dies, als ein paar Engländer (Douglas W. Freshfield, William Augustus Brevoort Coolidge, Leslie Stephen u. a.) im Wallis und am Mont Blanc genug Trophäen gesammelt hatten, die Aufregung der großen Touristenzentren leid waren und sich nun alpinistischem Neuland zuwandten.
Über das Leistungsvermögen dieser frühen Bergsteiger gibt das Tagebuch von Coolidge Auskunft: »Cima di Tschingel (10853 Fuß) – Erste Besteigung ausgeführt am 26. Juli von Bagni di Masino. Gestartet um 5.22 morgens, erreichten wir den Gipfel um 10.58 (mit Zeitverlust wegen Nebels) und kehrten zurück zu den Bagni um 1.52. Pausen 1.45, inklusive 42 Minuten auf dem Gipfel.« Die bergsteigerische Leistung hinter dieser Notiz ist eindrücklich. Coolige ist an diesem 26. Juli gerade 16 Jahre alt, als er mit seinen Führern die Cima di Tschingel erstbesteigt. Später wird die Cima di Tschingel in Pizzo Badile umgetauft. Coolidge benötigte für die Erstbesteigung des Badile also lediglich 5 h 36 und 2 h 12 für den Abstieg. Und das notabene für 2100 m Höhendifferenz in schweren, mit Tricouni-Nägeln beschlagenen Lederschuhen und mit Hanfseil. Eine solch schnelle Begehungszeit schaffen heute nur die wenigsten – ausgerüstet mit weitaus leichterem und besserem Material.
Die heute auf Bergschuhen übliche VIBRAM-Gummisohle wurde übrigens von einem Badile-Bergsteiger erfunden: VItale BRAMani, eine der wichtigsten Persönlichkeiten des italienischen Alpinismus, erschuf eine Gummimischung, die auf Fels, Erde und Eis guten Halt bietet

17 Albignasee

Warum zu den wilden Bergen über dem Albignasee?

Wohl nirgendwo sonst in der Schweiz stehen die Granitberge so scharfzackig am Horizont. Türmchen reihen sich an messerscharfe Gratverläufe, dazwischen eingebettet zerschrundete Gletscher und milchigblaue Seen. Die Szenerie von der Albignahütte ist einmalig, der Aufstieg dank Seilbahn kurz, die Wandermöglichkeiten vielfältig.

Tourencharakter
2-tägige Bergwanderung, als reine Hüttentour auch in einem Tag problemlos machbar. Dank kurzem Aufstieg und vielen Varianten auch für Bergneulinge gut geeignet. Das Umfeld der Hütte bietet unzählige Kletter- und Kraxelmöglichkeiten.

Schwierigkeit: T2
Keine besonderen technischen Schwierigkeiten. Nach Sasc Prümaveira zickzackt der Weg auf rund 100 Höhenmetern durch den steilen Wald. Kinder dort gut im Auge behalten.

Höhenunterschiede und Gehzeiten
1. Tag: Bergstation der Albigna Seilbahn–Capanna da l'Albigna ↗ 240 m, 1 h.
2. Tag: Capanna da l'Albigna–Sasc Prümaveira–Pranzaira ↘ 1140 m, 2 h 30.
   Capanna da l'Albigna–Sasc Prümaveira 1 h.
   Sasc Prümaveira–Pranzaira 1 h 30.

und erst noch gegen Kälte isoliert. Seine Erfindung wurde zum Welterfolg.

1. Tag: Hinein gegen den wilden Bergkranz

Von **Pranzaira** (1194 m) bringt uns die kleine, weiße Gondel steil die Bergeller Schattenflanke hinauf – kurz atemberaubend über dem Einschnitt von Prümaveira, dann wieder in angenehmer Höhe über den Baumwipfeln. Von der Bergstation (2096 m) auf dem Fahrsträßchen ein paar Kehren aufwärts und über die Krone der Staumauer (2165 m) zu ihrem östlichen Ende. Der breite und gut markierte Bergwanderweg steigt nun sachte zwischen den Felsbändern an und hält immer auf die Punta da l'Albigna zu. Im Aufstieg sieht man immer wieder Jugendgruppen und Erwachsene, die an den Felsen ihr Klettergeschick erproben. Auf 2300 m wird die Hochebene erreicht und nach dem Seelein steht man vor der **Capanna da l'Albigna** (2333 m). Für die Nachmittagstour stehen viele Varianten zur Auswahl. Beispielsweise warten sieben Bergseelein unter dem Piz Casnil. Dazu folgt man von der Hütte dem weißblauen Alpinwanderweg, der sich in nordöstlicher Richtung unter der Wand des Piz dal Päl hinaufzieht und auf 2570 m zu einer ersten Seenplatte gelangt. Hier verlässt man die alpine Route, hält sich einige Minuten nordwärts und folgt dann rechts dem Tälchen hinauf, bis die Seelein auf 2652 m erreicht werden. Ein einsamer Rastplatz unweit der betriebsamen Hütte.

Die Schwemmebene am Stausee bietet mehr, als der Blick auf die Karte verspricht. Dazu folgt man dem blau-weiß markierten Weg, der von der Hütte in südlicher Richtung um viele Alpenrosenstauden herum in einer Viertelstunde zum Bach führt, der vom Vadrec dal Cantun her kommt. Eine wunderbare Schwemmebene mit vielen Spielmöglichkeiten bietet sich dort am Seeufer. Und bei Niedrigwasser lässt es sich im Schlamm so richtig gut pflotschen. Da bleiben keine Hosen sauber.

Gletscher und Felszacken hats viele im Albignabecken. Einen einfacher Zugang zum Gletscher zu finden ist jedoch nicht ganz einfach. Eine gute Möglichkeit bietet der von der Hütte leicht nach Osten ansteigende Weg, der in Richtung P. 2843 (der bei Kletterern berühmte Bio-Pfeiler) hält. Zuerst ganz angenehm, am Schluss über grobes Blockwerk wird auf ca. 2670 m eine flache Stelle am Gletschereis erreicht.

◄ ◄ Albigna: Aussichtsplattform über dem oberen Bergell.

◄ Albigna: Stausee am Fuße der Granitzacken.

▼ Albigna: Stille Bergseen, zuweilen sogar mit Badetemperatur.

2. Tag: Hinunter ins satte Grün

Der Abstieg von der Hütte zurück zum Talboden des Bergells folgt im ersten Teil dem Aufstiegsweg. Bei Erreichen der Staumauer zweigt man rechts ab und hält sich an den Wanderweg, der in weiten Kehren unterhalb der Staumauer und dann sanft absteigend unter den Seilbahndrähten hindurch nach **Sasc Prümaveira** (1941 m) gelangt. Dem tiefen Felseinschnitt entlang gehts nochmals unter den Seilen durch und dann im Zickzack die kurz steiler werdende Waldflanke hinunter nach Motta Ciürela. Hier trifft man auf den Karrenweg, dem man rechtshaltend zum Fluss Albigna folgt, diesen bei P. 1304 überschreitet und in einem Bogen an Val Gaita vorbei zur Talstation der Seilbahn und der Postautohaltestelle auf 1194 m gelangt.

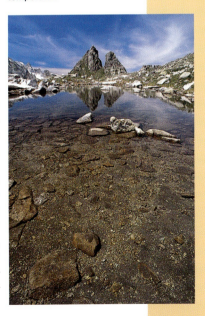

FELSZACKEN UND KASTANIEN

Warum die Berge im Bergell zackiger und spitzer sind als anderswo? Ganz einfach: weil sie jünger sind als andere Schweizer Berge. Warum sie jünger sind? Das kam so:
Vor 15 000 Millionen Jahren wurde das Weltall geboren, die Erde erblickte vor 5000 Millionen Jahren das Licht des Alls. Nur gerade 1000 Millionen Jahre später verflüssigte sich das Gasding namens Erde zusehends und Gestein ward geboren. Vor rund 400 Millionen Jahren schickten sich Tiere und Pflanzen an, die Erdoberfläche zu verschönern, Landmassen drifteten aufeinander zu. Der Alpenbogen mit den Kerngesteinen aus Aare-, Gotthard- und Mont-Blanc-Granit zeugen von dieser Zeit. Dann drifteten die Landmassen wieder voneinander weg – ein riesiger Ozean entstand dazwischen –, sie holten Anlauf, schoben sich vor 100 Millionen Jahren wieder aufeinander zu und krachten mit einer Geschwindigkeit von 10 bis 15 Zentimeter pro Jahr ineinander. Ein schönes Chaos war angerichtet: Die obersten Gesteinsmassen wurden in- und übereinander geschoben, verbogen und verformt. Aus tiefen Schichten drang dann vor 30 Millionen Jahren flüssiges Gestein nach oben und füllte die Zwischenräume der verbogenen Gesteinsmassen. Seit damals wurde das Chaos der verbogenen Gesteinsplatten von der Erosion abgetragen und übrig blieb das harte Gestein, das die Hohlräume füllte. Inzwischen kühlte es sich merklich ab, legte sich den Namen Bergeller Granit zu, aber brilliert heute noch durch seine jugendlich aufregenden Formen, die noch nicht durch die Alltagserosion abgeschliffen wurden. Sie sind sehr widerstandsfähig, diese Bergeller!

Eine ganz typische Pflanze dieses Granitbodens ist die Edelkastanie. Früher war sie das Hauptnahrungsmittel der Bergeller Bauern über den Winter, denn ein Baum mit seinen bis zu 200 Kilogramm Früchten produzierte genug Nahrung, um eine Person durch den Winter zu bringen. Mindestens sechs Monate im Jahr ernährten sich die Bauern damals von der Kastanienernte.

Jacobus Theodorus Tabernaemontanus beschrieb in seinem Kräuterbuch von 1625 den Wert der Kastanie wie folgt: »Auff dem Gebürg da es am Getrayd mangelt / nehren sich die Einwohner mit dieser Frucht / so sie braten und essen: machen auch Mehl und Brod darauss. GALENUS schreibt / dass unter allen Eychlen die Castanien den Vorzug haben / unnd geben allein auss allen wilden Früchten dem Leib ein Narung: Aber sie seyn gar schwerlich und ubel zu verdauen / gehen langsam durch / machen ein grobes Geblüt / geben viel Winde / und stopffen den Leib / sonderlich aber die rohe: machen auch Hauptwehe. Wenn man aber die Castanien bratet / seyn sie verdauwlicher / und machen nit so viel Winde / jedoch stopffen sie etwas. So man die gebraten Castanien mit Pfeffer unnd Saltz bestreuwet und isset / machen sie geyl und unkeusch. Gebraten / mit Honig oder Zucker nüchtern eingenommen sind wider den Husten. Castanien gedörrt und gepulvert / mit Krebssaugen und Eppichwasser eingenommen / machen wol harnen. Mit Honig und Saltz zerstoßen und ubergelegt sind nützlich denen / so von rasenden Hunden gebissen sind.«

Bei so vielen Anwendungsmöglichkeiten erstaunt es nicht weiter, dass zur Zeit der Kastanienernte alle Dorfbewohner, so sie sich selber auf den Beinen halten konnten, in den Selven am Arbeiten waren. Die Ernte dauert von Ende Oktober bis Ende November. Die Früchte werden herausgeschält und in speziellen, im Kastanienhain verstreut liegenden Hütten gedörrt. Beim Dörren werden die Früchte rund fünf Wochen über der Glut getrocknet. Während dieses Vorgangs verliert die Frucht rund zwei Drittel ihres Gewichtes und ist – sofern an trockenen Orten gelagert – bis zu zwei Jahren haltbar. Ein unschätzbarer Wert in einer Zeit, in der es weder Konservierungsmittel noch Kühlschränke gab.

17
Albignasee

▼ Im Bergell (hier oberhalb Castasegna) lebt die Kastanienkultur noch.

KIM-SPIELE

Neben viel Action beim Kraxeln an den Seelein und in den Schwemmebenen, bietet die Umgebung der Albignahütte mit ihren vielen, verschiedenartigen Gesteinen auch ruhigere Spielmöglichkeiten:

Steine umplatzieren: 16 Steine liegen im Quadrat vor der Mitspielerin. Sie prägt sich die Steine ein. Anschließend dreht sie sich um und es werden 2 Steine umplatziert. Kann die Spielerin herausfinden, welche beiden Steine umplatziert wurden?
oder:

Was war denn da noch: Unter einem Tuch verborgen werden 10 Gegenstände aus der Hüttenumgebung gelegt. Einige Sekunden lang werden die Gegenstände aufgedeckt. Anschließend müssen die Mitspieler sagen, welche Gegenstände sie gesehen haben.

Im Wald beim Abstieg nach Pranzaira eröffnen sich natürlich noch zusätzliche Spielvarianten:

Adlerauge: In einem quadratischen Waldbodenfeld (rund 4x4m) bekommt die Gruppe eine Minute Zeit, sich alles genau einzuprägen. Anschließend dreht sich die Gruppe um und es werden ein paar Dinge verändert (ein auffälliges Blatt dazugelegt, Tannenzapfen entfernt, Steine umplatziert usw.). Kann die Gruppe anschließend alle Veränderungen erkennen?
oder:

Walddetektiv: In einem Waldstück von ca. 50x50m werden einige Dinge verändert, die man so normalerweise im Wald nicht findet: Zum Beispiel ein Tannenzapfen befindet sich unter einer Eibe, ein Eichenblatt an einer Buche, ein Zwergenhaus oder Naturkunstwerk auf dem Waldboden, eine Wiesenblume unter einer Tanne, eine Getränkedose im Baum usw. Findet die Gruppe alle ausgelegten Spuren?

Informationen

Ausgangs- und Endpunkt / An- und Rückreise
Pranzaira, 1194 m, Haltestelle an der Postautolinie von St. Moritz über den Malojapass ins Bergell nach Castasegna (Grenze), Chiavenna und Lugano.

Luftseilbahn Pranzaira-Albigna
Juni bis September täglich (Achtung lange Mittagspause). Sonst nur auf Voranmeldung. Informationen Tel. 081 838 14 14, www.bergell.ch. Am Sonntagnachmittag muss für die Talfahrt mit einiger Wartezeit gerechnet werden.

Übernachtung
Capanna da l'Albigna CAS, 2333 m, Koordinaten 770 660 / 133 360, 94 Plätze, immer offen, bewartet von Mitte Juni bis Ende September. Tel. 081 822 14 05, www.albigna.com. Flache Geländeterrasse bergseits der Hütte mit Seelein und vielen Kraxel- und Klettermöglichkeiten.

Karten
Kartenblätter 1276 Val Bregaglia und 1296 Sciora

Varianten
Von der Albignahütte zieht sich je eine Alpine Route über den Pass da Casnil zur Fornohütte und über den Pass Cacciabella zur Sciorahütte. Beide Routen sind zum Teil recht ausgesetzt und sollten daher nicht mit Kindern begangen werden.

Spezielles
Der Wasserstand des Albigna-Stausees variiert recht stark, was einerseits mit dem Stromverbrauch der Stadt Zürich (die Anlage gehört dem Elektrizitätswerk der Stadt Zürich) und andererseits mit den Niederschlägen der letzten Tage und Wochen zusammenhängt.
Kastanien im Bergell. Besonders gut erhalten ist die Kastanienkultur bei Castasegna. Die Selve von Brentan (mit ihrem Lehrpfad) gilt als größter und schönster Kastanienwald Europas.

Buchtipp
Ursula Bauer/Jürg Frischknecht, *Grenzland Bergell. Wege und Geschichten zwischen Maloja und Chiavenna,* Rotpunktverlag, Zürich 2004
Marco Volken, *Badile – Kathedrale aus Granit,* AS Verlag, Zürich 2006

▶ Hoch über dem See thront die renovierte Capanna da l'Albigna.

MITTELBÜNDEN UND HINTERRHEIN

Wanderland vom Feinsten. Gewürzt mit versteckten Bewässerungskanälen, Hängebrücken, Bergseen, Schluchten und einem Unterwasserdorf. Mit schwarzen Bergwerksstollen, weißen Milchschafen und ebenso weißen Herdenschutzhunden.

18–22

18 Feldis und Dreibündenstein

Drei Bünde, drei Sprachen, drei Punkte und drei Striche

Drei Bünde

Prächtiger könnte die Rundsicht kaum sein. Sie reicht – um nur ein paar der bekannten Nachbarn zu nennen – vom Piz Beverin über Tödi, Ringelspitz und Calanda bis zum Parpaner Rothorn und steht der historischen Bedeutung des Dreibündensteins in nichts nach. Denn der sanfte Bergrücken ist nicht irgendeiner der unzähligen Bündner Gipfel, sondern immerhin der Grenzpunkt zwischen den drei rätischen Bünden. Der Originalgrenzstein von 1722 steht heute zwar im Rätischen Museum in Chur, aber seit 1915 markiert ein 2 Meter hoher Obelisk den Gipfel des Term Bel, wie der Dreibündenstein auf Rätoromanisch heißt. Was jede Bündner Autonummer ziert, ist auch in den Stein des dreikantigen Monuments gemeißelt: Die Zeichen der drei alten Bünde, heute zusammengefügt im Wappen des Kantons Graubünden. Nüchtern das senkrecht schwarz-weiß geteilte Wappen des Grauen Bundes, kontrastfarben das viergeteilte Kreuz auf geviertelten Untergrund im Blau und Gelb des Zehngerichtebundes, und schließlich – einprägsames Symbol des Bergkantons – der schwarze Steinbock des Gotteshausbundes.

Im Spätmittelalter, also im 14. und 15. Jahrhundert, hatten sich im Gebiet des ehemaligen Churrätien mehrere Bünde formiert, um sich gegen Bedrohungen von außen zu wehren: im Südosten und Zentrum der Gotteshausbund, im Westen der Obere oder Graue Bund und im Norden der Zehngerichtebund. Mit ihrem Bundesbrief von 1524 gaben sich die Drei Bünde eine gemeinsame Verfassung und erlangten dadurch den Status eines Freistaates, der bis 1798 existierte. In der Folge der französischen Intervention unter Napoleon wurde der Freistaat mit der Helvetischen Republik vereinigt und 1803 unter dem Namen Graubünden gleichberechtigter Kanton der Schweizerischen Eidgenossenschaft.

Süffiges Detail am Rande der (trockenen) Geschichte: Das (heute italienische) Veltlin und die Bündner Herrschaft waren lange Zeit Untertanengebiete der Drei Bünde gewesen. Die ehemals enge »Beziehung« lässt sich noch heute auf der Weinkarte der meisten Bündner Berghütten ablesen ...

1. Tag: Sternahaus oder Term Bel

Die kleine Seilbahn verlässt die Talstation in Rhäzüns. Bald schweift der Blick von Thusis bis Reichenau, tief unten glitzert der Rhein in seinem wilden Bett. 10 Mi-

18 Feldis und Dreibündenstein

Warum nach Feldis und auf den Dreibündenstein?

Eine in jeder Beziehung ideale Wanderung für Anfänger und Wiedereinsteigerinnen! Denn zum einen bietet sie keinerlei Schwierigkeiten, zum anderen hält sie für alle, denen eine Übernachtung in der (allerdings sehr gemütlichen) Berghütte suspekt ist, mit der Pension Sternahaus in Feldis eine kinderfreundliche Verwöhnvariante bereit. Und egal wo übernachtet wird: Am Ende der Wanderung wartet eine atemberaubende, dafür umso knieschonendere Abfahrt auf der längsten Rodelbahn der Welt!

Tourencharakter
1- bis 2-tägige Bergwanderung. Der erste Teil der Wanderung bis zur Berghütte Term Bel ist geprägt durch das gemütliche Auf und Ab inmitten von Erikastauden und Alpenrosenbüschen. Ein schnurgerader Aufstieg entlang einer Gemeindegrenze, die sich wie eine chinesische Mauer en miniature quer durch das Gelände zieht und das muntere Schlängeln durch die größte Weidebuckellandschaft der Schweiz auf dem Gipfelplateau des Dreibündensteins sind weitere bemerkenswerte Stationen auf dem Weg vom Domleschg zur Lenzerheide.

Schwierigkeit: T2
Einfach zu begehende und gut markierte Wege führen auch die kleinsten Wanderer sicher ans Ziel. Ausgesetzt ist es nirgends und lediglich unterhalb des Grüenenbüels wird das Gelände kurz etwas steiler. Die schwierigste Etappe ist die Fahrt auf der Rodelbahn Pradaschier hinunter nach Churwalden – aber sogar hier steht mit der Sesselbahn eine langsamere Alternative bereit!

Höhenunterschiede und Gehzeiten
1. Tag: Feldis–Sesselbahn Mutta–Berghütte Term Bel ↗ 70 m, ↘ 100 m, 1 h 15.
   Feldis–Talstation Sesselbahn Mutta 0 h 15.
   Bergstation Sesselbahn Mutta–Berghütte Term Bel 1 h.
2. Tag: Berghütte Term Bel–Dreibündenstein–Pargitsch ↗ 200 m, ↘ 420 m, 2 h 45.
   Berghütte Term Bel–Dreibündenstein 1 h 15.
   Dreibündenstein–Pargitsch 1 h 30.

nuten, 800 Höhenmeter und etliche schroffe Felswände später ist Feldis erreicht, das Vergnügen – für manche eher ein Spuk – vorbei und die kleine Gondel schaukelt gemächlich in die Bergstation. Von hier sind die paar Schritte ins Dorf hinein schnell gemacht. Beim Dorfbrunnen trennen sich die Wege. Wer sich zuerst in der kinderfreundlichen Pension Sternahaus verwöhnen lassen will und die Wanderung erst am nächsten Tag unter die Füße nimmt, wendet sich nach links und steht in wenigen Minuten vor dem romantischen Holzbau. Jene, die sich in der Berghütte Term Bel ein Schlafplätzchen reserviert haben, folgen noch ein paar Meter der Straße, biegen dann aber rechts (südwestlich) ab und gelangen in einer Viertelstunde auf einem gemütlichen, markierten Weg zur Talstation der Sesselbahn (1480 m) auf den Mutta. Während der Bergfahrt verliert der Piz Beverin, der bisher beinahe uneingeschränkt die Szenerie beherrscht hat, etwas von seiner Vormachtstellung. Und es kommt noch besser: Von der Bergstation ist der **Mutta** (1974,1 m) in wenigen Schritten in westlicher Richtung erreicht. Hier, und auch ein paar Meter weiter bei einem von drei Holzfrauen bewachten Rastplatz (1971 m) schweift der Blick an schönen Tagen bis zum Finsteraarhorn!

Gegen Nordosten leicht abwärts wandernd werden ein paar Alphütten erreicht (1948 m). Dann steigt der Pfad wieder an, leitet ostwärts in sanfter Heidelandschaft zum beinahe verlandeten Seelein Leg Palus und immer weiter in leichtem Auf und Ab vorbei an P. 1981 unter die Felsen von Tgom Aulta. Ab hier wird die Hütte (1954 m) sichtbar und auf dem schwach geneigten Weglein in wenigen Minuten erreicht.

Auf die Kleinen wartet eine flache Wiese samt Bächlein, auf die Großen eine Flasche Bier (mit Blick auf den Calanda!) – oder ein Glas Veltliner.

2. Tag: Über den Dreibündenstein

Selten ist eine politische Grenze in der Landschaft so deutlich auszumachen wie hier. Schnurgerade zieht sich das Grenzmäuerchen, einer chinesische Mauer en miniature ähnlich, gegen den Gipfel des Dreibündensteins hinauf. Der Wanderweg folgt anfänglich dem Steinwall, dreht dann aber (auf ca. 2075 m) in nördlicher Richtung ab und führt in weitem Bogen in den Pass (2152 m) zwischen Furggabüel und Dreibündenstein. Von hier ist der Obelisk (2160 m) auf dem beinahe ebenen Gipfelplateau schnell erreicht. Neben einer tollen Rundsicht – nur im Süden stellt sich das Fulhorn dem enormen Weitblick in den Weg – wartet eine weitere Besonderheit: die größte Weidebuckellandschaft der Schweiz.

Vom Gipfel des Dreibündensteins schlängelt sich der Pfad vorbei an P. 2152 ohne nennenswerte Höhendifferenzen in südlicher Richtung durch unzählige Buckel der Windegga entgegen, und wachsame Augen entdecken hier vielleicht sogar die eine oder andere kleine Kristallspitze. Bei einer Weggabelung (2115 m) dreht unser Weg gegen Osten ab und führt über die offenen Hänge der Glatten Böden talwärts. Unter den Felsen des Grüenenbüels hindurch leitet die Route nun kurz in etwas steileres, aber weiterhin unschwieriges Gelände, flacht wieder ab und taucht kurz vor Pargitsch in ein Wäldlein ein.

Nun ist es mit der Ruhe vorbei: Schon von Weitem hört man das Stimmengewirr jener, die an der Bergstation der Rodelbahn (1724 m) ihrer Vorfreude freien Lauf lassen. Oder die Aufregung überspielen wollen …

◂◂ Zum Bier der passende Berg! Berghütte Term Bel, im Hintergrund der Doppelgipfel des Calanda.

◂ Schweizer Rekord: Die Weidebuckellandschaft auf dem Gipfelplateau des Dreibündensteins.

18
Feldis und Dreibündenstein

▾ Grenzbereinigungen: Nur selten ist eine Grenze so gut in der Landschaft zu erkennen wie im Aufstieg von der Berghütte Term Bel zum Dreibündenstein.

DREISPRACHIGES LAND: GRAUBÜNDEN – GRIGIONI – GRISCHUN

Gäbe es ein Guinnessbuch der Schweizer Rekorde, so hätte der Kanton Graubünden einige Einträge auf sicher: Er ist der größte Kanton und beansprucht einen Sechstel der gesamten Fläche der Schweiz. Und auch in Sachen Grenze hält der Alpenkanton den Landesrekord: Dank Münstertal, Puschlav, Bergell und Misox, die sich vorwitzig nach Italien hinein strecken, deckt er mit rund einem Viertel auch den längsten Abschnitt der Schweizer Grenze ab. Außerdem bietet die »Ferienecke der Schweiz« – zu der die Tourismusindustrie den Kanton reduziert hat – 150 Täler, 615 Seen und Seelein sowie 937 Berggipfel, allein 460 davon über 3000 m. Nicht zu vergessen der Piz Bernina, seines Zeichens der östlichste Viertausender der Alpen!

In einer Hinsicht hebt sich Graubünden aber ganz besonders von seinen Miteidgenossen ab: Als einziger Kanton hat er in seiner Verfassung drei Amtssprachen festgeschrieben! 68 von 100 Bewohnern von Graubünden geben heute Deutsch als Hauptsprache (das heißt jene Sprache, in welcher sie denken und sich am besten ausdrücken können) an, 14 Rätoromanisch und 10 Italienisch.

Das kam so: Im Altertum wurde im Unterengadin Rätisch, in den übrigen Gebieten Keltisch gesprochen. Zu Beginn unserer Zeitrechnung brachen die Römer in Rätien ein und entlang der Passwege gewann das Latein rasch an Bedeutung. Es entwickelten sich verschiedene Dialekte, die heute Rätoromanisch genannt werden. Diese wurden nach dem Abzug der Römer in ganz Graubünden gesprochen. Im Mittelalter wanderten von Westen her die Walser ein und besiedelten die hochgelegenen Täler. Etwa zur gleichen Zeit erfolgte vom Boden- und Walensee her die langsame Germanisierung der Region Chur.

Alles in allem: Im Kanton GR herrscht heute ein ziemlicher Sprachenwirrwarr! Wie gesagt: Allein die deutschen Mundarten gehören zu zwei Gruppen des Schweizerdeutschen. In den Walserregionen (s. Seite 210) wird eine altalemannische Mundart gesprochen, welche die Siedler im 13./14. Jahrhundert aus dem Oberwallis mitgebracht hatten, während im Churer Rheintal und Chur ein lateinisch gefärbtes hochalemannisches Deutsch vorherrscht, das immer mehr auch in den (noch) rätoromanischen Regionen Einzug hält; dieses »Churer Deutsch«, das allgemein in der Schweiz als Bündnerdeutsch gehandelt wird, haben Linguisten wegen der Absenz der sonst das Schweizerdeutsche beherrschenden Kratz- und Knarrlaute treffend als »Deutsch mit lateinischer Zunge gesprochen« bezeichnet. Damit aber nicht genug: Im nordöstlichsten Zipfel des Kantons, in der Gemeinde Samnaun, wird auch noch Tirolerisch gesprochen.

Die kleinste einheimische Sprachgruppe bilden die Italienischbündner. Im Calancatal, Misox, Bergell und Puschlav ist Italienisch die Amtssprache. Die Menschen unterhalten sich untereinander in ihrem lombardischen Dialekt, aufgrund des Tourismus wird allerdings von den meisten auch Schweizerdeutsch verstanden.

Bleibt noch das Rätoromanische. Besser gesagt: Bleiben noch die fünf rätoromanischen Idiome! Das traditionelle rätoromanische Sprachgebiet gliedert sich seinerseits nämlich in drei Teile: Die Surselva (das Bündner Oberland) mit dem surselvischen, Mittelbünden mit dem sutselvischen und surmeirischen Idiom und das Engadin mit den Varianten Putér und Vallader. Sie bilden zwar einen erstaunlichen sprachlichen Reichtum, die Aufsplitterung ist für das Fortbestehen des Rätoromanischen allerdings auch eine große Hypothek! Aus diesem Grund lancierte die Lia Rumantscha, die Dachvereinigung der rätoromanischen Sprach- und Kulturvereine, 1983 das Rumantsch Grischun. Diese Überbrückungssprache basiert auf den verbindenden Elementen der verschiedenen Idiome und hat rasch an Boden gewonnen. Ob sie aber vom Volk auch wirklich akzeptiert wird und sich damit der Vormarsch der deutschen Sprache stoppen lässt, wird erst die Zukunft weisen.

18 Feldis und Dreibündenstein

▼ **Drei Kanten – der Obelisk auf dem Gipfel des Dreibündensteins mit den Wappen der drei Bünde.**

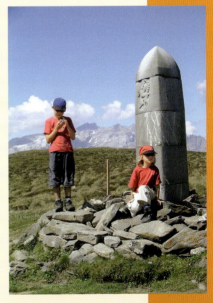

DREI STRICHE: AUCH EINE SPRACHE

•–	Ar-nold	–•–	Kom-man-do	••–	U-ni-form
–•••	Bo-na-par-te	•–••	Li-mo-na-de	•••–	Ven-ti-la-tor
–•–•	Con-di-to-rei	––	Mo-tor	•––	Wind-mo-tor
–••	Don-ners-tag	–•	No-tar	–••–	Xo-ki-mil-ko
•	Ei	–––	O-vo-sport	–•––	Yo-schi-mo-to
••–•	Fens-ter-bo-gen	•––•	Phi-lo-so-phie	––••	Zo-ro-as-ter
––•	Gross-on-kel	––•–	Quo-ko-ri-ko	––––	Chro-no-lo-gos
••••	Hüh-ner-au-ge	•–•	Re-vol-ver	•–•–	Ätz-koh-len-stoff
••	I-da	•••	Sä-bel-griff	••––	Ü-ber-rock-knopf
•–––	Jagd-mo-tor-boot	–	Tod	–––•	Ö-ko-no-mie
•––––	Eins	•••••	Fünf	–––••	Acht
••–––	Zwei	–••••	Sechs	––––•	Neun
•••––	Drei	––•••	Sieben	–––––	Null
••••–	Vier				

Ein Punkt ist dreimal so lang wie ein Strich
Abstand zwischen zwei gesendeten Symbolen: so lang wie ein Punkt.
Abstand zwischen Buchstaben in einem Wort: so lang wie ein Strich.
Abstand zwischen zwei Wörtern: so lang wie zwei Striche.

Samuel Morse hatte als Kunstmaler mit Technik wenig am Hut. Dafür hatte er eine zündende Idee: 1832 bastelte er aus Drahtresten, Blechabfällen und seiner Wanduhr einen Morseapparat. Gut zehn Jahre später flitzten Punkte und Striche durch die Telegrafenleitungen und erlaubten die Kommunikation über weite Strecken in einer bisher nicht vorstellbaren Geschwindigkeit.

Punkte und Striche? Genau. Die Buchstaben des Morsealphabets bestehen aus einer Kombination von Punkten und Strichen und sind gar nicht so schwierig zu lernen. Wenn man sich anstelle der Punkte und Striche nur die Merkwörter einprägt, ist es schon fast ein Kinderspiel: Die Merkwörter werden in ihre Silben zerlegt, jede Silbe, die ein »o« enthält, bekommt einen Strich, alle anderen erhalten einen Punkt. Zum Beispiel: F = wie Fens-ter-bo-gen. Oder: W = wie Wind-mo-tor. Um ein ganzes Wort zu schreiben, hängt man einfach die entsprechenden Buchstaben zusammen. Und schon gehts los: Am besten nachts mit den Lichtzeichen einer Taschenlampe. Oder mit Klopfzeichen von Zimmer zu Zimmer – dann allerdings eher nicht nachts und schon gar nicht in einer voll besetzten Berghütte ...

Informationen

Ausgangspunkt / Anreise
Feldis, 1470 m. Vom Bahnhof Rhäzüns zu Fuß in 10 Minuten zur Talstation der Luftseilbahn LRF und mit der kleinen Gondel hinauf nach Feldis.

Endpunkt / Rückreise
Pargitsch, 1724 m. Rodel- oder Sesselbahn Pradaschier nach Churwalden, Postauto ab Churwalden, Post, nach Chur.

Übernachtung
Sternahaus, 1500 m, Koordinaten 752 450 / 184 650, 13 Einzel-, Doppel- und Familienzimmer, ganzjährig geöffnet. Tel. 081 655 12 20, www.sternahaus.ch. Im romantischen Holzbau mit schönem Blick auf Feldis, den Piz Beverin und das Vorderrheintal sind auch kleine Gäste willkommen: Spielzimmer im und Spielplatz vor dem Haus!
Berghütte Term Bel, 1964 m, Koordinaten 755 850 / 185 040, 16 Plätze, nur Sa/So von Juni bis Oktober offen und bewartet. Tel. Nr. des jeweiligen Hüttenwartes unter www.snowsport-ems.ch oder beim Hüttenchef 081 633 17 91. Telefonische Reservation unumgänglich! Die flache Hüttenumgebung mit Bach eignet sich ausgezeichnet als Naturspielplatz, muss aber manchmal mit neugierigen Vierbeinern geteilt werden.

Karten
Kartenblatt 1195 Reichenau

Variante
Zeitsparend: Vom Gipfel des Dreibündensteins kann auf einfachem und gut markiertem Weg bei etwa gleichem Zeitbedarf auch nach Brambrüesch abgestiegen werden. Da die Gondelbahn die Wanderer von dort (fast) mitten ins Herz der Bündner Hauptstadt bringt, reduziert sich der zeitliche Aufwand für die Rückreise. Für besonders Eilige eine Alternative zur Fahrt auf der Rodelbahn.

**18
Feldis und Dreibündenstein**

▶ Kinderfreundlich: Die Pension Sternahaus ist ein idealer Ausgangspunkt für kleinere und größere Wanderungen.

19 Maloja, Bivio und Avers

Vom Ursprung des Inns zum höchstgelegenen Dorf der Alpen

Säumerei und Postkutschen

Wie die meisten Bergbewohner produzierten auch die Averser von alters her vor allem Fleisch und Milchprodukte und waren deshalb auf einen gewissen Warenhandel mit den Nachbartälern angewiesen. Die verhältnismäßig leicht zu erreichenden Ortschaften Bivio und Andeer eigneten sich dafür nur beschränkt, da dort oftmals die gleichen Erzeugnisse angeboten wurden, die sie selbst auch produzierten.

In Chiavenna hingegen wurden die Produkte des Südens wie Reis, Teigwaren, Gewürze, Weizen, Roggen, Mais, Wein, Trauben und Kastanien, aber auch Spinnstoffe, Werkzeuge und vieles mehr zu günstigen Konditionen angeboten. Um dorthin zu gelangen, musste aber eine Bergkette mit über 2600 Meter hohen Passübergängen gequert werden, und je nach Epoche war der Transport über die Grenze einmal erlaubter Handel, aber im Jahr darauf verbotener Schmuggel.

Während die Bewohner des Madris und der Ortschaften Cröt und Campsut den Handelsweg durch das Val Madrisch/Val Madris und über den **Madrisberg** (Bocchetta da Lägh, 2649 m!) nach **Chiavenna** (325 m) bevorzugten, benützten die Leute aus dem oberen Avers eher die Säumerrouten über Forcellina und Septimer nach Casaccia im Bergell.

Der Stallerberg von Juf nach Bivio, den auch wir auf der Wanderung überschreiten, hatte jedoch immer schon eine wichtige Funktion im Personenverkehr. Vor dem Bau der Kantonsstraße von Andeer nach Avers-Cresta in den Jahren 1890 bis 1895 bestand zwischen dem Schams und Avers nur ein schmaler Saumweg, somit war der Stallerberg ein schneller, ganzjährig geöffneter Verbindungsweg nach Bivio zur Postkutsche in Richtung Chur, welches seit 1858 ans Bahnnetz angeschlossen war. A propos Postkutsche: Die letzte Postkutsche der Schweiz verkehrte bis 1961 im Avers. Der Zweispänner verband sommers und winters fahrplanmäßig Avers-Cresta und Juf. Die damals im Winter eingesetzte Schlittenkutsche bewacht heute die Haarnadelkurve bei der Post in Cröt.

1. Tag: Zum Ursprung des Inns

Von der Haltestelle Maloja Posta (1809 m) einige Minuten (rund 400 m) auf dem Trottoir der Hauptstraße entlang in Richtung See und beim Abzweiger links hinauf zum Weiler **Pila** (1835 m). Rechts an den stattlichen Häusern vorbei steil zur Wegkreuzung

**19
Maloja, Bivio und Avers**

Warum zum Ursprung des Inns und zum höchstgelegenen Dorf der Alpen?

Beim Inn lässt sich der Ursprung besser definieren als bei den meisten anderen großen Flüssen, auch weil er von Anfang an den Namen trägt, den er auch 500 Kilometer entfernt bei seiner Einmündung in die Donau noch trägt. Auch die Kontinentale Wasserscheide gibt viel Gesprächsstoff. Schließlich das höchstgelegene, ganzjährig bewohnte Dorf der Alpen, Juf.

Tourencharakter
Zwei 1-tägige Bergwanderungen. Die erste Tour ab Maloja ist durch ihre Länge nicht zu unterschätzen, die Anreise am Vorabend sehr zu empfehlen. Vom Septimerpass führt
ein 6 Kilometer langes Kiessträßchen nach Bivio. Da kommt man gut voran und auch bei nicht optimalem Wetter verirrt sich dort niemand. Die Tour von Bivio nach Juf ist kürzer, aber kann mit dem Abstecher zu den Flüeseen oder zum Gipfel Uf da Flüe erweitert werden.

Schwierigkeit: T2
Durchwegs gut markierte Bergwege ohne spezielle technische Schwierigkeiten. Die ersten paar Abstiegsminuten vom Stallerberg in Bachnähe sind manchmal etwas rutschig, aber im variantenreichen Weidegelände problemlos zu bewältigen. Anspruchsvoll ist eher die Länge der Wanderung am ersten Tag.

Höhenunterschiede und Gehzeiten
1. Tag: Maloja–Pass Lunghin–Bivio ↗ 850 m, ↘ 890 m, 5 h 15.
         Maloja–Pass Lunghin 2 h 45.
         Pass Lunghin–Bivio 2 h 30.
2. Tag: Bivio–Stallerberg–Juf ↗ 830 m, ↘ 475 m, 4 h.
         Bivio–Stallerberg 3 h.
         Stallerberg–Juf 1 h.

P. 1945 auf Plan di Zoch. Nun links halten auf den En (Inn) zu und nochmals ansteigen bis zum Holzsteg auf 2315 m, bekannt als erste Brücke über den Inn. Kurz darauf wird der **Lägh da Lunghin** (2484 m) in seiner weiten Fels- und Geröllarena erreicht. Der größte Teil des Aufstieges ist geschafft – Zeit für eine ausgiebige Picknickpause. Dem Zufluss des Sees entgegen erreicht man über weite Sand- und Kieshänge problemlos den **Pass Lunghin** (2645 m) und somit die Kontinentale Wasserscheide. Ein Wegweiser zuoberst auf dem Pass macht deutlich, welch schwierige Entscheidung bezüglich seines weiteren Lebensweges ein Wassertropfen an dieser Stelle zu treffen hat.

Vom Pass Lunghin an gehts nur noch hinunter. Zuerst über Sand und Weiden am Seelein P. 2476 zum **Septimerpass** (2310 m). Hier kann man noch Überreste der alten Römerstraße entdecken. Der Septimerpass war damals eine der wichtigsten Nord-Süd-Verbindungswege der Schweiz. Zu späterer Zeit diente der Pass den Bergeller Bauern zur Besiedlung Bivios. Anfänglich weilte man nur während des Sommers auf den Alpen rund um Bivio, doch später siedelten sich einige ganzjährig in Bivio an. Daher kommt es, dass Bivio (eigentlich im romanischsprachigen Gebiet gelegen) lange Zeit Italienisch als Amtssprache hatte.

Dann rechts auf dem Kiesfahrsträßchen immer dem Bach entlang nordwärts, mal über weite Feuchtflächen und dann durch enge Tälchen zur Brücke auf 1953 m. Nun ist man bereits im besiedelten Gebiet und erreicht eine gute halbe Stunde später den Dorfkern von **Bivio** (1769 m).

◄◄ Der Lägh da Lunghin in seiner Mulde.

◄ Kein seltenes Bild. Steinböcke am Lägh da Lunghin.

2. Tag: Zum höchstgelegenen Dorf der Alpen

Bei der Talstation des Skiliftes in Bivio den Bach überschreiten und über Cresta hinauf nach Radons. Nun durch die Flanke weiter in gleichmäßigen Kurven über P. 2167 zu Plan Tguils. Wie es der Name schon sagt, wartet hier eine große Hochebene mit Sumpfflächen, Tümpeln, einem Bächlein und einigen attraktiven Rastplätzen. Nach P. 2429 wird der Bach einige Male gequert, und bald schon steht man in der weiten Einsattelung des Stallerbergs auf 2581 m und guckt hinunter ins Avers. Der noch bessere Aussichtspunkt und die noch schöneren Rastplätze liegen allerdings noch eine gute Viertelstunde höher bei den Flüeseen. Ein kleiner Abstecher, der sich sehr lohnt, falls Zeit und Puste übrig sind.

Vom Stallerberg führt der Abstieg über weite Alpweiden, die im Juli ein wahres Blumenparadies sind. Zuerst geht es in Bachnähe bis P. 2333 hinunter, dann in weitem Zickzack hinunter nach **Juf** (2124 m), dem höchstgelegenen ganzjährig bewohnten Dorf der Alpen.

19
Maloja, Bivio und Avers

▼ Verträumte Seenplatte. Die Flüeseen oberhalb von Juf.

KONTINENTALE WASSERSCHEIDE

Da steht man nun auf dem Lunghinpass – ein Bein links, das andre rechts der sogenannten Kontinentalen Wasserscheide und sieht hinauf in den wolkenlosen, blauen Himmel. Angenommen, der wäre heute grau verhangen und ein Regentropfen würde genau auf diesen Punkt herunterfallen, so müsste er sich wohl blitzschnell überlegen, wohin sein weiterer Lebensweg führen soll. Ins Schwarze Meer, in die Nordsee oder in die Adria?

Ein leichter Windstoss nordwärts, und sein Weg führt in den Bach Tgavertga, der in Eva dal Lunghin unbenannt nach Bivio fliesst. Dort spült es den Tropfen mit der Julia nach Thusis in den Hinterrhein, und ab Reichenau zusammen mit den Vorderrheintropfen gehts Richtung Bodensee, über den Rheinfall nach Basel und schliesslich, nach rund 1300 Kilometern, vielen Staustufen, chemischen Werken und anderer Industrie, dümpelt unser Wassertropfen bei Rotterdam in der Nordsee.

Vielleicht treibt es unseren alpinen Regentropfen nach Süden. Dann fliesst er vom Pass Lunghin steil hinunter in die Maira, verlässt das Bergell, durchschwimmt Chiavenna, dann den Lago di Mezzola und anschliessend den Comersee, heisst als Abfluss dann Adda, wird zum Po und mündet nach rund 450 Kilometern südlich von Venedig in die Adria.

Oder aber es verschlägt unseren Regentropfen auf die abenteuerliche Ostroute. Dann geht es vom Pass hinunter zum Lunghin-Seelein und beginnt im Inn (hier noch En gesprochen und geschrieben) seine grosse Reise durch die Oberengadiner Seen und das Unterengadin nach Innsbruck. Hinter Österreich gehts auf einen Abstecher nach Deutschland, und bei Passau, nach Passieren von insgesamt 22 Wasserkraftwerken seit seiner Quelle, wartet die Donau auf unseren Lunghiner Wassertropfen. Und in der Donau fliesst er durch Linz, Wien, Budapest und Belgrad und schliesslich nach einer Reise von fast 3000 Kilometern bei Constanta ins Schwarze Meer.

Wer auf dem Pass Lunghin eine Europakarte zur Hand hat, kann sich vorstellen, welch schwierige Entscheidung der Wassertropfen blitzschnell zu fällen hat. Zum Glück stehen nicht allzu viele Tropfen vor einer solchen Wahl. Erstens, weil das Oberengadin zu den eher niederschlagsärmeren Gegenden der Schweiz zählt, und zweitens, weil es eine solch wichtige Wasserscheide nur genau einmal in ganz Europa gibt. Eben hier am Pass Lunghin.

Vor rund 25 Millionen Jahren war das Ganze noch nicht so kompliziert. Das Oberengadin sah noch ganz anders aus, weil damals die Flüsse vom oberen Bergell über das Septimer- und Juliertal und durch den Kunkels-Einschnitt nach Norden in Richtung Bodensee abflossen. Ein Längsbruch im Gestein führte dann zur Talbildung des Oberen Engadins, was die Abflussrichtung des heutigen Inns in Richtung Österreich bestimmte. Gleichzeitig führte starke Erosion zur Bildung des Bergells. Die Maira zapfte das Wasser der Oberen Bergeller Seitentäler an, leitete es gegen Südwesten um und liess alles in Richtung Comersee fliessen.

Den letzten Schliff dieser spektakulären Oberengadiner Seenlandschaft nahmen dann noch die Gletschermassen während der Eiszeiten der letzten 100 000 Jahre vor. Die Gletschermühlen in Maloja und die abgeschliffenen Formen der Berge bis auf eine Höhe von rund 2600 m zeugen heute noch auf eindrückliche Weise davon.

Und wie lange die Reise eines Regentropfens oder einer Flaschenpost bis zum Meer dauern würde? Fließgewässer sind in den Bergen mit einer Geschwindigkeit von etwas mehr als einem Meter pro Sekunde unterwegs, im Flachland nach den Alpenrandseen fließen sie dann etwas langsamer. Für die 1300 Kilometer lange Reise des Tropfens im Rhein ergäbe das demzufolge eine Reisedauer von rund 15 Tagen.

Wenn sich da keine Stauwerke und andere Hindernisse in den Fluss stellen würden. Und vor allem: Wenn da keine Seen unseren Wassertropfen zum Verweilen einladen würden.

19
Maloja, Bivio und Avers

▼ **Wasser- und Wanderwege am Lunghinpass.**

DER DUFT DER GROSSEN, WEITEN WELT

An vielen alten Ställen im Avers sieht man Schafmistziegel aufgereiht. Diese wurden früher zum Beheizen der Häuser gebraucht. Sie haben zwar weniger Heizwert als Holz, aber Schafmist war vor Ort vorhanden. Brennholz hingegen musste zuerst in tiefer gelegenen Regionen geschlagen oder gekauft und dann ins Avers hinauf transportiert werden. So lag früher im Winter ein spezieller, süßlicher Schafmistrauchduft über den Höfen des Avers.

Auf unseren Wanderungen oberhalb der Baumgrenze treffen wir angesichts einer rohen Bratwurst auf das gleiche Problem: Entweder man hat in tieferen Lagen Holz gesammelt und es bis zum Rastplatz oberhalb der Baumgrenze mitgetragen, oder die Wurst bleibt roh. Oder: Man versucht es mit althergebrachten Methoden und sammelt Mist. Zum Anzünden des Feuers benötigt man viel dürres und trockenes Gras, dann kann man ganz trockene Teile von Kuhfladen oder Schafkot vorsichtig darüber schichten. Die glimmen zwar mehr als sie brennen, geben aber jeder Wurst und jedem Schlangenbrot einen charakteristischen Geschmack. Geschmacksneutraler ist da ein im Blechteller gebackener Bannockbrotfladen (die Mutter aller Mahlzeiten der Outdoorfans) allemal.

Bannockrezept für 4 Personen

250 g Mehl, 1/2 Teelöffel Salz, 1/2 Päckchen Backpulver und Wasser vermengen und ordentlich durchkneten. Es soll ein Teig entstehen, der nicht mehr an den Fingern klebt. Aus dem Teig einen rund 20 cm dicken Fladen formen und in den Blechteller (Pfannendeckel) legen. Diesen auf den vorbereiteten Glutteppich setzen, gut überwachen und von Zeit zu Zeit den Fladen schütteln, damit nichts anbrennt. Bis die eine Seite goldbraun gebacken ist, geht der Fladen etwas auf. Nun kann der Brotfladen gewendet werden.

Von Brötchen über Fladenbrot bis zu Pizzabrot reichen die Einsatzmöglichkeiten. Backpulver kann auch durch Trockenhefe ersetzt werden und Salz durch Zucker.

Informationen

Ausgangspunkt / Anreise
Maloja Posta, ca. 1809 m, Haltestelle des Postautos und des Engadin-Busses auf der Linie St. Moritz–Malojapass–Bergell.

Endpunkt / Rückreise
Juf, 2117 m, Endpunkt der Postautolinie von Andeer durch das Avers.

Übernachtung
Bivio: Zahlreiche Übernachtungsmöglichkeiten und Privatzimmer in allen Preisklassen: Informationen bei Verkehrsverein Bivio Tourismus, Tel. 081 684 53 23 und unter www.bivio.ch.

Verpflegung / Übernachtung unterwegs
Maloja: Informationen bei Tourist Office Maloja, Tel. 081 824 31 88, www.engadin.stmoritz.ch/maloja. Breite Auswahl an Übernachtungsmöglichkeiten, von der Jugendherberge mit Familienzimmern über das Sporthotel bis zum Luxushotel.
Avers: Unterkünfte in Juf, Juppa, Pürt, Cröt und Cresta. Gästeinformation Avers, Tel. 081 667 11 67 und unter www.avers.ch.

Karten
Kartenblätter 1276 Val Bregaglia und 1256 Bivio

Variante
Piz Lunghin, T3+, Aufstieg 0 h 30: Vom Pass Lunghin auf blau-weiß markiertem Weg über einige Felsstufen (etwas kraxlig) und dann dem Grat entlang. Dort zuweilen etwas schmal, aber immer noch genügend breit für etwaige Hilfestellung.

19
Maloja, Bivio und Avers

▼ Gut kneten, schön backen und fertig ist der Bannockfladen. Nur: Wie bringt man bloß unbeschadet den heißen Deckel vom Feuer?

▶ Neinnein – keine Angst: Bivio, Maloja und Juf verfügen über Unterkunftsmöglichkeiten in allen Komfort- und Preiskategorien.

20 Biowunder auf der Alp Flix

Vom Unterwasserdorf über Bergwerksstollen zur Milchschafalp

Alle Wege führen nach Rom …

… auch derjenige über den Julierpass. Dieser verbindet schon seit mehr als 2000 Jahren Chur mit Rom. Zur Römerzeit stand auf der Passhöhe ein rund 5 auf 5 Meter großer Tempel. Zwei Säulenfragmente davon wurden kürzlich auf der Passhöhe rechts und links der Straße platziert. Die Römer benutzten für Transporte meist zweirädrige Karren mit einem genormten Radabstand von 107 Zentimeter und 4 Zentimeter breiten Metallreifen. Als Zugtiere dienten Ochsen, da sich diese kräftigen und gemütlichen Tiere auf schlechten Fahrwegen besser zurechtfanden als Pferde. An einigen Stellen der römischen Verkehrswege, so auch am Julierpass zwischen Bivio und der Passhöhe, finden sich heute noch Karrenspuren, die im Laufe der Zeit durch die Räder in den felsigen Untergrund geschliffen wurden. Vor allem auf der Nordseite der Pässe sind die Spuren wesentlich tiefer eingefressen als auf der Südrampe. Warum wohl?

Aus Rom, dem Zentrum des frühen Seehandels, exportierten die Römer Textilien, Wein, Goldschmuck, bronzenes Geschirr, Parfüm aus Ägypten, Trinkschalen aus Griechenland und vieles mehr über die Pässe nach Norden. Die schwer beladenen Karren mussten also auf den steilen Rampen gegen Chur hinunter stark gebremst werden, sodass die Räder blockierten und ihre Spuren im Laufe der Zeit tiefer und tiefer in den Fels einritzten. Bei der Rückkehr nach Süden waren die Karren leichter und ihre Spuren demzufolge weniger ausgeprägt.

Das geflügelte Wort »alle Wege führen nach Rom« hängt damit zusammen, dass vor 2000 Jahren mitten in Rom eine goldene Säule stand, auf der die Namen der Provinzen und der Hauptstädte des gesamten Römischen Reiches und ihre jeweilige Entfernung von Rom angegeben waren. Sie erinnerte die Bewohner Roms jeden Tag an die Macht und Größe des Römischen Reiches.

1. Tag: Ein totes Dorf und eine Alp, die lebt

Von der Postautohaltestelle **Marmorera Dorf** (ca. 1700 m) aus ist weit und breit kein Dorf zu sehen. Weil das alte Dorf Marmorera für immer auf dem Grund des Stausees liegt und weil Neu-Marmorera oberhalb der Passstraße trotz Anstrengungen der Kraftwerke nie zum richtigen Dorf geworden ist. Zwar haben sich einige Einwohner des 1954 vom Stausee überfluteten Dörfchens in Scalotta, unterhalb

Warum auf die Alp Flix?

Die Alp Flix ist extrem vielseitig. Auf der einen Seite sind drei Bergseen zu entdecken – einer geheimnisvoll dunkel-moorig, einer kristallklar mit Felsufer und einer klein und badewarm. Dann sind da noch die alten Erzgruben: Viele versteckte Eingänge und Spuren aus der Zeit, als Bergleute hier ihr Glück versuchten, lassen sich heute noch aufspüren. Und ein weiteres Highlight ist der sagenhafte Pflanzenreichtum der Alp – welcher durch das Biodiversitäts-Monitoring erstmals belegt wurde. Und natürlich die Milchschafzucht. Als Klammer der Tour dienen zwei tolle Unterkünfte: Das Hotel – modern und schick – der Bergbauernhof urchig, einfach, mit Doppelzimmern, Matratzenlager, Heustock und Tipi. Herz, was willst du mehr!

Tourencharakter
2-tägige Bergwanderung. Am ersten Tag eine kurze, leichte Etappe, die sich auch gut für Wanderanfänger eignet und schön Zeit lässt, um den Nachmittag an den Flixer Seen zu verbringen. Der zweite Tag wartet mit einer höhenmetermäßig etwas anspruchsvolleren Etappe auf, die je nach Tagesform der Wanderer auf einfache Weise abgekürzt oder verlängert werden kann (siehe Varianten).

Schwierigkeit: T2
Auch für wenig bergerfahrene Familien empfehlenswerte Wanderungen. Keine ausgesetzten Stellen unterwegs, sofern man auf dem Weg bleibt und sich nicht zu den Bergwerksgruben vorwagt.

Höhenunterschiede und Gehzeiten
1. Tag: Marmorera–Gruba–Alp Flix/Tgalucas ↗ 310 m, ↘ 40 m, 2 h 30.
            Marmorera–Gruba 1 h 15.
            Gruba–Alp Flix/Tgalucas 1 h 15.
2. Tag: Alp Flix/Tgalucas–Falotta–Demat–Tinizong ↗ 550 m, ↘ 1290 m, 6 h.
            Alp Flix/Tgalucas–Falotta 2 h.
            Falotta–Demat–Tinizong 4 h.

der Staumauer oder eben im künstlichen Dorf Marmorera oberhalb der Passstraße niedergelassen, aber die meisten Familien aus dem alten Dorf haben sich in alle Himmelsrichtungen zerstreut.

So wandern wir von der Haltestelle die Teerstraße hinauf durch die verstreut liegenden Häuser, lassen den Bauernhof am oberen Dorfrand hinter uns und stehen auf ca. 1870 m an der Abzweigung, wo der Wegweiser nach links zur Alp Flix zeigt. Fast waagrecht gehts hoch über dem Marmorerasee hindurch nach **Gruba** (P. 1855). Abraumhalden mit rostrotem Gestein und die Mauerüberreste lassen hier auf Bergbau schließen. Tatsächlich finden sich im Hang nördlich von P. 1855 viele Bergwerkseingänge. Einige verschüttet, andere verbarrikadiert, andere offen. Wer sich hineinwagt, braucht eine Taschenlampe und tut das auf eigene Gefahr …

Von Gruba gehts in angenehmer Steigung bergwärts, bei rund 1940 m wird der Bach überschritten, seinem Lauf entlang erreicht man den Weiler **Salategnas** (1976 m) am südlichen Ende der Alp Flix. Wegspuren führen quer über die Weide zum Kirchlein Son Roc, dann über die Fahrstraße und auf breitem Feldweg zum Übernachtungsort **Tgalucas** (1969 m), wo man vom Schafgeblöke und -gebimmel empfangen wird.

Nach einer so kurzen Etappe bleibt Zeit, den Nachmittag an den drei Flixer Seen zu verbringen. 10 Minuten hinter Tgalucas liegen die beiden kristallklaren Lais Blos, die Blauseen. Im Hochsommer warten sie mit Badetemperaturen auf. Etwas weiter unten, mitten im Wald liegt in einer Moorsenke der Lai Neir, der Schwarzsee, dunkel, geheimnisvoll und geheimnisumwittert, als Teil eines großen Moorschutzgebietes.

2. Tag: Schafmilch und Milchschafe

Der Wanderweg von Tgalucas nach Falotta beginnt breit und deutlich, wird nach einigen Minuten im Spurengewirr der Schafweide wieder schwächer, sodass man sich mit Vorteil an die Markierungen hält, die direkt zum Hochplateau von Tgeps führen. Oft sieht man von hier aus die Lämmerherde, die von den großen weißen Maremmano-Herdenschutzhunden bewacht wird (dazu mehr auf der nächsten Seite).

Von der Hochebene Tgeps aus steigt der Weg nochmals kurz an und erreicht dann die Einsattelung von **Falotta** (ca. 2450 m). Hier wechselt die Landschaft abrupt. Die grüne Wiese geht ins vielfarbige Gestein über, besonders auffällig sind die dunkelgrünblauen Serpentinen mit den schönen Maserierungen. Nun leicht absteigen, den Ragn dil Plaz überqueren und nochmals 20 Meter hinauf zum Übergang vor dem Piz Colm. Hier dreht der Weg nach rechts und steigt durch die Flanke ab. Querfeldein oder in großem Bogen über die Abzweigung bei P. 2399 (bei den markanten roten Schuttfeldern wurde Manganerz abgebaut) erreicht man die kleine Hirtenhütte von **Colm da Bovs** (2234 m). Hier beginnt der sehr deutliche Weg, der leicht rechts des Baches hinunter zum Weiler **Demat** (1844 m) führt. Nun dem Fahrsträßchen entlang über Tgasot zur Brücke Tgant Pensa (1659 m). Hier den Bach überqueren und dem Fahrsträßchen nach in einer knappen Dreiviertelstunde ins herzige Dorf **Tinizong** (1232 m) hinunter.

◄◄ Lais da Flix: baden, sonnenbaden, entdecken, staunen.

◄ Weite Wanderlandschaft nach Falottas.

20
Alp Flix

▼ Bei Gruba, unterhalb Salategnas, finden sich viele Stolleneingänge aus alten Bergwerkszeiten.

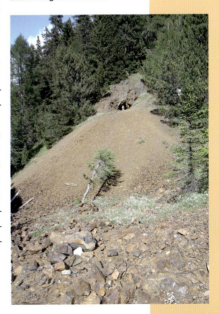

VON HIRTEN, BOARDER COLLIES, MILCH-SCHAFEN UND HERDENSCHUTZHUNDEN

Jeden Nachmittag bietet sich auf der Alp Flix das gleiche Schauspiel. Weit oben am grünen Grashang bewegt sich ein großer weißer Fleck talwärts, ändert die Form, beschleunigt etwas, um sich gleich darauf wieder anders zusammenzuballen. Für diese Formveränderungen ist Zita verantwortlich. Zita ist eine vierjährige Boarder-Collie-Hündin. Den Anweisungen des Hirten folgend und ihrem Instinkt gehorchend hält sie die große, weiße Schafherde zusammen. Kein lautes, aufgeregtes Gebell, keine überstürzten Rückholaktionen für etwas abseits stehende Schafe, keine Bisse in die Schafbeine – alles geht ruhig und gesittet zu.

So trifft die Herde kurze Zeit später im Hof Tgalucas ein und steuert geradewegs in den Stall hinein. Obwohl sie sich auf den ersten Blick kaum von den vielen anderen Schafherden in den Schweizer Alpen unterscheidet, fällt auf den zweiten Blick doch das große Euter auf. Während die meisten anderen Schafherden für die Produktion von Lammfleisch gehalten werden, handelt es sich hier um eine 120-köpfige Herde von Milchschafen.

Morgens und abends werden sie von Zita und dem Hirten heimwärts in den Stall getrieben, wo sie geduldig warten, bis immer 12 Schafe zusammen an die Melkmaschine angeschlossen werden. Ein ungewöhnliches Bild. Ein Schaf der Rasse Lacaune gibt vom Frühjahr bis in den Herbst hinein rund einen Liter Milch pro Tag. Die Milch wird anschließend in einem riesigen Kupferkessel auf dem Feuer nach altem Rezept zu biologischem Schafskäse verarbeitet – und dieser findet guten Absatz. Die Familie Cotti hat mit der Produktion von Schafskäse erfolgreich eine Nische in der Berglandwirtschaftsproduktion besetzt.

Große Investitionen wurden für einen guten Käsekeller getätigt und auch die Aufzucht der Lämmer ist aufwändig. Während die erwachsenen Tiere durch Zita und den Hirten beaufsichtigt werden, grast die rund 80 Ohren umfassende Lämmerherde unweit davon auf einer Hügelkuppe. Am Rand der Herde, auf etwas erhöhtem Graspodest stehen zwei größere, weiße Tiere: Maremmanos, Herdenschutzhunde. Sie werden bereits in der Schafherde geboren, wachsen mitten unter den weißen Wollebäuschen auf und würden sie im Ernstfall gegen Feinde verteidigen. Eigentlich sind Maremmanos furchtsame Hunde. Sie fügen sich in die strenge Hackordnung einer Schafherde ein. Zuoberst in der Hierarchie steht der Hirte, gefolgt vom Boarder Collie, dann folgen die Schafe und zuunterst in der

Rangordnung sind die Herdenschutzhunde. Sie markieren das Revier durch Gebell und Duftmarken und halten so Wildtiere im Allgemeinen von der Herde fern. Gleichzeitig tragen sie auch dazu bei, dass sich keine Wildtiere in den weitmaschigen Weidenetzen verfangen. Sollten Feinde wie Greifvögel, aber auch Füchse, Luchse, Wölfe, vor allem Hunde und neuerdings Bären trotzdem näher kommen, gehen sie auf den Eindringling zu und bellen was das Zeug hält. Maremmanos sind keine Kampfhunde, welche die Auseinandersetzung mit Eindringlingen suchen. Gefahr von der Herde fernzuhalten ist ihre Aufgabe. Lässt sich der Eindringling aber nicht abschrecken und zur Umkehr bewegen, wehren sie sich bis zum Letzten für ihre Herde. Maremmanos und Schafe sind eine unzertrennliche Gemeinschaft.

Für Wanderer heißt das: Die Hunde beschützen die Schafe. Daher sollte man sich der Herde nicht nähern, sondern sie großräumig umgehen. Falls die Schutzhunde einem entgegenkommen, bleibt man ruhig, fuchtelt nicht mit Stöcken oder anderen Gegenständen. Falls man einen eigenen Hund dabeihat, nimmt man diesen an die Leine. Man streichelt oder füttert die Schutzhunde nicht und spielt auch nicht mit ihnen. Am besten ignoriert man sie (auch wenn sie einem eine Zeit lang folgen) und geht langsam weiter seines Weges.

◄ Wenn 120 Schafe gemolken werden, muss man genau hinsehen – und es gibt viel zu bestaunen.

▼ Viel Arbeit steckt in jedem dieser feinen Schafkäse.

20
Alp Flix

BIODIVERSITÄT

Die Alp Flix ist ein Forscher-Eldorado. Im Juni 2000 haben Spezialisten die Fauna und Flora der Hochebene genau unter die Lupe genommen und sage und schreibe 2092 verschiedene Tier- und Pflanzenarten entdeckt. Natürlich nicht nur hoch gewachsene Arten wie Hirsch, Steinbock oder Feuerlilie. Allein 86 Vogelarten wurden gezählt, über 200 Moosarten kommen vor und in den Gewässern leben mehr als 240 verschiedene Algenarten. Da lohnt es sich, den Blick auf die kleinen Schönheiten am Wegrand zu richten. Findet ihr diese Tier- und Pflanzenarten?

Informationen

Ausgangspunkt / Anreise
Postautohaltestelle Marmorera Dorf (ca. 1700 m) an der Postautolinie von Chur/Tiefencastel zum Julierpass und weiter nach Silvaplana im Oberengadin. bus alpin verbindet in der Hochsaison rund vier Mal täglich die Alp Flix mit Sur. Infos und Fahrplan unter Tel. 081 659 16 18 und www.busalpin.ch. Falls bus alpin nicht fährt: Taxi Jäger, Tel. 079 408 08 08.

Endpunkt / Rückreise
Tinizong Posta (1232 m) an derselben Postautolinie von Silvaplana über den Julierpass nach Tiefencastel/Chur.

Übernachtung
Agroturismo Alp Flix / Tga Lucas, Tel. 081 637 12 16, www.alp-flix.com. Ganzjährig geöffnet, 1 Doppelzimmer, 12 Plätze im Heulager/Matratzenlager und 4 Jurten. Diese sind je mit einem Doppelbett bestückt, können aber mit Matratzen problemlos für bis zu 7 Personen pro Jurte ausgebaut werden.
Hotel Piz Platta, Alp Flix, 7456 Sur, Tel. 081 659 19 29, Fax 081 659 19 28, www.flix.ch. 7 Doppelzimmer und 2 Familienzimmer mit vier Betten – eher luxuriös (auch preislich).

Karten
Kartenblätter 1236 Savognin und 1256 Bivio

Varianten
1. Tag länger: Von Marmorera dem Bach entlang hinein ins Val Natons. Bei 2040 m links abzweigen und markiert hinauf zum Kanonensattel (ca. 2250 m) und in gleicher Richtung weiter hinunter nach Salategnas, wo man auf die Originalroute trifft. Zeitbedarf Marmorera–Kanonensattel–Alp Flix 3 h 45.

2. Tag kürzer: Alp Flix–Plaz Beischen–Tinizong. Von Alp Flix/Tgalucas nach Cuorts, dann oberhalb der Seen hindurch zur Alp digl Plaz und zur Alp Surnegn. Dort dem Fahrweg entlang hinunter nach Plaz Beischen und weiter ins Val Mulegna hinein, wo man auf die Originalroute trifft. Zeitbedarf Alp Flix–Plaz Beischen–Tinizong 3 h 30.

◄ 1 Frühlingsenzian, 2 Purpur-Enzian, 3 Gelber Enzian, 4 Vergissmeinnicht, 5 Flockenblume, 6 Arnika, 7 Herbstzeitlose, 8 Grasfrosch, 9 Alpine Gebirgsschrecke. Bilder von über 500 auf der Alp Flix gefundenen Pflanzenarten finden sich im Internet unter www.sur.ch/flora.htm.

► Tgalucas. Alpbetrieb mit Milchschafen und Verkauf von Bioprodukten. Übernachtungsmöglichkeit im Tipi, im Stroh, im Matratzenlager und im Doppelzimmer.

21 Surettaseen und Viamala

Für Hoch-See-Piraten, Schluchtenwanderer und Hängebrückentänzer

Ein Säumerknotenpunkt

Im Mittelalter galt der Septimer als wichtigster Bündner Alpenpass. Als im Jahre 1473 jedoch ein Handelsweg durch die Viamalaschlucht, das bedeutendste Hindernis auf der Alpennordseite, eröffnet wurde, war die Stunde von Splügen gekommen. Das Dorf am Fuße der relativ leicht zu überquerenden Pässe Splügen und San Bernardino war fortan in einer formidablen Ausgangslage und der Warentransport bildete die Haupteinkommensquelle für die lokale Bevölkerung. Für die Abwicklung des Frachtverkehrs waren sogenannte Porten zuständig. Das waren lokale Genossenschaften von Säumerbauern, welche die Handelsware in ihrem Talabschnitt mit Saumpferden von einer Sust (Lagerhaus) zur nächsten führten. In Splügen übernahmen die Säumer des Rheinwalds die Güter von den Schamsern und transportierten sie bis Monte Spluga. Dort standen die Leute aus dem Valle San Giacomo für ihren Abschnitt bis Chiavenna bereit. Dieses Transportmonopol der ansässigen Bürger, die sogenannte »Rodfuhr«, führte dazu, dass Waren zwischen Chur und Chiavenna fünfmal umgeladen wurden. Einzig die Expressgüter durften mit der sogenannten Strackfuhr direkt transportiert werden.

In Splügen lebten um 1800 herum rund vierzig Rodfuhrleute, die Landwirtschaft und Warentransport miteinander verbanden.

1823 wurde die erste für Kutschen durchgehend befahrbare Straße über den Splügenpass erstellt. Nach dem Simplon und noch vor dem Gotthard war sie somit die zweite »Kunststraße« über die Alpen. Sofort nahm das Frachtaufkommen rapide zu. Auswärtige Speditionsfirmen und Fuhrunternehmer ersetzten Schritt für Schritt das Portenwesen der Säumerbauern gegen den Widerstand der Talbewohner. Der Höhepunkt des Transitverkehrs wurde um 1850 erreicht.

Die Eröffnung des Gotthardtunnels 1882 brachte den Bündner Transitverkehr fast völlig zum Erliegen. Der Warentransport durch Splügen sank innert kürzester Zeit von 14000 auf 1000 Tonnen. Tausende von Fuhrwerkern und Säumern wurden mit einem Schlag arbeitslos, viele wanderten nach Nordamerika und Neuseeland aus.

1. Tag: Hoch-See-Piraten

Von Splügen fährt man mit einem blauen italienischen Linienbus bis zum Isabrüggli, was im Fahrplandeutsch Halte-

21 Surettaseen und Viamala

Warum zu den Surettaseen und in die Viamala?

Im Rheinwald ist schon seit geraumer Zeit etwas los. Ab dem 12. Jahrhundert machten es die Walser zu einer ihrer Stammkolonien auf ihrer Völkerwanderung durch die Alpen. Zur gleichen Zeit begann auch der Handelsverkehr über den Splügen- und San-Bernardino-Pass. Diese Reiserouten haben bis in die heutige Zeit ihre Spuren hinterlassen. Besonders in Splügen kann man die palastartigen Bauten aus dem 17. Jahrhundert bewundern, mit denen die Handelsherren ihren Erfolg und ihre Macht zur Schau stellten. Die versteckte Seenplatte oberhalb von Splügen besticht mit einem einfachen Zustieg und dem Ruderboot für Entdeckungsreisen auf dem See. Die Viamala-Durchschreitung zeigt eindrückliche Felswände und imposante Brückenkonstruktionen auf dieser seit bald 800 Jahren begangenen Route.

Tourencharakter
Zwei 1-tägige Bergwanderungen in der Region zwischen Splügen und Thusis. Kurze, überschaubare Etappen mit Abkürzungsmöglichkeiten und einigen Highlights. Durch die Höhenlage der ersten Etappe und die Schattenlage der zweiten Etappe auch für den heißesten Hochsommer geeignet.

Schwierigkeit: T2
Die Etappe am ersten Tag hinauf zu den Surettaseen verläuft auf gut unterhaltenen und markierten Wanderwegen. Das Gefährlichste am Ganzen dürfte wohl das Ruderboot, beziehungsweise dessen unachtsame Verwendung sein. Die Wanderung durch die Viamalaschlucht verläuft zwischendurch auf schmalen Pfaden an steilem Hang und über Hängebrücken. Diese Passagen sind aber ausgezeichnet abgesichert – auch für Kinder. Nichtsdestotrotz lohnt sich eine vorsichtige Gangart, denn oftmals verläuft der Abgrund in 5 bis 10 Meter Entfernung vom Wanderweg.

Höhenunterschiede und Gehzeiten
1. Tag: Isabrüggli–Surettaseen–Splügen ↗ 500 m, ↘ 815 m, 3 h 30.
Isabrüggli–Surettaseen 2 h, Surettaseen–Splügen 1 h 30.
2. Tag: Zillis–Reischen–Viamala–Traversinatobel–Thusis ↗ 200 m, ↘ 445 m, 4 h.
Zillis–Reischen–Viamala 2 h, Viamala–Traversinatobel–Thusis 2 h.

stelle »Abzweigung Surettaseen« heißt. Hier, auf 1768 m, beginnt der Wanderweg, der gut markiert über die Räzünscher Alpen hinauf zur Wegkreuzung auf 2066 m führt. Nur noch ein paar Minuten, dann steht man vor den Surettaseen. Dazu biegt man bei P. 2066 rechts bergwärts ab und erreicht in kurzem und steilem Zickzack den Unter Surettasee. Sein Abfluss wird auf vielen Steinen überquert – ein Vorhaben, das bei hohem Wasserstand auch schon zu nassen Füßen geführt hat. Gleich darauf ist der Ober Surettasee erreicht. Bei der Seehütte (2272 m) wartet ein Ruderboot auf vorsichtige Seeleute, die es in die Weite des Bergsees hinaus steuern.

Nachdem das Boot wieder gut am Ufer vertäut ist, beginnt der Abstieg nach Splügen. Dazu folgt man zuerst kurz dem Aufstiegsweg zurück zur Abzweigung auf 2066 Meter, geht dort aber geradeaus weiter über Franzisch Grind den Fugschtwald hinunter zur Kreuzung P. 1589. Dort links zur Splügenpassstraße, diese überqueren und dem Bachlauf entlang hinunter ins Dorfzentrum von **Splügen** (1457 m).

2. Tag: Uralter Saumweg und hochmoderne Hängebrücke

Eine Wanderung auf dem wohl spektakulärsten Wegabschnitt der alten Handelsroute Chur–Chiavenna der Viamala. Von **Zillis** (945 m) hinauf nach Reischen, dort über die Brücke (1020 m) und anschließend auf dem Wiesenweg leicht absteigend über die Wiese nach Davos Salegn und unter der Autobahn hindurch auf den Fahrweg, der von Rania (Zeltplatz) her kommt. Die Wegweiser zeigen hier steil talwärts und so folgt man einem Pfad in Richtung Talboden und erreicht nach wenigen Minuten den Rhein. Man folgt seinem linken Ufer unter der Autobahnbrücke hindurch und wechselt kurz danach auf einer neuen, mit Granitplatten belegten Hängebrücke auf das linke Flussufer.

Immer tiefer kommt man in die Schlucht – stellenweise schießen die Felswände rechts des Flusses über 200 Meter senkrecht in die Höhe. Der Weg beginnt nun langsam anzusteigen und bei der Viamalabrücke wird die Kantonsstraße erreicht. Kurz taucht man in den Touristenrummel ein, erfährt in der Ausstellung Interessantes über den Saumweg, sieht die uralte Linienführung am Gegenhang und verabschiedet sich bei der Postautohaltestelle vom Rummel. Der Wanderweg gewinnt in einigen Zickzackkurven an Höhe, dann folgt eine ausgezeichnet abgesicherte Wegpassage an der steilen Felsflanke, oberhalb der Viamalaschlucht. Wo der Hang wieder flacher wird, führt der Weg hinunter ans Wasser und verläuft an der Brücke P. 842 entlang kurz flach, bis der Wegweiser einige hundert Meter weiter bereits rechts hinauf in Richtung der im Jahre 2005 errichteten Traversinabrücke weist.

Die Hängebrücke verläuft über ein tiefes Tobel recht stark ansteigend ans andere Ufer. Auch dieser Wegabschnitt ist hervorragend abgesichert, der Blick in die Tiefe sehr eindrücklich. Nach der Brücke steigt der Weg nochmals an bis zur Lichtung von St. Albin, wo bei P. 974 der Fahrweg erreicht wird. Kurz diesem entlang hinüber zur sagenumwobenen Ruine Hohen Rätien.

Nach ausgiebigem Picknick geht es durch den Wald im Zickzack steil hinunter gegen Thusis zu. Zuerst unter der Autobahn hindurch, denn über die Nolla und den Kreisel zum Bahnhof Thusis auf 697 m.

◂◂ **Vor der Seehütte am Ober Surettasee wartet das Ruderboot auf Hochseematrosen und Kapitäninnen.**

◂ **Die Hängebrücke über das Traversiner Tobel ist eines der Highlights der Wanderung durch die Viamala.**

21
Surettaseen und Viamala

▾ **Vom Parkplatz in der Viamala führt ein (kostenpflichtiger) Weg viele hundert Stufen hinunter zu einem Aussichtspunkt tief in der Schlucht.**

EINE VÖLKERWANDERUNG DURCH DIE ZENTRALEN ALPEN

Um das Jahr 1000 herum siedelten sich vom Berner Oberland her kommende Alemannen im Goms (Wallis) an. Zwischen 1250 und 1400 zogen einige Siedler (man nannte sie »Walser«, Kurzform von »Walliser«) weiter und ließen sich südlich der Alpenkette nieder. Warum sie das Goms verließen, ist heute noch unklar. Übervölkerung könnte einer der Gründe gewesen sein, aber auch Naturkatastrophen, Pest, Klimaveränderung.

Die Wanderbewegung wurde durch ein relativ warmes Klima begünstigt und führte zuerst in die italienischen Alpentäler Pomatt (heute Formazza) und südlich des Monte Rosa. Von dort aus ging es weiter ostwärts nach Graubünden.

Dokumente aus dieser Zeit belegen, dass die Walser nicht planlos ausgewandert sind, sondern dass sie oftmals von den regierenden Feudalherren in entlegenen, eher unwirtlichen Gebieten planmäßig angesiedelt wurden. Das ermöglichte diesen Feudalherren die Ausweitung von Besitz und Anbaufläche, und sie gewannen Kontrolle über die Alpenpässe, was mit den zunehmenden Handelsbeziehungen immer wichtiger wurde. Aber auch für die Walser war die Besiedlung dieser kargen Räume vorteilhaft. Um sie ans Land zu binden, wurden ihnen Privilegien zugesichert, von denen normale Bauern kaum zu träumen wagten: Steuerbefreiung beispielsweise, das Recht auf eigene Gerichtsbarkeit, oder dass beim Tod eines Walsers sein Hab und Gut auf seine Erben überging, die dafür einen unveränderbaren Zins zu bezahlen hatten. Aus heutiger Sicht nichts Besonderes, aber damals eine Revolution, waren doch die meisten Bauern Leibeigene, die mitsamt dem Land gekauft und verkauft wurden.

Auf unseren Wanderungen gelangen wir in verschiedene Bündner Walsergegenden und -orte: St. Antönien, Klosters-Mombiel, Davos, Arosa-Sapün-Strassberg, Avers-Juf, die Dörfer des Rheinwals und Vals.

Siedlungs- und Bauweise: Braun gebrannte Holzhäuser mit steinernem Küchenteil, auf weit auseinander liegende Streusiedlungen verteilt, werden oft als typisch walserisch bezeichnet. Diese und ähnliche Hausformen sind jedoch auch in anderen alpinen Gegenden anzutreffen und haben mit der Anpassung an klimatische, topografische und wirtschaftliche Verhältnisse zu tun.

Dass Holzbauten in Streubauweise bei den Walsern häufig anzutreffen sind, hat viele Gründe. Als sie im 13. Jahrhundert in ihrer neuen Heimat ankamen, waren die gut bebaubaren Flächen von alteingesessenen Bewohnern, mehrheitlich Romanen, längst besetzt. So wurden ihnen meist die unwirtlichen Gebirgsgegenden, oft über 1500 m, im Avers gar um 2000 m Meereshöhe, zugeteilt. Hier gab es wenig ebenen Boden, der sich für die Anlage eines Dorfes geeignet hätte. Da die Walserkultur vor allem auf Viehwirtschaft abstützte und in dieser Höhe das Gras langsam wächst, brauchten sie viel Umschwung und waren so gezwungen, ihre Hofsiedlungen weit voneinander entfernt zu bauen. Durchaus praktische Gründe also. Im Rheinwald wurde hingegen in kompakten Ortschaften gebaut, wohl weil es nicht viele Orte gab, die gut vor Lawinen und Hochwassern geschützt waren. Auch das »typische Walserhaus aus Holz« ist ein Mythos. Denn je nach Region und dem Vorhandensein von Holz, Stein und anderen Baumaterialien wurde sehr unterschiedlich gebaut. Man nahm das, was reichlich und daher günstig vorhanden war. Oberhalb der Waldgrenze dominieren so auch in Walsergegenden oft Steinbauten, wie man gerade im Rheinwald feststellen kann. In Splügen lohnt es sich übrigens in den etwas abseits gelegenen Dorfkern hinaufzusteigen, wo ein paar Prachtsexemplare alter Baukunst zu bewundern sind. In Graubünden haben Walser oft separate Gebäude für Wohnhaus, Stall und Scheune erstellt, die so weit voneinander entfernt lagen, dass im Brandfall das Feuer nicht auf einen anderen Teil des Hofes übergreifen konnte – und somit nur ein Drittel des Hofes den Flammen zum Opfer fallen konnte. Auch eine Art Lebensversicherung.

Buchtipp
Irene Schuler, *Walserweg Graubünden.*
In 19 Etappen vom Hinterrhein in den Rätikon,
Rotpunktverlag, 2. Aufl. Zürich 2010.

21
Surettaseen und Viamala

▼ Im Walserdorf Splügen finden sich viele verschiedene Walser-Baustile. Schöne Holzbauten sind beim Dorfbrunnen zu bewundern.

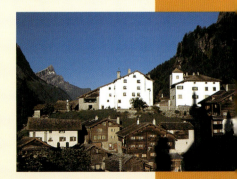

DER SCHATZ AUF DER HOHEN RIALT

»Zwei Jäger, Schrötenthaler mit Namen, gingen einst auf die Hohe Rialt (Hohen Rätien) auf die Jagd. Als sie dort an einer der Burgruinen vorbeigingen, bemerkten sie auf einmal im Gemäuer eine offenstehende eiserne Thüre, die sie sonst, sooft sie auch an der gleichen Stelle schon vorbeigegangen, gar noch nie bemerkt hatten. Verwundert darüber traten sie näher, schauten in den Thurm, erblickten aber nichts anderes als einen Haufen Nussschalen von ungewöhnlicher Größe. Der eine trat in den Thurm, nahm einige solcher Schalen zu sich, um sie seinen Kindern zum Spielen zu geben. Wer beschreibt aber sein Erstaunen, als er, zu Hause seine Schalen auskramend, an ihrer Statt lauter schwere Goldstücke von seltsamem Gepräge besaß. Er erzählte seinen Cameraden von der wundersamen Verwandlung, und nun hatten die beiden nichts Eiligeres zu thun, als noch einmal auf die hohe Rialt hinaufzusteigen, um auch die anderen Nussschalen zu holen. Aber von der Thüre und den Nussschalen war nichts mehr zu sehen.«

Aus: Dietrich v. Jecklin, *Volksthümliches aus Graubünden*, Chur 1878

Tausche Nachttischlämpchen gegen Minirock

Heute ist Markttag im Thusis. Die verschiedensten Dinge können getauscht werden. Dafür suchen die Kinder zuerst nach Naturmaterialien, denen sie dann einen besonderen Verwendungszweck oder eine Bedeutung zuschreiben. So wird zum Beispiel ein Pilzchen als Mininachttischlampe gehandelt und die Blüte einer Glockenblume als Minirock. Wer genug Gegenstände gesammelt hat, trifft sich auf dem vereinbarten Marktplatz, um seine Fundstücke anzupreisen und gegen andere einzutauschen. Nachdem der große Handel abgeschlossen ist, breiten alle ihre Gegenstände auf einem Tuch aus und erklären den anderen, was sie erworben haben.

◀ Hohen Rätien oder Hohe Rialt mit Burgruine und Kirche St. Johann.

Informationen

Ausgangs- und Endpunkt / An- und Rückreise
1. Tag: Bushaltestelle Abzweigung Surettaseen (1768 m) an der Strecke von Splügen zum Splügenpass. Endpunkt der Tour im Dorf Splügen mit Busverbindungen in Richtung San Bernardino–Tessin und Thusis–Chur.
2. Tag: Zillis, Haltestelle Posta (945 m). Ab Splügen, Sufers wie auch ab Chur und Thusis stündliche Busverbindungen. Endpunkt (697 m) am Bahnhof Thusis mit Verbindungen nach Chur und St. Moritz.

Übernachtung
In Splügen buhlen verschiedene Hotels um die Gunst der Wanderer. Wunderschön und speziell das Hotel Alte Herberge Weiss Kreuz (Tel. 081 630 91 30, www.weiss-kreuz.ch). Geschichtsträchtig das Bodenhaus mit günstiger Dependance, (Tel. 081 650 90 90, www.hotel-bodenhaus.ch). Infos: Gästeinformation Splügen/Rheinwald, Tel. 081 650 90 30, www.viamala.ch. In Sufers bietet beispielsweise die Familie Menn auf ihrem Bauernhof/Bed&Breakfast Geissplatz im Dorfkern günstige Schlafplätze im Matratzenlager und im Stroh an. Schlafsack mitnehmen. Tel. 081 664 10 42 oder 078 845 63 72, www.viamala.ch.

21
Surettaseen und Viamala

Verpflegung unterwegs
Gut ausgestatteter Lebensmittelladen sowie Molkerei/Käserei in Splügen, dazu eine Spezialitätenmetzgerei, die nicht weniger als 15 verschiedene luftgetrocknete Salsize im Angebot hat. Kiosk in der Viamalaschlucht.

Karten
Kartenblätter: 1255 Splügenpass, 1235 Andeer, 1215 Thusis

Sehenswürdigkeiten
Prähistorische Zeichnungen: Rund 100 Meter östlich des Crap Carschenna, auf einer Höhe von rund 1100 m, wurden auf Felsplatten geheimnisvolle Ornamente entdeckt (Wegweiser bergwärts bei P. 947, knapp 20 Minuten vor Erreichen der Hohen Rialt). Bis heute ist nicht klar, welche Kultur in welchem Jahrtausend diese reiche Ansammlung von konzentrischen Kreisen, Schalen sowie einfachen Tier- und Menschendarstellungen in die 10 Felsplatten gemeißelt hat. Wahrscheinlich stammen die geometrischen Muster aus der Jungsteinzeit, sind also fast 10 000 Jahre alt. Die Tier- und Menschendarstellungen dürften aus der darauf folgenden Bronze- und Eisenzeit stammen. Leider sind die Platten durch neuzeitliche Kritzeleien verunstaltet worden – da hatte jemand sehr wenig Respekt vor dem Kunsthandwerk unserer Urvölker.

Rofla Wasserfall: Hinter dem Gasthaus Roflaschlucht (unmittelbar bei der Postautohaltestelle Andeer, Roflaschlcht) führt ein schmaler Pfad durch die Kasse ins Gasthaus. Erschaffen hat ihn Christian Pitschen-Melchior (1907–1914), der nach Amerika ausgewandert war und beim Niagara-Wasserfall gesehen hatte, dass viele Leute bereit waren, für das Naturschauspiel Geld zu bezahlen. Zurück in der Schweiz begann er mit enormer Ausdauer 8000 Sprenglöcher in den harten Fels hinter seinem Gasthaus zu bohren und erschuf so den Weg zum versteckten Wasserfall.

Festung Crestawald: Erbaut im Zweiten Weltkrieg zur Verteidigung der Splügen- und San-Bernardino-Route. In unzähligen Fronarbeitsstunden wurde das erstaunlich große, weit verzweigte unterirdische Ganglabyrinth renoviert und der Öffentlichkeit zugänglich gemacht. Die Festung Crestawald erreicht man ab der Posthaltestelle Sufers in ca. 20 Min. Fußmarsch auf dem Wanderweg der Via Spluga Richtung Andeer; jeden Samstag von Juni bis Oktober, www.festung-gr.ch, Tel. 081 650 90 30. Im Jahr 2006 wurde auch der Bunker in Sufers zur Besichtigung geöffnet.

22 Val Calanca: Im Bündner Tessin

Hängestraße und schmale Wege im steilsten Tal Südbündens

Eine Hochstraße nach Braggio

Ein Tiefbauamt baut Straßen. Aber nicht nur: Im Calancatal baut und betreibt das Tiefbauamt des Kantons Graubünden auch zwei Seilbahnen. Diese wurden 1961 anstelle einer Kantonsstraße gebaut, um den beiden Dörfern Landarenca und Braggio den Anschluss an die Talstraße zu gewährleisten. Über 40 Jahre haben sie sommers und winters die Verbindung ins Tal sichergestellt, nie mussten Schneepflüge auf dieser »hängenden Kantonsstraße« fahren, nie wurde sie durch Erdrutsche und Steinschlag verwüstet, und Kulturland hat sie auch nicht vernichtet.

In den Jahren 2002 bis 2004 wurden beide Bahnen technisch grundlegend erneuert, sodass heute ein vollautomatischer Betrieb mit unbesetzten Stationen für Personentransporte rund um die Uhr möglich ist. Was zuerst etwas komisch anmutet, entpuppt sich als einfache Sache: Am Billettautomaten in der Talstation (ähnlich demjenigen in einem Parkhaus) löst man den Fahrschein, geht durch die Drehtüre, drückt auf die Taste »Türe öffnen«, steigt ein, es klingelt – und schon gehts los. Für die Sicherheit der Passagiere ist allerlei Elektronik in der Kabine installiert. Nebst einem Informations- und Kommunikationssystem mit Video- und Telefonanlage verfügt die Seilbahn auch über eine Last- und Querpendelmessung. Ein Pikettdienst ist bei Problemen rund um die Uhr einsatzbereit. Bei einer Störung oder bei einem Stromausfall ermöglicht ein Notantrieb die Bergung der Personen aus den Kabinen. Gut möglich, dass es auch die sicherste Kantonsstraße im ganzen Bündnerland ist.

1. Tag: Lichter Lärchenwald

Von der Postautohaltestelle **Arvigo** (820 m) sind es nur wenige Schritte zur Talstation der Seilbahn. Rasch bringt uns die 8er-Kabine hinauf zum weit verstreuten Weiler Braggio auf 1293 m.

Von der Bergstation kurz auf dem Teersträßchen nach links, am »Lädeli« vorbei zur Häusergruppe von Stabbio. Gleich am Dorfeingang zweigt der Weg zur Alp di Fora bereits bergwärts ab, schlängelt sich am Restaurant vorbei hinauf auf die großen Wiesenflächen oberhalb des Dorfes. Auf 1400 m nimmt man den links haltenden Plattenweg, der in einigen Kehren die Ställe und Häuser von **Mondent** (1453 m) erreicht. Oberhalb von Mondent weist der Wegweiser hinein in den lichten Lärchenwald. In

22 Val Calanca

Warum ins Calancatal und zur Alp di Fora?

Die hochmoderne, automatische Seilbahn kontrastiert stark mit dem urtümlichen Calancatal, wie man es auf der Wanderung erlebt. Eine einfache Hütte inmitten einer Bergwelt, die steil und rau ist; Gämsterritorium. Hier wird deutlich, wie jeder Quadratmeter nutzbaren Bodens der Natur abgerungen werden musste. Eine Tour in einem der wohl abgelegensten Täler der Schweiz.

Routencharakter
2-tägige Bergwanderung. Die Route Braggio–Alp di Fora–Bersach–Cauco verläuft oft durch lichten Lärchenwald, kommt an Ruinen und Alpgebäuden mit ihren Wiesen vorbei und ist auch für Wanderanfänger bestens geeignet. Die Abstiegsvariante in Richtung Sta. Maria ist eher wandererprobten Familien vorbehalten, da sie steil und an zwei kurzen Stellen etwas ausgesetzt ist.

Schwierigkeit: T2
Der Aufstieg ab Braggio zur Hütte und auch der Abstieg über Bersach nach Cauco ist problemlos und stellt keine technischen Probleme. Die Wege sind gut markiert, manchmal braucht es trotzdem etwas Geschick für die richtige Routenwahl.
Variante T3+
Die Hauptschwierigkeit des Abstiegs von Pian di Renten nach Sta. Maria stellen die steilen 200 Abstiegshöhenmeter am zweiten Tag dar. Zuerst folgt eine etwas schmale Stelle dem Fels entlang und dann ein kettengesicherter, rund 5 Meter hoher Abstieg über zwei Felsbändchen. Es ist nicht einfach, Kinder gegen unten abzusichern. Eine rund 20 Meter lange Reepschnur ist hier sicher von Vorteil.

Höhenunterschiede und Gehzeiten
1. Tag: Braggio–Mondent–Alp di Fora, ↗ 550 m, 2 h 15.
Braggio–Mondent 0 h 45, Mondent–Alp di Fora 1 h 30.
2. Tag *einfach:* Alp di Fora–Bersach–Cauco, ↘ 865 m, 3 h.
Alp di Fora–Bersach 1 h 30, Bersach–Cauco 1 h 30.
2. Tag: *Variante anspruchsvoll:* Alp di Fora–Pian di Renten–Sta. Maria in Calanca, Aufstieg

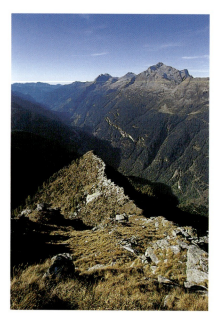

angenehmem Zickzack wird hier rasch Höhe gewonnen und knapp 20 Minuten später erreicht man eine im Jahr 2005 fertiggestellte Forststraße. Auf dieser wird das Val Meira überquert, bis kurz nach dem Bacheinschnitt ein großer, brauner Wegweiser wieder steil bergwärts zum Wanderweg in Richtung Alp di Fora zeigt. In direkter Linie zieht sich der Weg nun durch den Wald südostwärts, quert Alpenrosenfelder, kurze felsige Passagen und gewinnt gleichmäßig an Höhe, bis man auf einmal auf der Lichtung mit den drei Alpgebäuden der Alp di Fora auf 1844 m steht. Voilà – bis zur Unterkunft wäre es geschafft!

Wer Lust auf einen Abendspaziergang hat, geht hinter der Hütte hindurch nordwärts zur Wegkreuzung bei P. 2001 bei den Lawinenverbauungen von Tesel.

Anschließend im Zickzack den Eisenkonstruktionen entlang hinauf zur **Bocca d'Vegeina** (2146 m), von wo aus man einen prächtigen Blick ins Misox und auf die Grenzberge zu Italien hat.

Für den Abstieg stehen eine einfache und eine anspruchsvolle Variante (siehe weiter unten) zur Auswahl. So oder so lohnt sich der morgendliche Gang zur Ebene Pian di Renten, wo noch die Ruinen eines früheren Alpgebäudes sichtbar sind. War das Calancatal bis hierher lieblich und sanft, zeigt es nun seine Zähne und wird der sprachlichen Herkunft seines Namens (Calanca = steiler, abschüssiger Fels) gerecht. Sehr anschaulich ist das beim kurzen Ausflug von Pian di Renten südwärts zu P. 1973. Um zu diesem Aussichtspunkt zu gelangen, muss man sich einen Weg durch die Alpenrosenstauden auf der Calancaseite bahnen. Oben steht man auf einer Plattform, die auf drei Seiten fast senkrecht abfällt und die Sicht hinunter nach Bellinzona, ins Calancatal und ins Misox eröffnet.

2. Tag: Einfache Abstiegsvariante nach Cauco

Zunächst gehts zurück zur Alp di Fora und in gleicher Richtung auf fast horizontalem Weg zu P. 1806. Weiter geradeaus, und nach den Ruinen beginnt der Weg an Höhe zu verlieren, umgeht im Wald einige Felsbänder und kommt bei P. 1496 auf die Walderschließungsstraße. Hier auf dem Kies weiter talwärts nach Bersach und auf dem Wanderweg, manchmal auf der Straße, bis hinunter nach **Cauco** (981 m), wo sich am Bach die Wartezeit bis zur Abfahrt des Postautos mühelos überbrücken lässt.

Anspruchsvolle Abstiegsvariante nach Sta. Maria

Von der Alp di Fora nach Pian di Renten, wo beim großen Steinmann die Steilstufe in Angriff genommen wird. Zuerst gleicht der Abstieg eher einer Querung, die auf ca. 1870 m kurz eine etwas schmale Stelle am Fels aufweist (Kinder an die Hand). Dann folgen drei, vier steile Kurven abwärts und auf ca. 1770 m warten die nächsten und letzten technischen Schwierigkeiten der Tour. Hier führt der Weg kettengesichert und manchmal etwas rutschig über zwei Felsbändchen hinunter. Beim großen Fels auf 1651 m wird ein spannender Rastplatz erreicht: Große Brocken eines alten Bergsturzes haben hier Tälchen und Hügel geschaffen. Diesem moosigen, sattgrünen Märchenwald begegnet man auch auf ca. 1550 m, bevor man die Kahlschlagflächen des Bosch Nadi quert. Die Zivilisation kündigt sich mit zwei steinernen Vorboten auf 1383 m an, dann erreicht man die offenen Flächen von Nadi und kurz darauf das Fahrsträßchen mit dem Parkplatz bei P. 1290. Kurz diesem Sträßchen talwärts folgen, bis der Wanderweg steiler hinunter nach **Dasga** (1046 m) führt. Hier sind der Kirchturm und die Burg von Sta. Maria bereits sichtbar, und beides wird auf der Teerstraße in wenigen Minuten erreicht. Die Zeit bis zur Abfahrt des Postautos verkürzt man sich am besten mit einem Besuch des rund 800 Jahre alten Wehrturmes (steile Treppe bis zur obersten Plattform), des Kirchenareals und der Barockkirche Sta. Maria Assunta (955 m).

◄◄ Selten begangenes Wanderland. Das Val Calanca liegt abseits der Touristenströme.

◄ Steiles Val Calanca, eingeklemmt zwischen Misox und Tessin.

22
Val Calanca

▼ Der Weiler Braggio liegt auf einer Sonnenterrasse knapp 500 Höhenmeter über dem Talboden.

HEUGÜMPER, GRASHÜPFER, HEUROSS UND HEUSTÖFFEL

Warum müssen so kleine Tiere bloß so laut singen? Der Aufstieg ist geschafft, die Jungschar spielt vor der Hütte, da hat man doch fürwahr ein kleines Nickerchen auf der Sonnenwiese verdient. Doch kaum gebettet, hüpfen kleine und mittelgroße Sechsbeiner auf einem herum. Man ignoriert sie, hofft, keinen der kleinen Störenfriede zu zerquetschen und gewöhnt sich allmählich an ihren Nachmittagsgesang. Aber wieso müssen die bloß ein solches Konzert veranstalten?

Wie meistens, wenns laut zu und her geht, gehts auch beim Heuschreckengesang um Revierverteidigung und natürlich um das Anlocken von Weibchen zwecks Erzeugung möglichst zahlreicher Nachkommenschaft. Die Musikinstrumente der verschiedenen Grashüpferarten sind äußerst vielfältig. Einige zirpen mit den Flügeln, andere tönen laut beim Aneinanderreiben der Beine. Es gibt solche, die mit den Hinterbeinen auf Blätter trommeln, andere die mit den Zähnen knirschen, und wiederum andere schleudern ihre Hinterschienen in Richtung Flügel, wo sie beim Auftreffen ein lautes »Zegg« erzeugen. Dass dieser Aufwand durchaus Früchte trägt, wird einem spätestens beim Nachmittagsnickerchen im Gras klar. Aber auch den Heuschrecken selbst geht ihr Zirpen wohl manchmal auf den Geist. Daher haben sie im Laufe von 400 Millionen Jahren Evolution ihre Ohren zum ersten Hinterleibsabschnitt, andere sogar unter das Kniegelenk der Vorderbeine verbannt.

Konnte das Männchen mit seinem anmutigen Gesang eine Partnerin finden und ist die Paarung geglückt, legt das Weibchen durch ihre Legeröhre (siehe Bild) Eier ab. Diese überdauern den Winter im Boden, und im Frühling schlüpfen die Jungen aus den Eiern. Auf dem Weg von der Larve zum ausgewachsenen Heugümper streifen sie mindestens fünfmal ihre starre Haut ab, um im nächstgrößeren Anzug durchs Feld zu zirpen. Dann wird wieder gepaart und die Weibchen legen die Eier ab, welche die nächste Generation im kommenden Jahr hervorbringen.

Die Lebensräume der Heuschrecken könnten kaum unterschiedlicher sein. Sie leben in kargen Gebirgshalden bis 3100 Meter, in Sumpfgebieten des Flachlandes wie auch in heißen Felsfluren und wasserumspülten Kies- und Sandbänken. Zu ihren Lieblingsmahlzeiten gehören Gras, Kräuter und seltene Blätter von Bäumen und Sträuchern. Einige Arten, besonders solche mit langen Fühlern, fressen aber auch andere Insekten und Heuschrecken. Größere Arten können mit ihren robusten Beißwerkzeugen übrigens auch kräftig und schmerzhaft in Menschenhände beißen.

Immer wieder hört man von Heuschreckenschwärmen, die in Afrika, Asien und Amerika große Verwüstungen anrichten. Im Jahre 1784 sollen in Südafrika über 300 Milliarden Insekten schätzungsweise 3000 Quadratkilometer Land (fast den halben Kanton Graubünden) kahl gefressen haben. Ihrer Fressgier fielen täglich rund 600 000 Tonnen Pflanzen zum Opfer. Der Wind trieb den Schwarm auf das offene Meer hinaus. Die verendeten Insekten wurden mit der Flut wieder an Land gespült, wo sie sich am Strand auf einer Länge von 80 Kilometern über einen Meter hoch auftürmten.

Im Schweizer Mittelland leben heute rund hundertmal weniger Heuschrecken als noch vor 50 Jahren. Entsprechend leiser und eintöniger ist ihr Konzert. Viele Arten sind vom Aussterben bedroht, denn das Verschwinden ihrer Lebensräume durch intensive landwirtschaftliche Nutzung mit Dünger- und Pestizideinsatz wie auch durch Überbauung der Wiesen haben den Heuschrecken arg zugesetzt. Werden wieder vermehrt Magerwiesen angepflanzt, werden Waldränder ausgelichtet und Gärten naturnah angelegt, können sich die Bestände einiger Heuschreckenarten wieder erholen.

◄ **Warzenbeißer, bis 5 cm lang. Kann wirklich beißen!**

▼ **Gemeiner Grashüpfer, bis 2,5 cm lang, lebt auf Wiesen und Trockenrasen bis auf 2000 m Höhe.**

Val Calanca

GRASTROMPETE

Je nach Art der Hosen bewirkt auch bei uns das Aneinanderreiben der Beine ein Geräusch. Ob es Weibchen anlockt, ist jedoch fraglich und nicht immer erwünscht. Sicher erfolgversprechender ist es, mithilfe eines Grashalms originelle Töne zu produzieren.

So geht man vor:
1. Spitzgras suchen oder sonst etwas Dünnes, Strapazierfähiges.
2. Man sucht einen Ast von etwa 10 cm Länge und halbiert ihn der Länge nach.
3. In die Mitte der beiden Hälften wird eine kleine Mulde geschnitzt.
4. Nun das Gras der Länge nach in die eine Asthälfte legen, die andere Hälfte darauf.
5. Die beiden Hälften mit einem Gummiband zusammenheften, und fertig ist das Blasinstrument.
6. Jetzt durch die Mulde blasen.

Wer genug laut spielt, lockt sicher auch Interessierte an.

Ähnliche Töne bringt man auch fertig, indem man einen Grashalm satt zwischen beide Daumen spannt und mit den restlichen Fingern einen Resonanzkörper dahinter formt. So Töne zu produzieren, braucht etwas mehr Übung als mit dem Grastoninstrument aus Hölzchen.

Informationen

Ausgangspunkt / Anreise
Arvigo, Haltestelle Filovia, 820 m. Von Bellinzona mit dem Postauto nach Grono (Haltestelle Bivio Calanca). Dort umsteigen auf das Postauto in Richtung Rossa, Val Calanca bis Haltestelle Arvigo Filovia. Die Seilbahn funktioniert Tag und Nacht automatisch, der Ticketautomat befindet sich in der Talstation.

Endpunkt / Rückreise
Cauco, 981 m: An der Postautolinie von Rossa durch das Val Calanca nach Grono (Bivio Calanca).
Sta. Maria in Calanca, 955 m: Endstation der Postautolinie von Grono (Bivio Calanca).

Übernachtung
Alp di Fora, 1844 m, Koordinaten 731 020 / 128 710, 15 Plätze in Vierer- und Sechserzimmern, immer offen. In der Hauptsaison ist an Wochenenden ein Hüttenwart anwesend. Es können aber keine Mahlzeiten bezogen werden. Esswaren sind mitzubringen und selber zu kochen, Getränke sind vorhanden. Der Hüttenwart der benachbarten Capanna Buffalora gibt unter Tel. 091 772 45 13 Auskunft und nimmt Reservationen entgegen (www.sentiero-calanca.ch). Die Unterkunft auf der Alp di Fora ist ein ehemaliges, im Jahr 2000 umgebautes Alpgebäude. Recht flache Hüttenumgebung im lichten Wald mit einigen halboffenen Weiden.

Übernachtungsmöglichkeiten unterwegs
Warum nicht eine Nacht (oder länger) auf der Sonnenterrasse Braggio verbringen! Frau Berta spricht Deutsch, weiß viel über das Tal und vermietet unter Tel. 091 828 13 34 Zimmer für eine oder mehrere Nächte. Siehe auch www.braggiotourismus.ch.

Verpflegung unterwegs
In der Nähe der Seilbahn-Bergstation Braggio befindet sich ein kleiner Dorfladen. Auskunft über die Öffnungszeiten und Bestellungen bei Frau De Togni, Tel. 076 454 75 16. Sie führt dort auch eine kleine Bar, www.braggiotourismus.ch.

Karten
Kartenblatt 1294 Grono

▶ Alp di Fora, ehemalige Ziegenalp der Gemeinde Braggio.

SURSELVA UND NEBENTÄLER

Ob Sommerschnee auf dem Furggelti und Nebelschwaden über dem Zervreilahorn, Tafelwasser in Designerflaschen, türkisgrüner Bade- und verhinderter Stausee oder Quelle des Rheins: Wasser ist im Westen des Bündnerlandes ein allgegenwärtiges Thema!

23–27

23 Rund um das Zervreilahorn

Auf den Spuren eines kuriosen Paters

Alles wird besser

Typische Schweizer Exportschlager wie Uhren oder Schokolade hat Vals nicht zu bieten. Dafür Wasser. Wasser in gestylten Flaschen von Designer-Guru Luigi Colani und Wasser im eleganten Thermalbad von Stararchitekt Peter Zumthor. Wasser, welches das kleine Valserdorf weit über die Kantonsgrenzen hinaus berühmt gemacht hat.

»Alles wird besser, Valser bleibt gut«. Damit wirbt die Valser Mineralquellen AG für ihr Erzeugnis und deutet damit an, dass ihr edles Wasser seit jeher ein Spitzenprodukt ist. Kein Wunder: Dessen Herstellung nimmt auch ein gutes Vierteljahrhundert in Anspruch! Im Bündner Schiefer des Piz Aul sammelt sich das Regen- und Schmelzwasser und dringt durch Klüfte und Risse immer tiefer in den Berg ein. Rund 25 Jahre später bzw. 1000 Meter tiefer trifft es auf eine undurchlässige Dolomitschicht und erblickt schließlich als Mineralwasser wieder das Tageslicht. Wo es an der St. Petersquelle nur noch gefasst und in der Fabrik am Dorfeingang von Vals in Flaschen abgefüllt werden muss.

Stein und Wasser sind auch das Kapital des Thermalbades, nur wenige Meter weiter dorfeinwärts. 60000 Platten Valser Gneis formen ein Gebäude, dessen Erscheinung selber an einen mächtigen, durchlöcherten Felsen erinnert. In seinem Innenraum windet sich ein rechtwinkliges Höhlensystem durch die aus großen, freistehenden Steinblöcken bestehende Grundstruktur des Bades, entwickelt sich von versteckten, abgedunkelten Grotten auf der Bergseite zu immer größer werdenden Hohlräumen, die nach vorne ans Tageslicht und zur Aussicht führen. Ein architektonischer Genuss – und ein zugleich spannender und entspannender Abschluss jeder Bergwanderung. Kinder ab 5 Jahren sind willkommen, sofern sie sich an die Philosophie des Hauses halten (können). Und die heißt dem edlen Ambiente entsprechend: Psssst!

1. Tag: Flach taleinwärts zur Läntahütte

Natürlich könnte man von der Endstation des Postautos (ca. 1850 m) wenig unterhalb der Staumauer des Zervreilasees gleich zu Fuß losgehen. Könnte auf dem Fahrsträßchen hinaufwandern zur kleinen Kapelle (1985 m) mit der schönen Sicht auf das Zervreilahorn und dann wieder hinuntersteigen bis zur Brücke, die hinten im Canaltal das südliche Seeende überquert. Man kann sich diese Wanderstunde aber auch sparen (was

Warum rund um das Zervreilahorn?

Die heimelige, überschaubare Läntahütte ist ein idealer Stützpunkt für Familien, die Hüttenumgebung mit den unzähligen Felsblöcken und den Kiesbänken am Ufer des Valser Rheins ein riesiger Abenteuerspielplatz! Und nach der Wanderung durch die wilden Steinwelten des Furggelti locken in Vals die behaglichen Wasserwelten des Thermalbades!

Tourencharakter
2-tägige Bergwanderung. Nicht ganz wie Tag und Nacht, aber beinahe! Die Umrundung des Zervreilahorns gliedert sich in zwei völlig unterschiedliche Abschnitte: Während der Anstieg von der Canalbrücke zur Läntahütte kaum der Rede wert ist, geht es im steilen Grashang, der den zweiten Wandertag direkt nach der Hütte einleitet, ganz schön zur Sache. Alles in allem ist die Etappe über das Furggelti eine der anstrengendsten Wanderungen in diesem Führer!

Schwierigkeit: T3
Der Aufstieg zur Läntahütte bietet keinerlei Schwierigkeiten und eignet sich auch bei schlechtem Wetter jederzeit als Rückzugsmöglichkeit. Ganz im Gegensatz zum Furggelti: Obwohl durchgehend rot-weiß markiert und auf gutem Weg ohne Schwierigkeiten begehbar, sollte der 2712 Meter hohe Pass zwischen Zervreila- und Furggeltihorn nur bei trockener Witterung, guter Sicht und mit wandergewohnten Kindern unter die Füße genommen werden.

Höhenunterschiede und Gehzeiten
1. Tag: Zervreilasee (Canalbrücke)–Läntahütte ↗ 230 m, 2 h 30.
2. Tag: Läntahütte–Furggelti–Zervreilasee (Canalbrücke) ↗ 620 m, ↘ 850 m, 5 h 15.
   Läntahütte–Furggelti 3 h.
   Furggelti–Zervreilasee (Canalbrücke) 2 h 15.

mit Kindern die vernünftigere Variante ist), seine Anreise auf den »Zervreila-Shuttle« abstimmen und das staubige Sträßchen elegant mit dem kleinen Bus hinter sich bringen. Übrigens: Auf dem Grund des türkisblauen Stausees liegen die Ruinen des Dorfes Zervreila, welches 1958 untergehen musste für den steigenden Energiebedarf in der Schweiz.

Von der Canalbrücke (1867 m) geht es endgültig nur noch zu Fuß weiter, obwohl das Fahrsträßchen dem See bis zu seinem westlichen Ende folgt. Beim Ochsenstafel (bei der Brücke auf 1886 m) wird das Sträßchen zum breiten Weg und führt gemächlich ansteigend zu den romantischen Hütten der **Lampertsch Alp** (1991 m) hinauf. Hier kann getrost eine Pause eingelegt und ein Stück Alpkäse probiert werden, denn der größere Teil der Wanderung ist bereits absolviert und das folgende Wegstück ist fast noch gemütlicher als das zurückgelegte. Nun führt der Pfad zwar schmal, aber beinahe horizontal durch Alpwiesen und Felsbrocken dem breiten Schotterbett des Valser Rheins entlang der **Läntahütte** (2090 m) entgegen. Spiel- und Staugelegenheiten finden sich auf Schritt und Tritt, und im Handumdrehen ist die heimelige Hütte erreicht. Diese lehnt sich zum Schutz gegen Lawinen bergseitig an den Fels, was nicht nur Sicherheit, sondern gleichzeitig auch die ideale Wand für den hauseigenen Klettergarten bietet.

2. Tag: Steil bergauf zum Furggelti

Um es vorweg zu nehmen: Der Aufstieg zum Furggelti ist stellenweise steil, sehr steil sogar!

Von der Läntahütte führt der rot-weiß markierte Wanderweg, der 2002 auf den Spuren alter Hirten- und Jägerpfade neu angelegt wurde, zuerst ein paar Meter hinunter zu einer Brücke über den Valser Rhein und klettert dann gleich in engen Serpentinen den abschüssigen Grashang auf der Ostseite des Baches hinauf. Nach Süden ausholend und dabei einen markanten Felsriegel umgehend leitet der Weg ab etwa 2500 Metern in flachere Hangbereiche. Über gestufte Terrassen führt er hinauf zu einer Kuppe (2610m), dann in einer malerischen Welt aus kargen Bergwiesen, Steinen und Tümpeln wieder leicht abwärts zu einem Seelein (2579m) und schließlich gegen den massigen Felsriegel, welcher scheinbar den Zugang zum Pass versperrt. Auf einem zwar steilen, aber gut begehbaren Grasband werden die Felsen jedoch erstaunlich einfach überwunden. Der Blick gegen Osten öffnet sich und das Furggelti präsentiert sich als riesiger Sattel zwischen dem Zervreila- und dem Furggeltihorn.

Vom großen Steinmann, der den Pass markiert (Wegweiser, 2712m), führt der Pfad über flache Felsplatten und Moränen hinunter nach Ober Butz. Von hier zuerst auf der West-, dann auf der Ostseite folgt er dem Horabach bequem gegen den See hinunter und trifft dort auf das Fahrsträßchen, das in wenigen Schritten zur Canalbrücke führt. Glücklich, wer seinen Zeitplan eingehalten und auch für die Rückfahrt vorgängig den »Zervreila-Shuttle« reserviert hat!

◀◀ **Zaghafte Sonnenstrahlen im Aufstieg zum Furggelti, derweil am Horizont der Plattenberg mit hartnäckigen Nebelschwaden kämpft.**

◀ **Nicht die Quelle des weltbekannten »Valser«, aber trotzdem ein schöner Rastplatz: Aufstieg zum Passo Soreda.**

23
Zervreilahorn

▼ **2712 Meter: Das Furggelti (Bildmitte) bleibt wandergewohnten Kindern vorbehalten – und nur bei trockener Witterung und guter Sicht!**

EIN REVOLUTIONÄR AUF DEM RHEINWALDHORN

Wir schreiben das Jahr 1789. Der Himmel über Europa ist finster und mancherorts sind die Zeiten reif für eine Revolution. In Paris stürmt das aufgebrachte Volk die Bastille, um einen Weg aus der Unterjochung zu finden. Derweil stürmt ein friedlicher Benediktinerpater das 3402 Meter hohe Rheinwaldhorn, um als Erster einen Weg auf den Gipfel zu finden – weil ihm »die Bewegung, die reine Luft und das gesunde Wasser nützlich« scheinen, und »weil man nirgends eine so vollkommene Vorstellung von der Größe und Allmacht Gottes bekommt als auf Bergreisen«. Zu einer Zeit, als die Berge den Menschen Furcht, Angst und Schrecken einflößen und kaum jemand freiwillig einen Schritt ins vergletscherte Hochgebirge wagt, ist Placidus a Spescha auf seine Art ebenfalls ein Revolutionär.

Seinen Sturm auf die Bastion des Rheinwaldhorns, das auf der Kantonsgrenze zwischen Graubünden und dem Tessin steht und unter dem Namen Adula zugleich der höchste Berg des Tessin ist, startet der kräftige Benediktiner im Juli des besagten Jahres in Begleitung dreier Ärzte. Der Aufstieg gestaltet sich aber schwierig, weil die Berggänger nur ungenügend ausgerüstet sind. Schließlich bleiben die drei Begleiter zurück und der tollkühne Mönch bezwingt das Rheinwaldhorn im Alleingang. Beim Abstieg rettet er zwei der Herren vor dem Abgleiten, erleidet selber aber einen Augenschaden, der ihn die ganze Nacht lang plagt. Seine Haut schält sich von Gesicht und Händen und er sieht so abscheulich aus, dass die Wirtstocher in Versam bei seinem Anblick Reißaus nimmt.

Im Dezember 1752 erblickte Placidus als Bauernbub in Trun im Bündner Oberland das Licht der Welt. Nachdem er die Schafe seines Vaters gehütet und in Chur beim Hofkaplan Latein gelernt hatte, trat er mit 19 Jahren ins Kloster Disentis ein. Nach sechs Jahren Studium der Philosophie und Theologie im Kloster Einsiedeln wurde er 1782 zum Priester geweiht. Seine erste Seelsorgestelle fand er im Hospiz auf dem Lukmanierpass, was ihm ausreichend Zeit ließ für seine alpinistischen Exkursionen und seine Mineraliensammlung.

Im Laufe der Jahre muss sich Pater Placidus – »il curios pader«, wie ihn seine Landsleute nannten – zu einem außergewöhnlichen und schillernden Zeitgenossen entwickelt haben. Als unbequemer Benediktinermönch rebellierte er mehrmals gegen die klerikale Obrigkeit, was ihm seine kirchlichen Vorgesetzten mit Zwangsversetzungen, seine Mitmenschen mit Argwohn verdankten. Dazu war der Pater aber auch ein mit trockener (Selbst-)Ironie gesegneter Geselle. Die letzten Worte, die er 1833 im Sterbebett gesagt haben soll: »Ussa dat la baracca ensemen« (jetzt fällt die Baracke zusammen).

Revolutionär wie sein Geist war auch seine Art und Weise, die Berge zu besteigen. Ohne besondere Rechtfertigung, ohne vernünftigen Grund, einfach so – aus Freude und Neugier: einer der ersten modernen Bergsteiger! Im Laufe seiner über 40-jährigen Bergsteigerkarriere gelangen ihm zahlreiche Erstbesteigungen, oftmals im Alleingang über verspaltete Gletscher oder ausgesetzte Felspassagen. Neben dem Rheinwaldhorn bestieg er ebenfalls als Erster unter anderem den Oberalpstock (3327 m), den Piz Terri (3149 m), den Piz Scopi (3190 m) und versuchte sich sechsmal – zuletzt über 70-jährig – erfolglos am Tödi (3614 m), seinem größten und schließlich verwehrt gebliebenen Traum. Spescha entdeckte Neuland und hinterließ derart tiefe Spuren, dass selbst die sonst dem Personenkult eher abgeneigte helvetische Flurnamengebung seinetwegen zwei Ausnahmen machte: Neben dem Piz Medel steht ein Piz a Spescha, und mit der Porta da Spescha wird sein Name zwar nicht auf, aber doch in unmittelbare Nähe des Tödi gerückt.

Was trieb Spescha in die Berge? Was war es, das ihn Mühen und Strapazen auf sich nehmen ließ, sodass er beispielsweise noch als 68-Jähriger auf 2500 Meter Höhe im Freien neben einem Schneefeld übernachtete?

Natürlich war es der Wissensdrang und sein Wunsch, Gott nahe zu sein. Aber es war nicht nur das. Spescha hat es einmal schön beschrieben: »Durch das stille Sitzen und viele Nachdenken ward mein Leib schwer und mein Gemüt traurig: Ich setzte mich in Bewegung, schwitzte meine bösartigen und überflüssigen Feuchtigkeiten aus und kam nach Hause, gereinigt und leicht wie ein Vogel.« Eine Motivation, die nachvollziehbar ist, oder?

23
Zervreilahorn

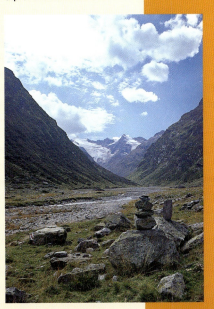

▼ Herrliches Spiel- und Wandergelände auf der Lampertsch Alp. Noch ist es ein weiter Weg zum eisigen Gipfel des Rheinwaldhorns.

DAS SCHOGGISPIEL

Früher gehörte das Schoggispiel zum festen Bestandteil eines Kindergeburtstages und die meisten Eltern werden dafür kaum eine Spielanleitung brauchen. Für die wenigen Unglücklichen, die das Ritual in ihrer Kindheit verpasst haben oder sich – was allerdings kaum vorstellbar ist – nicht mehr daran erinnern können, eine kurze Auffrischung der nötigen Vorbereitungen: Eine Tafel Schokolade wird mit Zeitungspapier, Klebestreifen und Schnur eingepackt. Je besser die Verpackung, desto länger dauert das Spiel! Ebenfalls mit in den Rucksack müssen ein Würfel, ein stumpfes Messer, eine Gabel und ein Plastikteller.

Das Spiel ist denkbar einfach. Alle Kinder setzen sich in einem Kreis, in ihrer Mitte der Teller und darauf die eingepackte Schokolade. Dann wird reihum gewürfelt. Wer eine 6 würfelt, muss die bereitliegende Jacke, Sonnenhut und -brille sowie Handschuhe (zur Not tun es auch Ersatzsocken) anziehen. Dann darf er oder sie mithilfe von Messer und Gabel versuchen, die Schokolade auszupacken und soviel wie möglich davon zu essen. Die anderen Kinder sitzen währenddessen natürlich nicht staunend dabei, sondern würfeln eifrig weiter. Sobald erneut eine 6 fällt, gehen Kleider, Besteck und Schokolade an das entsprechende Kind weiter, das nun seinerseits versuchen muss, sich einzukleiden und dann so viel wie möglich von der Schokolade zu ergattern. Und so weiter. Selbstverständlich dürfen auch Erwachsene in Nostalgie schwelgen und mitspielen.

Viel zur harmonischen Fortsetzung des Wandertages trägt bei, eine weitere Tafel Schokolade im Rucksack zu haben. Damit lassen sich Pechvögel, die unglücklich gewürfelt oder sich zu langsam angezogen haben, wirkungsvoll trösten.

Informationen

Ausgangs- und Endpunkt / An- und Rückreise
Zervreilasee (Canalbrücke), 1867 m. Postauto von Ilanz nach Vals, Zervreila (Mitte Juni bis Mitte Oktober). Weiter mit dem »Zervreila-Shuttle« bis zur Canalbrücke. Fahrten auf Verlangen gemäß Fahrplan, Reservation obligatorisch (Tel. 081 935 11 66 oder 079 431 88 89). www.zervreila.ch (Zervreila-Shuttle).

Übernachtung
Läntahütte SAC, 2090 m, Koordinaten 722 960 / 155 730, 33 Plätze, ganzjährig geöffnet, während der Hauptsaison durchgehend bewartet. Tel. 081 935 17 13, www.laenta.ch. Heimelige Berghütte in einem wilden Tal am Fuße der eisigen Gletscher des Rheinwaldhorns.

Verpflegung unterwegs
Lampertsch Alp, 1991 m, www.lampertschalp.ch. Frischer Alpkäse und luftgetrocknetes Fleisch von Tieren aus der Talschaft verführen zu einem Zwischenhalt im Aufstieg zur Läntahütte.

Karten und spezielle Ausrüstung
Kartenblätter 1233 Greina, 1234 Vals, 1253 Olivone, 1254 Hinterrhein
Für das Schoggispiel: Würfel, Zeitungspapier, Klebestreifen oder Schnur, ein stumpfes Messer, eine Gabel, ein Plastik- oder Kartonteller und mindestens zwei Tafeln Schokolade.

Variante
Nur für Konditionsstarke: Über den Passo Soreda führt eine alte Handelsroute aus dem Valsertal ins Tessin. Der Bergweg über den 2759 Meter hohen Pass ist durchgehend rot-weiß markiert. Wegen des zum Teil etwas ausgesetzten Wegverlaufs und der langen Gehzeiten in die Tessiner Dörfer bzw. die Nachbarhütten ist die Begehung mit Kindern aber nicht zu empfehlen.

23 Zervreilahorn

▶ Nicht nur für des Schoggispiel gehören Handschuhe in den Rucksack: Sommerschnee auf dem Furggelti!

▶ Läntahütte: Kletterfels inbegriffen!

24 Über die Greina

Kein Stausee, ein wenig Kunst und sehr viel Wasser

Einzigartig

Die Greina. Eine für den hochalpinen Raum einzigartig weite, grüne Ebene, durch die der junge Rein da Sumvitg in ruhigen Mäandern seinen Weg sucht. Mit dem Passo della Greina, der mit seinen bizarren Gesteinsformationen dem sanften Grün der Ebene ein jähes Ende setzt. Im Süden begrenzt durch das flache Dreieck des Pizzo Corói, gegen Norden abgeschirmt durch die über 3000 Meter hohen Gipfel von Valdraus, Gaglianera und Vial. Eine Landschaft, wie es sie in der Schweiz sonst nirgendwo mehr gibt!

Die Greina. Nicht nur eine außergewöhnliche Landschaft, sondern vor allem ein starkes Symbol des Widerstands gegen die hemmungslose Ausbeutung der Natur. Eine malerische Hochebene, der die Überflutung durch einen Stausee gedroht hatte, weil die Wasserkraftlobby ein fettes Geschäft witterte. Und die seit ihrer Aufnahme ins »Bundesinventar der Landschaften und Naturdenkmäler von nationaler Bedeutung« heute unter Schutz steht und die Wanderer, die von Vrin, Tenigerbad oder Campo Blenio kommen, in ihren Bann zieht.

1. Tag: Mit Kindern über die Greina?

Unmöglich, viel zu lang die Anstiege! Stimmt nicht ganz. Zwar sind die drei Hütten – Terri im Norden, Motterascio im Süden und Scaletta im Westen der Hochebene – tatsächlich allesamt weit von ihren Talorten entfernt, aber mit der entsprechenden Planung ist das kein Problem. Denn von Campo Blenio fährt ein kleiner Bus das Val Camadra hinauf bis zum Parkplatz von **Pian Geirètt** (2012 m). Von hier ist die **Capanna Scaletta** (2205 m) auf einem über P. 2148 nach Norden ausholenden oder einem direkten, aber recht steilen Hüttenweg auch mit Kindern in einer guten Stunde erreicht.

2. Tag: Rot oder Blau?

Der frühe Morgen fordert gleich eine Entscheidung: Rot oder Blau?
Wer es seinen Kindern (und sich!) zutraut, folgt dem Brenno della Greina auf der blau-weiß markierten Route passwärts. Eine Portion Trittsicherheit ist dabei schon nötig, denn der Pfad windet sich durch Blockfelder und klettert auf sandigen Halden immer dem Bach entlang in Richtung Passhöhe gegen P. 2379.
Wer auf Nummer sicher gehen will und auf Rot setzt, hält sich kurz nach der Capanna Scaletta an den breiten, deutlich bezeichneten Weg und gelangt da-

24 Greina

Warum über die Greina?

Eine Landschaft wie die Greina gibt es in der Schweiz sonst nirgends mehr. Sie ist nicht nur ein besonderes Symbol für den Widerstand gegen die hemmungslose Ausbeutung der Natur, sondern auch besonders schön: Eine weite Hochebene, geschmückt mit dem Zopfmuster des mäandrierenden Rein da Sumvitg, umgeben von eindrücklichen Eisgipfeln. Ihre außergewöhnlichen Farben und Formen begeistern die Großen, die unzähligen Wasser und Wässerchen die Kleinen.

Tourencharakter
2- bis 3-tägige Bergwanderung. Erst kurz und steil bergauf, dann flach und beschaulich hinüber, schließlich steil und lang bergab: So ließe sich die Greinawanderung kurz und bündig zusammenfassen. Was den unzähligen Eindrücken, die unterwegs auf die Wandernden warten, allerdings ganz und gar nicht gerecht werden würde! Apropos Eindrücke: Mit Kindern lohnt es sich, die 3-tägige Variante (wegen des Busfahrplans nach Pian Geirètt mit Start am Samstag oder Sonntag!) einzuplanen, um an all den schönen Ecken und Enden genügend Zeit zum Staunen und Spielen zu haben.

Schwierigkeit: T3
Von Pian Geirètt über die Capanna Scaletta bis zur Terrihütte verdient sich die Wanderung – sieht man von der optionalen blau-weißen Variante zwischen der Capanna Scaletta und der Passhöhe einmal ab – lediglich ein T2. Auf der letzten Etappe hinunter nach Runcahez wird es vorübergehend etwas wilder. Der Pfad ist zwar unschwierig zu begehen und gut gesichert, in den verschiedenen Felspassagen sind aber Vorsicht und volle Konzentration angesagt. Zappelige Kinder sollten hier an der Hand, allenfalls sogar an die Leine genommen werden.

Höhenunterschiede und Gehzeiten
1. Tag: Pian Geirètt–Capanna Scaletta ↗ 190 m, 1 h 15.
2. Tag: Capanna Scaletta–Terrihütte ↗ 260 m, ↘ 290 m, 3 h 15.
3. Tag: Terrihütte–Runcahez ↘ 890 m, 3 h 30.

rauf problemlos, aber weniger spektakulär ebenfalls zu P. 2379.

Der Passo della Greina und damit auch die Bündner Kantonsgrenze (P. 2355) sind bald erreicht. Manch kleiner Wanderer mag sich inmitten von grauschwarzen Tonschieferplatten und porösen Kalkgebilden so oder jedenfalls ganz ähnlich die Mondoberfläche vorstellen. Sich immer auf der Südseite des jungen Rein da Sumvitg haltend führt der Pfad zu einer imposanten Schlucht und darüber leicht ansteigend gegen P. 2346. Der Blick auf die weite Hochfläche der Plaun la Greina wird frei, die Steine bleiben zurück und Grasland nimmt überhand. Über flache, offene Hänge geht es hinunter zum Fluss (wo der Bau eines kleinen Staudamms durchaus erlaubt ist!), dort über die Brücke (2230 m) und vorbei an Bächen, Seelein und Tümpeln dem Passeinschnitt P. 2265 westlich von Muot la Greina entgegen. Kurz vor dem Pass stellt sich dem Pfad eine kleine Felswand in den Weg, die mit Hilfe einer Kette leicht, aber mit der nötigen Vorsicht, in einer Rinne durchkraxelt wird.

Ein letztes Mal zeigt sich die Greina in ihrer ganzen Schönheit, dann verschwindet der Wanderweg in einem engen Taleinschnitt und windet sich vorbei an weiteren malerischen Seelein bergab. Schon bald ist die **Terrihütte** (2170 m) auf ihrem Felsbuckel zu sehen.

3. Tag: Hinunter nach Runcahez

Der Abstieg nach Runcahez ist auf seine Art landschaftlich ebenso beeindruckend wie die Wanderung über die Greinaebene. Er bringt – auch in den diversen Felspassagen – keine wirklichen Probleme. Aber: Er erlaubt auch keinerlei

Dummheiten und verlangt bis zum Erreichen des Talbodens (ab ca. 1650 m) volle Konzentration! Die Kinder sind ständig im Auge zu behalten und in den kurzen Felsriegeln allenfalls an der Hand bzw. die Reepschnur zu nehmen.

Der Weg ins Tal beginnt – nach einem kurzen Abstieg vom Hüttenfelsen – mit einem ebenso kurzen Gegenaufstieg durch die Plaunca da Stiarls. Schon hier wartet ein erster Felsriegel mit Kettensicherung, dann folgt ein Zick mit anschließendem Zack (P. 2172), und der Kulminationspunkt ist erreicht (ca. 2185 m). Über Crest la Greina windet sich der Pfad nun, häufig durch Bergwiesen, ab und zu auch über eine Felsstufe mit oder ohne Kettensicherung vorbei an den Punkten 2102 und 2023 bergab. Ein letzter Blick zurück zur Terrihütte, dann stürzt sich das Zickzackweglein in einen steilen Grashang und leitet zum Talboden (1650 m). Ab hier ist Kinderland: Blank geschliffene Felsplatten mit Badepfützen (ca. 1550 m), unzählige Bächlein, Kraxelbrocken und Flussauen stellen eine ernsthafte Bedrohung für den Zeitplan dar. Auf gut markiertem Weg geht es immer dem Westufer des Rein da Sumvitg folgend hinunter zur Alp Val Tenigia und dort über die Brücke (1336 m) gegen **Tegia Nova** (1340 m). Ab hier folgt der Wanderweg den letzten Kilometer bis zum oberen Ende des Stausees (1280 m) einem (etwas weniger spannenden) Fahrsträßchen. Etwas Planung ist auch hier wichtig: Der kleine Bus fährt nur ein- bis zweimal täglich! Anderenfalls ist das (vorgängig reservierte) Alpentaxi eine ideale Alternative – und sinnvolle Investition in den Familienfrieden.

◄◄ Verträumte Tümpel und Weiher überall auf der Greina.

◄ Wanderland: Unterwegs zwischen Tessin und Graubünden.

24
Greina

▼ Crap la Crusch im Herzen der Greina: Capanna Motterascio, Capanna Scaletta oder doch lieber Terrihütte?

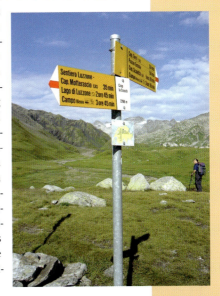

BLAUES GOLD

Obwohl die Erde zu mehr als drei Vierteln von Wasser bedeckt ist, wird unser Lebenssaft immer knapper. Denn verglichen mit dem gesamten Wasservolumen der Erde ist Trinkwasser Mangelware: Nur ein halbes Prozent des vorhandenen Wassers auf dem blauen Planeten eignet sich zum Trinken. 97 Prozent sind zu salzig, vom verbleibenden Rest wiederum ist der größte Teil in Polkappen, Gletschern und tiefen Erdschichten gebunden und für den Menschen unzugänglich. Damit nicht genug: Wasser ist auf der Erde extrem unterschiedlich verteilt. Während hierzulande mehr Wasser vom Himmel fällt, als wir trinken, im Haushalt oder in Landwirtschaft und Industrie verbrauchen können, herrschen anderswo jahrelange Dürren. Wer Zugang zum blauen Gold hat, kann Geld verdienen: Großkonzerne haben das Geschäft mit dem Trinkwasser denn auch längst als vielversprechende Einnahmequelle der Zukunft erkannt. Aber nicht nur Trinkwasser ist gefragt. Wasser lässt sich bekanntlich in Energie und damit ebenfalls in Geld umwandeln. Für große Staudämme wurden und werden noch immer Millionen von Menschen umgesiedelt, fruchtbares Land geht verloren, erhaltenswerte Landschaften verschwinden für immer in den Fluten.

Der Kampf ums Trinkwasser ist bei uns zum Glück (noch) kein Thema, aber auch in der Schweiz wurden der gewinnbringenden Nutzung der Wasserkraft schon ganze Dörfer geopfert (siehe Wanderungen 21 und 27). Und auch in der Geschichte der Greina hat das Geld eine ganz zentrale Rolle gespielt. Bereits in den 1950er-Jahren erfasste der Goldrausch die Hochebene. Die Rhätischen Werke für Elektrizität sowie die Nordostschweizerischen Kraftwerke (NOK) witterten ein Geschäft und erwarben im Jahre 1957 von den Gemeinden Vrin und Sumvitg die Wasserrechtskonzession zur Überflutung der Hochebene. Das Kraftwerkprojekt sah eine 80 Meter hohe Staumauer an der schmalsten Stelle am Fuß des Pass Diesrut vor – und hätte den beiden Gemeinden Einnahmen von rund 2,4 Millionen Franken pro Jahr gebracht. Dringend benötigtes Geld für Alpsanierungen, Aufforstungen, Lawinenverbauungen, Kanalisationen und Schulhäuser.

Es kam bekanntlich anders. Massiver Widerstand, anfänglich aus Naturschutz- und Künstlerkreisen, schließlich aus weiten Teilen der Bevölkerung, regte sich gegen das Projekt. Der Bundesrat wurde ersucht, die Hochgebirgslandschaft Greina–Piz Medel ins Bundesinventar der Landschaften und Naturdenkmäler von nationaler Bedeutung (BLN) aufzunehmen und unter Schutz zu stellen. Unter diesem Druck entschied sich 1986 die NOK als Konzessionärin, auf den Bau des Greinawerkes zu verzichten. Damit hatten die jahrelangen Auseinandersetzungen zwar ein Ende, Vrin und Sumvitg standen aber immer noch mit leerem Geldbeutel da. Was nun?

Die Schweizerische Greina-Stiftung schlug einen neuen Weg vor: Die Gemeinden sollten eine Entschädigung erhalten, sofern sie die Landschaft von nationaler Bedeutung für 40 Jahre unter Schutz stellen und damit auf bedeutende Wasserzinseinnahmen verzichten würden. Nach langem Hin und Her beschloss das Bundesparlament 1996 die Finanzierung solcher Ausgleichsleistungen mittels eines »Landschaftsrappens«. Seither fließt einer von 80 Franken aus Einnahmen der übrigen Wasserrechtsgemeinden in die Kassen jener, die ihre Landschaft nicht dem blauen Gold geopfert haben – was jährlich immerhin 3 bis 4 Millionen Franken einbringt. Damit wird gesamtschweizerisch eine Fläche von insgesamt fast 300 Quadratkilometer unter Schutz gestellt, ohne dass die Bundesfinanzen belastet werden. Außer der Greina gehört in Graubünden auch das Val Frisal ob Brigels zu diesem »Wassernationalpark«.

◂ **Mäandrierende Bäche, dem Stausee entkommen.**

24
Greina

NATUR-KUNST-WERK

Der Sommer 2004 stand auf der Greina ganz im Zeichen der Kunst. Das Projekt »Kultursommer Greina« war eine Einladung an Kunstschaffende, sich anhand von in die Landschaft integrierten Kunstwerken mit der Greina auseinanderzusetzen. Wohl kein Zufall, dass ein solches Projekt, ausgerechnet hier stattfinden konnte: Die Hochebene scheint eine Mystik auszustrahlen, die höchst ansteckend ist.

Aber man braucht kein bekannter Künstler zu sein, um mit Materialien aus der Natur Kunstwerke in die Landschaft zu zaubern. Ein ideales Tummelfeld für Nachwuchskünstler befindet sich oberhalb der Capanna Scaletta gegen den Passo della Greina. Die grauschwarzen Tonschieferplatten und die hellen Kalksteine eignen sich ausgezeichnet für künstlerische Experimente, ihre Farben und Formen laden geradezu ein, damit zu spielen. Und wer mit offenen Augen durch diese Steinwüste streift, merkt auch schnell, dass er nicht der Erste ist, der ihrer Inspiration erlegen ist.

Selbstverständlich beschränkt sich die Schaffung von Natur-Kunst-Werken nicht auf die Greina, denn brauchbare Materialien finden sich fast überall. Neben Steinen eigenen sich auch Blätter, Zweige, Samen und Äste, ja sogar Eis und Schnee. Ein großer Meister der Kunst in (und mit) der Natur ist Andy Goldsworthy. Wer seine Werke sieht, kann sich dem Eindruck nicht verschließen, er sei ein Magier und stehe mit den Naturkräften im Bunde. Nur, hinter den Skulpturen aus Blüten und Blättern, Gräsern und Hölzern, Steinen und Schnee steht auch viel harte Arbeit in der freien Natur. Goldsworthy arbeitet mit dem, was er in der Landschaft vorfindet, und zumeist dort, wo er es vorfindet. Einige seiner Arbeiten bleiben bestehen, andere vergehen, schmelzen, werden vom Winde verweht. Allein seine Fotografien halten die kurzlebigen Arbeiten in der Vergänglichkeit der Zeit fest. Ohne den Anspruch zu haben, es Goldsworthy gleichtun zu wollen: Ein Blick in seine Bücher lohnt sich! Als Quelle der Inspiration und vor allem als Augenschmaus.

Buchtipps
Andy Goldsworthy, *Andy Goldsworthy,* Verlag Zweitausendeins, Frankfurt am Main 2004
Andy Goldsworthy, *Rivers and Tides,* DVD, Warner Home Video, 2003

Informationen

Ausgangspunkt / Anreise
Pian Geirètt, 2012 m. Bus von Biasca nach Olivone, Posta. Von dort fährt dreimal täglich ein bus alpin weiter nach Pian Geirètt (Anfang Juli bis Anfang September), zusätzlich verkehrt das Alpentaxi Bleniotal, Tel. 091 872 13 65, 091 872 14 87 und 079 501 16 07.

Endpunkt / Rückreise
Runcahez, 1280 m. Vom oberen Ende des Stausees fährt zweimal täglich ein Bus nach Rabius (Mitte Juni bis Mitte September). Außerdem verkehrt ein Alpentaxi: Marc Cathomas, Tel. 079 357 85 74

Übernachtung
Capanna Scaletta SAT, 2205 m, Koordinaten 715 050 / 162 920, 56 Plätze, Winterhütte ganzjährig geöffnet, neue Hütte während der Hauptsaison durchgehend bewartet. Tel. 091 872 26 28, www.capanneti.ch. Tolle Aussicht, geeignete Stau- und Bauplätze hinter und Steinböcke rund um die Hütte. Aber Vorsicht: Absturzgefahr vor der Hütte. Terrihütte SAC, 2170 m, Koordinaten 719 930 / 166 010, 110 Plätze, ganzjährig geöffnet und während der Hauptsaison durchgehend bewartet. Tel. 081 943 12 05, www.terri-huette.ch. Auf einem Felsbuckel thronend bewacht die Terrihütte den Eingang zur Greina. Schöne Abenteuerspielplätze mit Bächen und Felsbrocken finden sich am Fuß des Buckels. Achtung: Rechtzeitig reservieren! Die Terrihütte ist häufig ausgebucht.

Karten
Kartenblatt 1213 Trun, 1233 Greina

Varianten
Einfacher: Der Abstieg auf dem rot-weiß markierten Wanderweg nach Puzzatsch (bus alpin nach Vrin, Voranmeldung bis 1 Stunde vor Abfahrt unerlässlich unter 079 483 83 69, www.busalpin.ch) bietet sich als einfachere Alternative an, bringt aber keine Zeitersparnis, da vor dem Abstieg durch das Val Lumnezia zuerst der Pass Diesrut (2428 m) erklommen werden muss.

Aller guten Dinge sind drei: Das verlängerte Wochenende auf der Greina lässt sich zu einem noch längeren ausbauen, wenn auch die dritte Greinahütte, die Capanna Motterascio, ins Programm aufgenommen wird. Dazu folgt man der beschriebenen Route in Richtung Terrihütte bis zur Brücke über den Rein da Sumvitg, wendet sich dort aber gegen Süden und gelangt über Crap la Crusch zur Capanna Motterascio. Wanderzeit rund 1 h. Zurück auf dem gleichen Weg zum Fluss und von dort weiter zur Terrihütte.

▼ Gesamtkunstwerk: Licht und Schatten am Passo della Greina.

▶ Terrihütte – Begehrter Stützpunkt für Greinawanderer.

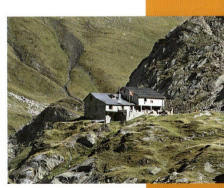

25 Lai da Tuma und Pazolastock

Der junge Rhein und der älteste Urner

1320 Kilometer

Der Vorderrhein gilt unter den verschiedenen Zuflüssen als die offizielle Rheinquelle. Zuoberst in der Surselva verlässt der junge Rhein im Lai da Tuma seine Wiege und macht sich auf die lange Reise zur Nordsee. Bei Reichenau trifft er auf den Hinterrhein, der an der Ostflanke des Rheinwaldhorns entspringt. Gemeinsam und schon wesentlich breiter fließen sie – nun als Alpenrhein – ihrem ersten Etappenziel, dem Bodensee, entgegen. 1320 Kilometer lang ist der Weg vom kleinen Bergsee bis zur Mündung in Rotterdam. Er führt durch die Schweiz, Liechtenstein, Österreich, Deutschland, Frankreich und die Niederlande und an manch weltbekannter Sehenswürdigkeit vorbei: Bei Schaffhausen stürzen sich die Wassermassen über den Rheinfall, im Schiefergebirge zwängen sie sich an den Felsen der Loreley vorbei und in Rotterdam füllen sie die Becken des zweitgrößten Seehafens der Welt. Leider wird der Fluss auf seiner Reise gegen Norden nicht nur mächtiger, sondern auch immer dreckiger und lebensfeindlicher. Abwässer der chemischen und Arzneimittelindustrie, von Zellstoffwerken und aus Kaligruben belasten ihn genauso wie die Erwärmung durch das Kühlwasser von Kraftwerken. Bei der Mündung in die Nordsee erinnert nichts mehr an das glasklare Bergbächlein, das sich hoch oben in der Surselva munter plätschernd auf seinen Weg macht – nicht einmal der Name, denn der Rhein heißt dort nicht mehr Rhein, sondern Waal.

1. Tag: Zum Lai da Tuma

Als besonders schön kann man sie nicht gerade bezeichnen, die Passhöhe des Oberalp. Ein großer Parkplatz, zwei Restaurants, dazu allerlei Militärbaracken – eine typische Passhöhe eben. Was sie für Berggänger trotzdem attraktiv macht: der Oberalpsee auf der Urner Seite des Scheitelpunktes und die Tatsache, dass die Haltestelle der niedlichen roten Züge der Matterhorn-Gotthard-Bahn (ehemals Furka-Oberalp-Bahn) direkt am Ausgangspunkt einer ganzen Palette von Wanderwegen in alle Windrichtungen liegt!

Oberalppass, Reisende zur Badushütte bitte aussteigen! Vorerst geht es vom Bahnhof zwei, drei Schritte hinauf zur Passhöhe (2042.8 m), dann über eine sumpfige Wiese auf einem schmalen Pfad gleich wieder ein paar Meter abwärts gegen die Surselva. Bei einer kleinen Brücke (P. 1987) wendet sich die Route von der Straße ab und führt durch die Plauncas Cuflegl Richtung Sü-

25 Lai da Tuma und Pazolastock

Warum zum Lai da Tuma und auf den Pazolastock?

Einmal ganz zuoberst sein – wenigstens was den Lauf des Rheins anbelangt. Über grüne Matten toben, Bäche stauen, Felsbrocken erklimmen, ein Bad im See wagen. Abends vor der Hütte über den Kreislauf des Wassers sinnieren und am nächsten Tag das grandiose Panorama vom Pazolastock gegen das Wallis und die Surselva bestaunen. Gute Gründe, sich die westlichste Ecke des Kantons Graubünden einmal etwas genauer anzusehen, oder?

Tourencharakter
1 bis 2-tägige Bergwanderung. Gemütliche Familienwanderung, die sich in der 2-tägigen Variante gut als Einstieg in das Bergwandern mit Kindern eignet. Die Aufstiege sind moderat, die Gratwanderung zum Pazolastock vermittelt aber trotzdem kribbelnde Gebirgsatmosphäre. Mit größeren Kindern auch als Tagestour machbar.

Schwierigkeit: T2
Außer ein paar kleinen Felsrippen und Bachläufen gibt es im Aufstieg zum Lai da Tuma und weiter zur Badushütte keine nennenswerten Hindernisse zu überwinden. Auch die Besteigung des Gipfels bietet keine besonderen Schwierigkeiten. Zwischen P. 2743 (dem höchsten Punkt der Wanderung) und dem Pazolastock sowie auf den ersten 150 Höhenmetern im Abstieg auf einem abschüssigen Pfad müssen die Kinder im Auge behalten werden.

Höhenunterschiede und Gehzeiten
1. Tag: Oberalppass–Lai da Tuma–Badushütte ↗ 570 m, ↘ 110 m, 3 h.
    Oberalppass–Lai da Tuma 2 h 30.
    Lai da Tuma–Badushütte 0 h 30.
2. Tag: Badushütte–Pazolastock–Oberalppass ↗ 280 m, ↘ 740 m, 3 h.
    Badushütte–Pazolastock 1 h 30.
    Pazolastock–Oberalppass 1 h 30.

den. Ohne nennenswerte Höhenunterschiede und Schwierigkeiten verläuft der rot-weiß markierte Weg durch mäßig steile Bergwiesen voller Alpenrosen und überquert dabei die eine oder andere kleine Felsrippe. Erst bei **Trutg Nurschalas** (2056 m) dreht der Pfad bergwärts und steigt, zuerst in weiten Kehren, dann wieder recht zielstrebig dem See entgegen. Ein paar harmlose Bergbächlein müssen dabei überquert werden, stellen aber (außer nach Gewitterregen) keine wirkliche Herausforderung dar. Je näher der Lai da Tuma kommt, desto mehr weicht das Grün der Alpwiesen dem Graubraun der Felsen. Ein paar letzte Schritte über Felsstufen und Geröllbrocken, dann ist der kleine Passeinschnitt (unterhalb P. 2392) erreicht und der Blick auf den See wird frei. Von hier aus könnte man direkt zur Badushütte aufsteigen – aber das wäre wirklich jammerschade! Nur wenige Meter weiter unten wartet das Objekt aller im Aufstieg gemachten Versprechungen, glasklar in seiner Felsmulde liegend: der Lai da Tuma (Tomasee), die Geburtsstätte des Rheins (2345 m). Am bergseitigen Ende laden grüne Matten, mäandrierende Bächlein und Felsbrocken jeglicher Größe zu einer ausgedehnten Rast ein. Übertriebene Eile ist nicht angesagt, denn von hier führt der Wanderweg in einer knappen halben Stunde im weiten Bogen über Alpwiesen hinauf zur **Badushütte** (2503 m). Wo es sich auf der flachen Geländeterrasse vor der Hütte übrigens ebenfalls wunderbar spielen lässt.

2. Tag: Über den Pazolastock hinab zum Oberalpsee

Rund eine Stunde ist für die Wanderung von der Unterkunft hinauf zum Pazolastock für Erwachsene zu veranschlagen, und auch wenn es mit Kindern etwas länger dauert: Der Zeitbedarf für den Anstieg hält sich in Grenzen, die 250 Hö-

henmeter – etwa halb so viele wie am Vortag – sind im Nu zurückgelegt.
Der Pfad bergauf ist nicht zu verfehlen. Von der Badushütte klettert er, stetig ansteigend, vorerst entlang den Felsen des Fil Tuma, dann ab rund 2600 m auf einem breiten Grat hinauf gegen P. 2743. Damit ist der höchste Punkt der Wanderung bereits erreicht und der anstrengendste Teil des Tageswerks erledigt. Ab hier folgt der unschwierige Pfad dem Grat hinüber zum Pazolastock. Er ist schmal und mit Felsbrocken gespickt, was bezüglich Aussicht überwältigend und bezüglich Wegverlauf unterhaltsam ist, bei der Begehung mit Kindern aber doch die nötige Vorsicht voraussetzt. Zuerst führt die Route in einen Sattel (P. 2685) hinunter, von dort wieder hinauf zu einer Militärbaracke und gleich weiter auf den Gipfel des **Pazolastocks** (2740 m). Was für ein Panorama! Tief unten in der Surselva liegt Sedrun wie ein Spielzeugdorf und der Himmel ringsum wird von unzähligen Bergspitzen gekitzelt.

Trotz der grandiosen Aussicht ist beim Abstieg auf dem abschüssigen Pfad auf dem Nordwestgrat des Pazolastocks bis P. 2577 noch einmal die volle Aufmerksamkeit gefragt und die Kinder sind gegebenenfalls an der Hand zu nehmen. Dann flacht das Gelände aber ab, der Weg zum Oberalppass wendet sich nach Nordosten und schlängelt sich als stellenweise ausgewaschene Rinne durch Felder von Alpenrosen gegen Puozas hinab. Auf den letzten Metern nimmt die Hangneigung zwar noch einmal etwas zu, aber das kann den Endspurt in Richtung Glacé und Fußbad nicht mehr entscheidend bremsen.

◄◄ **Klettern und kraxeln, baden und bauen, stauen und staunen:** Der Lai da Tuma (Tomasee) bietet, was das Kinderherz begehrt.

◄ **Ob das Stahlseil wohl hält?** Die kleinen Felsrippen in den Plauncas Cuflegl stellen kein ernsthaftes Hindernis auf dem Weg zur Rheinquelle dar.

25
Lai da Tuma und Pazolastock

▼ **1320 Kilometer.** Wie lange braucht ein Wassertropfen bis Rotterdam? Und: Kommt er eines Tages hierher zurück?

DER ÄLTESTE URNER

Kopfweh, Schlaflosigkeit oder Asthma? Ein alter Knochenbruch, der sich wieder bemerkbar macht? Da kann nur der älteste Urner dahinter stecken, der Föhn. Denn die Ursache für das Unwohlsein liegt vermutlich in kleinen Schwankungen des Luftdrucks, die in der Grenzschicht zwischen der am Boden liegenden Kaltluft und der darüber strömenden warmen Föhnluft entstehen. Diese Grenzschicht wird wellenförmig bewegt, ähnlich den Wasserwellen in einem Sturm. Was wiederum bedeutet, dass an einem bestimmten Ort innert kürzester Zeit einmal etwas mehr, dann wieder etwas weniger kalte, schwere Luft auf die Menschen »drückt« und bei Wetterfühligen zu Beschwerden führen kann.

Der Föhn ist eine gebirgsüberströmende und im Lee, das heißt auf der dem Wind abgewandten Seite absinkende Luftströmung. Dieser Wind kann entweder von Norden oder von Süden über die Alpen fließen und wird entsprechend seiner Herkunft mit Nord- beziehungsweise Südföhn bezeichnet.

Beschränken wir uns im Folgenden auf den ältesten Urner, also den Südföhn, und stöbern ein wenig in seiner Lebensgeschichte. Damit ein Wind über die Alpen fließen kann, braucht es einen Unterschied des Luftdrucks, also zum Beispiel ein Hochdruckgebiet über dem südlichen Balkan und ein Tief über den britischen Inseln. Die nordwärts strömende Luft steigt in zwei Stufen auf: In einer ersten vom Mittelmeer bis auf die Gipfelhöhe des Apennins, in einer zweiten zum Alpenkamm. Dabei wird die in der Poebene liegende Kaltluft meist nicht in die Südströmung miteinbezogen, weil sie geschützt zwischen dem Apennin und den Alpen wie in einer Schüssel liegen bleibt. Die in einer Höhe von rund 2000 Metern gegen die Alpen anströmenden Luftmassen hingegen steigen an und kühlen dabei ab. Ist die Luftfeuchtigkeit hoch genug, so kommt es dabei zu teils ergiebigem Steigungsregen. Im Windschatten des Alpenkamms sinkt die Luft wieder um bis zu 3000 Meter ab, was eine Erwärmung um 20 bis 30 Grad Celsius zur Folge hat. Dadurch nimmt gleichzeitig die relative Luftfeuchtigkeit massiv ab, die Wolken lösen sich rasch auf und die Berge scheinen zum Greifen nahe. Warum die erwärmte, leichte Luft ganz in die Täler hinabsteigt und dort die kalte, schwere Luft zu verdrängen vermag, ist noch nicht restlos geklärt.

Bei einer Föhnlage zeigt sich einem Beobachter auf der Alpennordseite eine Wolkenwand über den Berggipfeln, während vor den Bergen die Sonne vom blauen Himmel strahlt. Fachleute bezeichnen diese Phänomene als »Föhnmauer« und »Föhnfenster«, und für die linsenförmigen Wolken, an denen die wellenförmige Bewegung der nach Norden weiterfließenden Luft abzulesen ist, haben sie den Begriff »Föhnfische« geprägt. Jene Täler, in welche sich der Föhn hinabstürzt und dabei die alte, kältere Luft praktisch immer ausräumt, werden Föhntäler genannt. Der warme Fallwind bringt hier allerdings nicht nur angenehme Temperaturen, sondern macht sich oft auch durch eigentliche Föhnstürme bemerkbar, die beträchtliche Schäden anrichten können. Mit wachsender Distanz zu den Bergen verliert der Föhn seine Kraft allmählich wieder. Er ist nicht mehr imstande, die hier liegende Luft zu verdrängen und fließt auf die Kaltluft auf.

Bekannte Föhntäler der Schweiz sind neben dem Reusstal beispielsweise auch das Churer Rheintal und die Bündner Herrschaft, das Glarnerland, das untere Rhonetal oder das Aaretal. Dementsprechend dürfen neben dem ältesten Urner je nach Wohnort selbstverständlich auch der älteste Glarner, Haslitaler, Oberländer oder wie immer diese Gesellen sonst noch heißen mögen für derlei Unpässlichkeiten wie Kopfweh, Schlaflosigkeit und Asthma verantwortlich gemacht werden.

25
Lai da Tuma und Pazolastock

▼ Der älteste Urner hat heute seinen freien Tag. Dafür darf der Glatscher da Maighels sein weis(s)es Haupt zeigen.

WAS SCHWIMMT AUF DEM WASSER UND FÄNGT MIT Z AN?

Ist doch klar: Zwei Enten. Dass es noch weitere Dinge gibt, die auf dem Wasser schwimmen, während andere untergehen »wie ein Stein«, weiß natürlich jedes Kind. Alles eine Frage des spezifischen Gewichtes, werden die Erwachsenen beistimmen. Und das spezifische Gewicht ist, ähm … Ja, genau: das Verhältnis der Dichte eines Körpers zur Dichte von Wasser bei 4 Grad Celsius. Und die Dichte ihrerseits beschreibt das Verhältnis der Masse eines Körpers zu seinem Volumen.

Das ist alles reichlich kompliziert und für das folgende Spiel auch völlig unwichtig! Denn hier soll nicht berechnet, sondern geraten und ausprobiert werden. Für die Durchführung wird benötigt: Ein See mit gut zugänglichem Ufer, ferner ein Stück Holz, ein Stein, ein Tannzapfen, ein Schlüssel, der Korken des Gipfelweins, ein Bleistift, eine Trinkflasche, verschiedene Blätter, Samen und Nüsse oder was sich sonst noch in Natur und Rucksack finden lässt. Der erste Gegenstand wird ausgewählt und alle Mitspieler geben ihren Tipp ab, ob er an der Wasseroberfläche bleibt oder absinkt. Dann darf ihn eines der Kinder aufs Wasser legen. Wer kann für alle Gegenstände die richtige Prognose abgeben?

Der Fantasie sind natürlich auch bei diesem Spiel keine Grenzen gesetzt. Was geschieht, wenn die anfänglich leere, verschlossene Trinkflasche nach und nach mit Wasser gefüllt wird? Und was passiert mit einem großen Blatt oder Rindenstück, auf das vorsichtig kleine Steinchen gelegt werden?

Informationen

Ausgangs- und Endpunkt / An- und Rückreise
Oberalppasshöhe-Calmot, 2034 m. Haltestelle an der Bahnlinie nach Andermatt und Disentis.

Übernachtung
Badushütte SAC, 2503 m, Koordinaten 694 180 / 165 760, 22 Plätze, ganzjährig geöffnet und von Juli bis September bewartet. Reservationen Tel. 032 512 83 84. www.badushuette.ch. Gegen Norden geschützt durch die Felsen des Fil Tuma überblickt die Badushütte eine flache Geländeterrasse, auf der die Kinder bis zur Erschöpfung herumtoben dürfen.

Karten
Kartenblatt 1232 Oberalppass

Variante
Saturday Night Fever: Wenn an Wochenenden das Bergfieber grassiert und am Samstagabend die kleine Badushütte voll besetzt ist, steht mit der Maighelshütte eine gleichwertige Ausweichmöglichkeit bereit. Dazu folgt man der beschriebenen Route bis Trutg Nurschalas (2056 m) und quert von dort hinüber zu einem Fahrweg (P. 2079). Zuerst leicht ansteigend an P. 2174 vorbei, dann auf dem markierten Weg kurz noch einmal etwas steiler hinauf zur Maighelshütte (2314 m, Koordinaten 695 850 / 164 550). Zeitersparnis für den 1. Wandertag 45 Minuten.
Am nächsten Tag wieder talauswärts bis P. 2174 und von dort durch die Plaunca da Nadials im Zickzack hinauf zum Lai da Tuma. Zeitlicher Mehraufwand für den 2. Wandertag 1 h 30.

**25
Lai da Tuma
und Pazolastock**

▶ An seiner Quelle ist der Rhein noch rein. Erste Verbauungen muss er aber schon hier oben erdulden.

▶ Die Felsen des Fil Tuma halten der Badushütte den Rücken frei und schützen sie vor kalten Nordwinden. Ein idealer Platz auch an kühleren Tagen.

26 Etzlihütte und Chrüzlipass

Oben drüber, unten durch – viele Wege führen nach Sedrun

Die Alpenpforte

Der Gotthardtunnel verbindet Göschenen mit Airolo. Das weiß jedes Kind. Aber sogar die ältesten Schulweisheiten können eines Tages ihre Gültigkeit verlieren. In einigen Jahren wird die Gotthardbahn noch tiefer in den Untergrund verbannt und dannzumal Erstfeld mit Bodio verbinden.

Göschenen und Airolo werden links – beziehungsweise oben – liegen gelassen, dafür wird das Bündner Oberland ganz nahe an die Gotthardstrecke rücken. Von Sedrun bis zur Bahnlinie beträgt die Distanz gerade mal einen guten Kilometer. Dass dieser Kilometer in der Vertikalen und erst noch durch währschaften Glimmergneis verläuft, kümmert die Promotoren der »Porta Alpina« wenig. Den Zugang zur unterirdischen Alpenpforte soll der bereits bestehende, dem Tunnelbau dienende Schacht bei Sedrun gewährleisten. Groß genug dafür ist er allemal: Er beherbergt während der Bauzeit einen Fahrstuhl, der gleichzeitig zwei Eisenbahnwaggons mit je 50 Tonnen Ausbruchmaterial in rasantem Tempo nach oben hieven kann. Dieser Liftschacht könnte zu einem öffentlichen Zugang zum Basistunnel ausgebaut und damit die Surselva mit einem unterirdischen Bahnhof Sedrun in die wichtigste Nord-Süd-Verbindung der Alpen eingebunden werden.

Wer weiß. Vielleicht endet die Wanderung über den Chrüzlipass eines Tages wirklich tief im Untergrund.

1. Tag: Aus dem Revier des Uristiers ...

Vorläufig führen noch viele Wege in die Surselva – allesamt oberirdisch, keiner schnell. Wer sich für die Annäherung zu Fuß aus dem Urnerland über den Chrüzlipass entschieden hat, kann allerdings noch einen Trumpf aus dem Ärmel schütteln. Von Bristen hinauf zum Hinter Etzliboden verkehrt ein Alpentaxi, was zwei Stunden Wanderzeit, rund 550 Höhenmeter und die eine oder andere Grundsatzdiskussion mit den Kindern über den Sinn des Wanderns auf Fahrwegen erspart.

Beim **Hinter Etzliboden** (bei P. 1329) beginnt der abwechslungsreiche, unschwierige Bergwanderweg. Auf der Westseite des Baches geht es durch üppige Vegetation über den Tritt steil hinauf zum **Rossboden** (1652 m). Hier flacht der Weg kurz ab, um sich sogleich mit neuem Elan in die nächste Steilstufe, den Gulmenstutz, zu werfen. Auf **Gulmen** (1897 m) heißt es darum erst ein-

26
Etzlihütte und
Chrüzlipass

Warum zur Etzlihütte und über den Chrüzlipass?

Die Etzlihütte liegt inmitten einer imposanten Kulisse aus Granit und Gneis an leicht erhöhter Aussichtslage über der Müllersmatt, einer kleinen Ebene, in der glasklare Bergbächlein nur darauf warten, gestaut zu werden. Die glasklaren Bergkristalle auf dem Chrüzlipass warten zwar nicht gerade auf einen Finder, aber mit ein wenig Glück und offen Augen lässt sich vielleicht doch das eine oder andere Kristallspitzli finden.

Tourencharakter
2-tägige Bergwanderung. Der Aufstieg zur Etzlihütte ist geprägt durch den Wechsel von Steilstufen und flacheren Passagen inmitten einer üppigen Vegetation mit unzähligen Alpenblumen. Ganz im Gegensatz dazu führt die Passetappe durch karge Gebirgsvegetation und zeichnet sich durch größtenteils gleichmäßige An- und Abstiege aus.

Schwierigkeit: T2+
Sowohl der Hüttenweg zur Etzlihütte wie auch die Route über den Chrüzlipass bieten keine besonderen Schwierigkeiten und sind durchgehend rot-weiß markiert. Lediglich im Abstieg vom Pass gegen das Val Strem wird das Gelände vorübergehend etwas steiler und verlangt erhöhte Aufmerksamkeit. Die Kinder müssen hier gut im Auge behalten werden.

Höhenunterschiede und Gehzeiten
1. Tag: Hinter Etzliboden–Etzlihütte ↗ 710 m, 3 h.
2. Tag: Etzlihütte–Chrüzlipass–Sedrun ↗ 360 m, ↘ 970 m, 4 h 45.
   Etzlihütte–Chrüzlipass 2 h.
   Chrüzlipass–Sedrun 2 h 45.

mal: hinsetzen, durchatmen, schauen. Alpenrosen, Felsbrocken und Bergwiesen bilden eine schmucke Bühne, über die sich der Etzlibach munter gurgelnd seinen Weg talwärts sucht. Über eine letzte kleine Stufe führt der Bergpfad hinauf zur **Müllersmatt** (1987 m) und über einen Gratrücken weiter zur **Etzlihütte** (2052 m). Sollten die Kinder zusätzlichen Auslauf benötigen, bietet sich die Müllersmatt als Stauparadies an oder eine Erkundungstour entlang dem Etzlibach nach Unter Felleli und vielleicht sogar bis hinauf zum **Spillauisee** (2229 m).

2. Tag: ... ins Reich des Steinbocks

»Aazelle, Bölle schelle, d Chatz gaht uf Wallisele ...« Bei der Etzlihütte hat man tatsächlich die Qual der Wahl, denn von hier führen die Wege buchstäblich in alle Himmelsrichtungen. Ein Abzählreim ist trotzdem nicht nötig. Der Rückweg gegen Norden nach Bristen ist – außer bei schlechtem Wetter – wohl keine Option und die Wanderung westwärts über die Pörtlilücke zum Oberalppass oder ins Reusstal ohne Übernachtung in der Treschhütte mit Kindern zu lang. Der Rest ist Geschmackssache: Gegen Süden über die Mittelplatten führt außer einer interessanten Wanderroute (siehe Varianten) leider auch die Hochspannungsleitung, während der Weg in östlicher Richtung über den Chrüzlipass zwar etwas länger, dafür stromfrei ist.

Also gegen Osten, der aufgehenden Sonne entgegen! Von der Etzlihütte führt die Route wieder hinunter zur Müllersmatt, überquert auf einem Steg den Etzlibach und leitet durch letzte Alpweiden ins karge Chrüzlital. Zuerst über **Lägni** (ca. 2070 m), dann am Fuße der Felsen des Schafstöckli vorbei arbeitet sich der rot-weiß markierte Pfad zielstrebig bergwärts, überquert dabei mit hohen Tritten manche Felsplatte und erreicht durch ausgedehnte Geröllhalden schließlich den **Chrüzlipass** (2347 m). Hier stehen die Steinmännli Wache und das eine oder andere Kristallspitzli harrt gut versteckt auf einen Finder.

Der alpine Passübergang trennt die Reviere von Uristier und Bündner Steinbock und ist gleichzeitig die Grenze zwischen deutschem und rätoromanischem Kulturraum. Von hier führt der Weg zuerst über einen Grashang, dann zwischen Felsrippen hindurch steil bergab ins Val Strem. Auf etwa 2060 m wird der Hang flacher, die letzten Felsnasen bleiben zurück und der Pfad sinkt gemächlich dem Talgrund entgegen. Über Hochmoore und Kuhwiesen geht es mit dem Strem als ständigem Begleiter talauswärts. Bei **Bauns** (1937 m) kommt dem rauschenden Bach ein Felsriegel in die Quere und inszeniert ein sehenswertes Schauspiel. Die reizvolle Szenerie lädt noch einmal zur Rast ein, bevor die letzte Etappe erst auf schmalem Pfad, dann für die letzte Viertelstunde auf einem Teersträßchen zum (oberirdischen) Bahnhof von **Sedrun** (1441 m) in Angriff genommen wird.

◄◄ Geschafft. Den Bergsteigern auf den Mittelplatten liegt der Vierwaldstättersee zu Füßen.

◄ Wohin des Weges? Chrüzlipass, Mittelplatten und Pörtlilücke machen bei der Müllersmatt die Wahl zur Qual.

26
Etzlihütte und Chrüzlipass

▼ Wie die Nadel im Heuhaufen versteckt sich die Etzlihütte in der mächtigen Ostflanke des Bristen. Wer findet sie?

GIPFELSTÜRMER

Wer Kinder hat, hat mit großer Wahrscheinlichkeit schon von Linard Bardill gehört. Und wer den Bündner »Liederer, Autor und Geschichtenerzähler« kennt, kann vermutlich auch seine Ohrwürmer mitsingen. Oder seine Geschichten nacherzählen. Zum Beispiel jene von der lieblichen Blume Saxifraga, die hoch oben im Gebirge den großen Eiszapfen Saltimbocca heiratet.

Der Name der schönen Blumendame ist wohl nicht ganz zufällig gewählt. Saxifraga ist die Bezeichnung einer Pflanzengattung. Der Name setzt sich aus den lateinischen Wörtern »saxum« (Stein, Fels) und »frangere« (brechen) zusammen und benennt die Fähigkeit dieser Pflanzengattung, in Stein- und Felsspalten Wurzeln schlagen zu können. Was dem Steinbrech – so der deutsche Name – Zugang zum Hochgebirge verschafft und ihn zu einem wahren Gipfelstürmer macht. Gut möglich sogar, dass mit der schönen Blume Saxifraga der Zweiblütige Steinbrech gemeint ist, denn der ist ein besonders guter Bergsteiger. Er ist in dieser Disziplin zwar nicht Welt-, aber immerhin Alpenmeister und hat es bis in den Gipfelbereich des Dom, also auf über 4500 Meter, geschafft. Gemeint sein könnte aber auch der Gegenblättrige Steinbrech, der ebenfalls zu den arktisch-alpinen Pflanzen gehört und in den höheren Lagen des Etzlitals anzutreffen ist. Besonders robuste Vertreter dieser Art schaffen es hier immerhin in Höhen von bis zu 3200 Metern – wesentlich höher könnten sie gar nicht klettern, weil in der Surselva dazu einfach die Berge fehlen.

Den Liebhabern von Steingärten ist der Steinbrech ein Begriff. Weltweit sind rund 450 Arten bekannt und in den arktischen und gemäßigten Gebieten der Nordhalbkugel anzutreffen. Mehr als 60 Arten fühlen sich in der Schweiz wohl. Vorwiegend handelt es sich um mehrjährige Pflanzen, die Polster oder Rosetten ausbilden. Mit ihren farbenprächtigen Blüten – die Palette reicht von Weiß über Gelb und Rosa bis hin zu Dunkelrot – bilden sie einen bunten Kontrast zum kargen Steinhintergrund. Sie sind genügsam und manche von ihnen gar wahre Überlebenskünstler! Sie besiedeln Felsritzen und feuchte Schutthalden und wagen sich in Höhen vor, in denen der Schnee kaum schmilzt, sodass in der Regel ein Wachstum gar nicht mehr möglich ist. Um trotzdem bestehen zu können, bedarf es besonders angepasster Strategien. So entwickeln sich einige der hochalpinen Arten bereits unter der Schneedecke. Kaum ist das letzte Restchen Schnee über ihnen geschmolzen, strecken sie ihre Blüten dem Berghimmel entgegen. Doch nicht alle Steinbreche sind Asketen und wollen hoch hinaus! Einige ziehen Wiesen oder Bachufer den kargen Felsspalten vor.

26
Etzlihütte und Chrüzlipass

Im Mittelalter wurden dem Steinbrech Heilkräfte nachgesagt. Man glaubte, dass er – ganz seinem Namen entsprechend – gegen Blasen- und Nierensteine helfen und im wörtlichen Sinne »den Stein brechen« könne. Vor allem der in Wiesen wachsende Knöllchen-Steinbrech wurde medizinisch eingesetzt, aus einem einleuchtenden Grund: Die Lehrmeinung ging davon aus, dass jede Pflanze von der Natur äußerliche Zeichen mitbekommen habe, die ihre Anwendung als Heilpflanze anzeigen. Und da die Zwiebeln jenes Knöllchen-Steinbrechs kleinen, braunen Steinchen ähnlich sind, vermutete man dementsprechend eine Wirkung gegen die Steine im menschlichen Körper.

Noch heute versucht man, die Nierensteine zu zerbrechen. Zum Einsatz gelangt dabei allerdings nicht mehr der Knöllchen-Steinbrech, sondern hochenergetische Schallwellen, die mit Hightech-Geräten auf den Fremdkörper gerichtet werden und ihn durch Stoßwellen zertrümmern.

▲ Unterwegs im Reich des Steinbrechs. An die Besteigung des Chrüzlistocks dürfen sich nur berggängige Kinder (und Erwachsene!) wagen. Tief unten kämpft sich der Wanderweg dem Chrüzlipass entgegen.

▲ Genügsam: Der Gegenblättrige Steinbrech ist im Oberalpgebiet bis in Höhen von 3200 Meter anzutreffen!

ORDNUNG MUSS SEIN ...

Davon können Kinder ein Liedchen singen. Wohl wissend, dass diese Aufgabe meistens schwierig bis unmöglich zu lösen ist – zumindest im Kinderzimmer. Im folgenden Spiel dürfen aber die der Ordnung zugrunde liegenden Regeln von den Kindern selber aufgestellt werden, was die Sache bereits wesentlich vereinfacht.

Und das geht so: Groß und Klein machen sich auf die Suche nach etwa acht möglichst unterschiedlichen Gegenständen, die sich unterwegs auf einer Wanderung finden lassen. Da könnte zusammenkommen: Sackmesser, Tannenzapfen, Sonnenhut, Steinbrocken aus Granit, Trinkflasche, Landeskarte, Grashalm, Wacholderzweig. Dann werden diese Dinge auf einem Tuch in einer Reihe angeordnet, zum Beispiel (wie es in der Erwachsenenwelt häufig geschieht) nach dem Alphabet: Granit, Grashalm, Landeskarte, Sackmesser, Sonnenhut, Tannenzapfen, Trinkflasche, Wacholderzweig. Für Kinder werden andere Ordnungskriterien näherliegend sein und den Vorschlägen sind keine Grenzen gesetzt. Infrage kommen Größe, Gewicht und Alter, aber auch weniger offensichtliche Merkmale wie Farbe, Wert, Lebensdauer oder die Häufigkeit des Vorkommens auf der Welt. Je ausgefallener die Kriterien, desto besser die Voraussetzung, um gemeinsam über die zugrunde liegende Ordnung zu philosophieren.

Natürlich kann der Spieß auch umgedreht werden. Ein Mitspieler ordnet die Gegenstände, und alle anderen versuchen, die gewählte Regel zu durchschauen. Nach welchen Gesichtspunkten wurde die folgende Reihe gebildet: Granit, Grashalm, Sonnenhut, Sackmesser, Landeskarte, Trinkflasche, Tannenzapfen, Wacholderzweig?

Informationen

Ausgangspunkt / Anreise
Hinter Etzliboden, 1329 m. Bus von Erstfeld oder Göschenen nach Amsteg und weiter nach Bristen (Talstation Seilbahn Golzern). Von dort mit dem Alpentaxi nach Hinter Etzliboden. Auskunft und Reservation Taxi Fedier (Tel. 041 883 14 80) und Indergand (Tel. 079 221 82 70)

Endpunkt / Rückreise
Sedrun, 1441 m. Haltestelle an der Bahnlinie nach Andermatt und Disentis.

Übernachtung
Etzlihütte SAC, 2052 m, Koordinaten 698 000 / 174 900, 76 Plätze, ganzjährig geöffnet und während der Hauptsaison durchgehend bewartet. Tel. 041 820 22 88, www.etzlihuette.ch. Schön gelegen und verkehrsmäßig gut erschlossen: Von der Etzlihütte führen die Wanderwege in alle vier Himmelsrichtungen.

Karten
Kartenblatt 1212 Amsteg

Variante
Hochspannung: Die Route über die Mittelplatten (2487 m) bietet eine landschaftlich überzeugende Alternative zum Chrüzlipass, zumindest für alle, die sich von der Hochspannungsleitung und ihren Masten nicht um das Vergnügen bringen lassen. Von der Müllersmatt führt der Pfad in südlicher Richtung bergan und quert dabei einige Felsplatten, die den Aufstieg nicht schwierig, nur kurzweilig machen. Etwas mehr Vorsicht verlangt der erste steile Abstieg vom Pass nach Plaun Grond. Bei guter Sicht lohnt es sich, von hier einen Abstecher zum Lai Selvadi oder zum Lai da Stria zu unternehmen und dabei (mit guten Chancen) nach Bergkristallen Ausschau zu halten. Wichtig: Von den Seen muss in jedem Fall wieder auf den Wanderweg zurückgekehrt werden, denn unterhalb von Plaun Grond folgt eine weitere Felswand, die mit Kindern nur auf dem Weg durchstiegen werden darf! Nun hinab nach Paliu Cotschna und weiter talauswärts, zuerst auf einem schmalen, dann breiteren Bergweg und schließlich noch eine gute Viertelstunde auf einem geteerten Fahrsträßchen zum kleinen Bahnhof von Rueras (1447 m). Achtung: Hier halten die Züge nur auf Verlangen! Zeitbedarf ca. 4 h, T3–.

26
Etzlihütte und Chrüzlipass

▶ Wasser ist im Granit und Gneis rund um den Chrüzlistock selten Mangelware – und ein kühler Kopf kann nie schaden.

▶ Ruhe vor dem Sturm. Die Gäste der vergangenen Nacht sind bereits unterwegs, die neuen noch nicht bei der Etzlihütte angekommen.

27 Flimser Bergsturz und Ruin Aulta

Alles was oben ist, kommt irgendwann runter – hier kam sehr viel runter!

Tüü-Taa-Too!

Schon wieder lädt der gelbe Wagen eine Ladung Berghungrige vor den Türen der Bergbahnen in Flims aus. Die halbstündige Fahrt von Chur führt zuerst über die Autobahn, dann durch die Tunnels der neuen Umfahrungsstraße hinauf nach Flims. Sommers und winters. Vor knapp hundert Jahren war das die Sensation! Am 15. Juni 1919 wurde exakt auf dieser Linie der erste fahrplanmäßige Postautokurs der Schweiz eingesetzt. Und zwar mit einer Sonderbewilligung. Denn im Kanton Graubünden waren Automobile bis ins Jahr 1925 von Gesetzes wegen verboten. Zu groß schien die Gefahr für die Anwohner und zu groß das Bangen der Fuhrwerkshalter um ihre Arbeit. Aus »Sicherheitsgründen« wurden den Automobilen in den Anfangsjahren auf Bergstrecken oftmals noch Pferde vorgespannt. Tatsächlich waren die damals eingesetzten Motorwagen der Marken Berna, Saurer und Martini beeindruckende Ungetüme. Mit rund 20 Stundenkilometern sausten sie von Reichenau gegen Flims zu und knatterten so laut, dass die Leute an der Straße zusammenliefen. Rund 20000 Franken kostete damals ein solch modernes Gefährt. Es verbrauchte rund 40 Liter Benzin auf 100 Kilometer und konnte ungefähr ein Dutzend Passagiere befördern. Ein heute auf dieser Strecke eingesetztes Postauto kostet gegen eine halbe Million Franken, benötigt noch immer die gleiche Menge Treibstoff auf 100 Kilometer, kann aber notfalls rund achtmal mehr Passagiere transportieren. Aber Hupen tuts noch wie damals.

1. Tag: Bergsturz und Kathedrale

Obwohl der erste Wandertag praktisch eine reine Abstiegsetappe ist, beginnt alles mit einem kleinen Aufstieg. Von der Bergstation **Cassonsgrat** (2634 m) gehts zuallererst hinauf auf den wirklichen Grat bei P. 2674. Strandhäuschen wie an der Nordsee laden hier zum Verweilen ein, der prächtige Ausblick folgt der Abrisskante des Monster-Bergsturzes (siehe übernächste Doppelseite) hinunter auf das hügelige, bewaldete Gebiet zwischen Flims und dem Vorderrhein, wo die Bergsturzfelsen abgelagert wurden. Die Route folgt dem Grat nordwärts zum großen Wegweiser auf der **Fuorcla Raschaglius** (2551 m). Nun gehts zuerst ostwärts auf 2500 m hinunter, dann in weitem Bogen praktisch ohne Höhenverlust zu P. 2411, wo der Wegweiser nach unten, in Richtung Alp Raschaglius Sura und Bargis

Flims und Ruin Aulta

Warum zum Flimser Bergsturz und zum Ruin Aulta?

Der größte Bergsturz der Alpen hat heute noch deutlich sichtbare – und auch für Kinder interessante – Spuren hinterlassen. Zum ersten die mächtige Abrisskante – von der Seilbahn und von Bargis aus gut zu sehen. Zweitens das Ablagerungsgebiet mit den großen Felsblöcken, vom Bewässerungskanal durchflossen. Und drittens die eindrückliche Ruin Aulta, wo sich der Vorderrhein in sein ursprüngliches Bett zurückgräbt. Neben der Geologie kommt auch das Wasser nicht zu kurz: in der stiebenden Wasserfall-Kathedrale oberhalb Bargis, bei den Schifflirennen vor Conn, in der Ruin Aulta und natürlich bei allen Picknickplätzen vor Bargis und am Rhein.

Tourencharakter
2-tägige (oder zwei 1-tägige) Bergwanderung. Praktisch nur Abstieg. Höhenmetermäßig ausgeglichenere Routen sind unter den Varianten beschrieben. Sehr geeignet im Hochsommer dank viel kühlendem Nass und Schatten in den unteren Lagen.

Schwierigkeit: T2
Keine eigentlichen technischen Schwierigkeiten auf der Route. Das schmale Weglein entlang dem Bewässerungskanal führt immer wieder etwas exponiert um Felsblöcke herum. Mit zweiminütigem Umweg lassen sich diese Stellen aber jeweils bequem umgehen. Besuch der Wasserkathedrale (T3): Kinder im Auge behalten, bei Hochwasser auf den Besuch der Kathedrale verzichten.

Höhenunterschiede und Gehzeiten
1. Tag: Bergstation Flims Cassonsgrat–Alp Rusna–Bargis ↗ 60 m, ↘ 1150 m, 3 h 30.
Cassonsgrat–Alp Rusna 2 h 30.
Alp Rusna–Bargis 1 h.
2. Tag: Flims Waldhaus–Conn–Ruin Aulta–Station Versam-Safien ↗ 50 m, ↘ 450 m, 3 h 30.
Flims Waldhaus–Conn 1 h.
Conn–Ruin Aulta–Station Versam-Safien 2 h 30.

zeigt. Das Alphüttchen ist über Weiden schnell erreicht und gleich quert man den Bach bei P. 2106. Kurz geradeaus, dann auf gutem, breitem Weg über die erste Steilstufe zur Alp Rusna. Bei der Brücke kurz vor der Alp bietet sich ein Abstecher zur »Kathedrale« an – ein von senkrechten Felswänden eingeschlossenes Becken, in das ein Wasserfall tost. Der Weg dorthin ist einfach: Von der Brücke vor der Alp Rusna den Wegspuren bergseitig des Bachs nach rechts, westwärts folgen, die an einem Dutzend Quellen vorbei in die Enge des Val Camutschera führen. Nach rund 200 Metern Enge weitet sich die Schlucht zur Halle, in die ein spektakulärer Wasserfall seinen Schleier sprüht. Zurück zur Brücke auf gleichem Weg. Nach diesem feuchten Abstecher gehts zur Alp La Rusna, wo der Fahrweg nach Bargis beginnt. Die Schlaufen der

zweiten und letzten Steilstufe auf 1800 m können auf dem Wanderweg abgekürzt werden, und eine halbe Stunde später weitet sich das Tal zur Hochebene. Am Ufer der Aua da Mulins sind unzählige Picknickplätze – einige bei P. 1563, andere bei der Brücke P. 1534. Endpunkt der Etappe ist das **Berghaus Bargis** (1549 m) auf der Anhöhe oberhalb des Flusses.

2. Tag: Am Bach entlang um die Felsbrocken zur Rheinschlucht

Halbstündlich verbindet der Bus Bargis mit Flims Waldhaus Post, wo die zweite Wanderung beginnt. Beim Caumasee-Parkplatz unterhalb P. 1110 treffen wir auf ein munteres Bächlein, dem man auf den ersten Blick gar nicht ansieht, dass es vor Urzeiten von Menschenhand geschaffen wurde. Dieser Bewässerungskanal ist etwa rund 40 cm breit und 20 cm tief, eignet sich also bestens für Schiffliwettfahrten aller Art. Ein kleiner Wasserfall, dann kurz in eine Röhre, alle paar Hundert Meter ein Staumäuerchen, manchmal ein Holzsteg. So windet sich der Kanal am Seilbahnhäuschen oberhalb des Caumasees vorbei und erreicht nach P. 1063 den Märchenwald von Runc da Ravas, wo sich Kobolde und Feen guten Tag wünschen. Um moosige Steinblöcke windet sich das Wasser weiter und erreicht bei P. 1010 die Wiese von Conn, deren Bewässerung der eigentliche Zweck dieses ingeniösen Kanals ist. Der Zutritt zur Wiese ist durch einen Zaun versperrt, also geht man links einige Hundert Meter dem Zaun entlang, bis der Kanal die Wiese wieder verlässt und P. 970 ansteuert. Nun hat das Wasser seinen Zweck erfüllt – der Überschuss versickert in einem Schlammtümpel. Von P. 970 folgt man daher dem Fahrweg nach Osten, überquert die Wiese und steigt nach Uaul Stgir hinunter zur Waldebene Ransun. Schöner Picknickplatz bei P. 805 mit tollem Blick in die Ruin Aulta. Nach P. 805 fällt der Weg im Zickzack steil ab. Immer wieder führen kleine Weglein zu spektakulären Aussichtspunkten gegen den Rhein hinunter und auf die imposanten Felspyramiden. Nach der Brücke, die man sich mit der RhB teilt, gehts hinauf zur Chrummwag, wo der Rhein in einem rechten Winkel die Chli Isla umspült. Auf der Chli Isla viele Rastplätze am Rhein, und einige Hundert Meter weiter gegen den Bahnhof folgt nochmals ein Platz mit Sandstrand und allem Drum und Dran. Nun noch kurz der Bahnlinie entlang und schon steht man vor dem Bahnhof Versam-Safien.

◀◀ Der Rhein gräbt sich in der Ruin Aulta durch das Bergsturzgebiet in sein ehemaliges Bett zurück.

◀ Bargis: versteckte Hochebene oberhalb von Flims.

27
Flims und
Ruin Aulta

▼ In der Kathedrale bei der Alp Rusna.

DER BERGSTURZ
UND WAS AUS IHM ENTSTANDEN IST

Wie eine riesige Schlange windet sich der graublaue Fluss durch die Vorderrheinschlucht, fließt langsam und träge an Sandbänken vorbei. Bald verengt sich das Tal, der Flusslauf wird schneller, schießt an steilen Felsklippen vorbei, wechselt abermals die Richtung um 90 Grad und zieht dann wieder langsam von dannen.

Wasser – so sagt die Physik – habe die Eigenschaft, sich auf möglichst direktem Weg von A nach B zu bewegen. Um zu ergründen, warum dem hier nicht so ist, muss man den Blick vom Vorderrhein lösen, den Kopf mächtig in den Nacken legen und weit hinauf schauen, hinauf zum Flimserstein hoch über den Dörfern Flims und Fidaz.

Vor rund 10 000 Jahren war hier der Teufel los. Mit dem Abklingen der letzten Eiszeit zog sich der Gletscher aus dem breiten Vorderrheintal in Richtung Disentis und Oberalppass zurück. Er hinterließ ein breites, U-förmiges Tal mit steilen Moränenhängen und einem reißenden Gletscherfluss im Talboden dazwischen.

Mit dem Verschwinden des Eises ließ der Druck auf die steilen Felswände links und rechts des ehemaligen Gletschers nach. Es entstanden Risse und Spalten im senkrechten Gestein der Seitenwände, worauf mehr als 9 Kubikkilometer Kalkfels (diese Menge entspricht ungefähr dem Volumen von 10 bis 11 Matterhörnern) abbrachen und ins Tal donnerten. Dieser Bergsturz gilt als der gewaltigste, der sich je in den Alpen ereignet hat.

Im Tal türmten sich die Gesteinsmassen auf, blieben liegen und riegelten den Flusslauf ab, worauf sich das Wasser vor dem Felssturzriegel über die Ebene, wo heute Ilanz liegt, bis hinauf in die Region von Tavanasa unterhalb von Breil/Brigels zurückstaute. Der damalige See dürfte 20 Kilometer lang gewesen sein – länger als der Walensee. Irgendwann wurde der Druck des aufgestauten Wassers zu groß und dieses suchte sich die Abflussmöglichkeit mit dem geringsten Widerstand in Richtung Tal und Meer: So entstand die Rheinschlucht.

Seit damals gräbt sich der Rhein wieder in sein ehemaliges Bett zurück, hinterlässt links und rechts weiße, steile Kalkwände mit bizarren Türmchen und Felsvorsprüngen. Berühmt ist die Rheinschlucht für ihre »Erdpyramiden«, die schlanken, hohen Gebilde aus Kies und Sand, welche oft auf der Spitze ein Stück Fels tragen. Diese seltsamen »Hüte« sind aus festerem Material als die darunter liegenden Schichten und schützen so die Pyramide darunter vor der Erosion. Gut zu sehen sind sie von den Aussichtspunkten zwischen P.805 und der Eisenbahnbrücke.

Die beiden Bäche Flem und Ual de Mulin mussten sich nach dem Bergsturz ebenfalls einen neuen Weg durch das Steingewirr suchen. In den abgedichteten Senken entstanden mit der Zeit die Waldseen Prau Pulté, Tuleritg, Cauma und Cresta. Die beiden Letzteren sind heute wunderbare Badeseen – dank dem Bergsturz.

◀ Das Abrissgebiet ist auch 10 000 Jahre nach dem Bergsturz noch gut zu erkennen.

27
Flims und
Ruin Aulta

BIO VIER GEWINNT

Ein bekanntes, spannendes Denkspiel, bei dem sich müde Beine ausruhen.
Das Material findet sich überall entlang dem Bewässerungskanal von Flims nach Conn. Suche 8 etwa gleich lange, möglichst gerade Holzstöcke und lege sie so hin, dass du 25 Felder erhältst.
Nun braucht es noch ca. je 10 Spielsteine für beide Mitspieler. Das können Hagebutten, Nüsse, Tannenzapfen, Silberdisteln, Schneckenhäuser, Blütenköpfe, Kieselsteine oder Ähnliches sein.
Und los geht das Spiel, bei welchem immer abwechslungsweise ein Spielstein gelegt werden darf. Gewonnen hat, wer als erster eine komplette Viererreihe legen kann. Waagrecht, senkrecht oder diagonal. Bei mehreren Spielern können richtige Meisterschaften durchgeführt werden. Wenn niemand eine Viererreihe schafft, kann auch die Anzahl Dreierreihen gezählt werden.
Auf das Trottoir hingekritzelt, verkürzt dieses Spiel auch die Wartezeit auf das Postauto oder auf den Zug.

Informationen

Ausgangspunkt / Anreise
Flims Bergstation Cassonsgrat, 2634 m. Stündliche Postautoverbindungen von Chur nach Flims Bergbahnen. Sesselbahn über Foppa nach Naraus, anschließend Kabinenbahn zum Cassonsgrat. Da die Flimser Bergbahnen keine Halbtaxabonnemente akzeptieren, sind die Preise happig. Fr. 24.– für eine einfache Bergfahrt für Erwachsene, Fr. 6.– für Jugendliche und Fr. 8.– für Kinder (2006). Aber vielleicht kommen die Bergbahnen ja doch noch zur Einsicht …

Endpunkt / Rückreise
Bahnstation Versam-Safien. Stündliche Verbindungen nach Chur und Ilanz/Disentis.
Bargis–Flims Waldhaus: Flims Shuttle Service (Postauto): Täglich jede halbe Stunde, ca. 25 Minuten.

Übernachtung
Berghaus Bargis, 1549 m, für Gruppen ab 8 Personen. Koordinaten 743 960 / 190 740, total 42 Plätze im Matratzenlager. Offen Ende Mai bis Oktober. Tel. 081 911 11 45, www.berghaus-bargis.ch. Spielplatz, Bach und Wald in der Nähe. Sonst mit dem Postauto nach Fidaz oder Flims.
Fidaz: Gästehaus Cas'alva, 16 Betten, Tel. 081 911 12 06, www.kreisfidaz.ch.
Flims: Hof Meiler Cangina (Bauernhof an Dorfrand, zentral, günstig), 6 Doppelzimmer (Zusatzmatratzen möglich) mit fließendem Wasser, Aufenthaltsraum und Küche zum Selberkochen. Tel. 081 911 15 10, www.hofmeilercangina.ch.
Flims Laax Falera Tourismus, Tel. 081 920 92 00, www.flims.com.

Verpflegung unterwegs
1. Tag: Bergrestaurant Edelweiß, Cassonsgrat.
2. Tag: Selbstbedienungsrestaurant am Caumasee, Restaurant in Conn und Restaurant im Bahnhöfli Safien-Versam.

Karten
Kartenblätter 1174 Elm, 1194 Flims, 1195 Reichenau

Varianten
2. Tag, Vorspann: Die Wasserleitung nach Conn beginnt nicht erst in Flims Waldhaus, sondern bereits 30 Min. weiter oben: Von der Seilbahn-Talstation das Val Stenna hinauf zur Brücke bei P. 1245. Hier zweigt der kleine Kanal von der Ual Segnas ab und steuert quer durch das Bergsturzgebiet Uaulla Runca in den Zivilisationswirrwarr von Flims Waldhaus. Unbeirrt bleibt man auf dem kleinen Weglein am Wasser und geht auf interessanter Route durch die Hotel- und Appartementanlagen zum Parkplatz vor dem Caumasee.

2. Tag, Abspann: Wer am Bahnhof Versam-Safien noch nicht genug hat, geht dem Rhein entgegen immer weiter. In rund 1 h 30 erreicht man so die Haltestelle Valendas-Sagogn. Dieser Streckenabschnitt ist zwar nicht mehr so spektakulär wie der vorhergehende, aber alleweil lohnend.

▶ Berghaus Bargis am Eingang zur Hochebene.

SCHWIERIGKEITSBEWERTUNG MIT DER SAC-WANDERSKALA

Grad	Weg/Gelände	Anforderungen	Beispiele
T1 Wandern	Weg gut gebahnt. Karrenwege usw. Falls nach SAW-Normen markiert: gelb. Gelände flach oder leicht geneigt, keine Absturzgefahr.	Keine besonderen Anforderungen, auch mit Turnschuhen. Orientierung problemlos, evtl. ohne Karte möglich.	Normalzustiege zu: Läntahütte, Vermigelhütte, Tuoihütte, Capanna Cadagno (auf dem Fahrweg), Rifugio Saoseo, Capanna Pairolo, Parkhütte Varusch.
T2 Bergwandern	Weg mit durchgehendem Trassee und ausgeglichenen Steigungen. Falls markiert: rot-weiß. Gelände teilweise steil, Absturzgefahr nicht ausgeschlossen.	Etwas Trittsicherheit nötig, Trekking- oder Wanderschuhe sind empfehlenswert. Elementares Orientierungsvermögen.	Normalzustiege zu: Wildhornhütte, Dammahütte, Leutschachhütte, Leglerhütte, Etzlihütte, Bergseehütte, Capanna Cristallina, Capanna Piansecco, Rotondohütte, Chamanna Cluozza.
T3 Anspruchsvolles Bergwandern	Am Boden ist meist noch eine sichtbare Spur vorhanden, ausgesetzte Stellen können mit Seilen oder Ketten gesichert sein, evtl. braucht man die Hände fürs Gleichgewicht. Falls markiert: rot-weiß. Zum Teil exponierte Stellen mit Absturzgefahr. Geröllflächen, weglose Schrofen.	Gute Trittsicherheit, gute Trekkingschuhe und durchschnittliches Orientierungsvermögen sind verlangt. Elementare alpine Erfahrung.	Normalzustiege zu: Bietschhornhütte, Martinsmadhütte, Fründenhütte, Glecksteinhütte, Hörnlihütte, Lohnerhütte, Monte-Leone-Hütte, Cabane d'Orny, Cabane du Mountet, Zapporthütte, Capanna Ribia, Capanna Cognora.
T4 Alpinwandern	Weg nicht überall sichtbar, Route teilweise weglos, an gewissen Stellen braucht es die Hände zum Vorwärtskommen. Falls markiert: blau-weiß. Gelände bereits recht exponiert, heikle Grashalden, Schrofen, einfache, apere Gletscher.	Vertrautheit mit exponiertem Gelände, stabile Trekkingschuhe. Gewisse Geländebeurteilung und gutes Orientierungsvermögen. Alpine Erfahrung.	Normalzustiege zu: Schreckhornhütte, Dossenhütte, Mischabelhütte, Cabane de Bertol, Cabane de Saleinaz, Capanna del Forno, Piz Terri von der Capanna Motterascio.
T5 Anspruchsvolles Alpinwandern	Oft weglos, einzelne einfache Kletterstellen bis II. Grad. Falls markiert: blau-weiß. Exponiertes, anspruchsvolles Gelände, Schrofen, wenig gefährliche Gletscher und Firnfelder.	Bergschuhe. Sichere Geländebeurteilung und sehr gutes Orientierungsvermögen. Gute Alpinerfahrung und elementare Kenntnisse im Umgang mit Pickel und Seil.	Arbenbiwak, Stockhornbiwak, Salbitbiwak, Cabane de la Dent Blanche, Pass Cacciabella Sud.
T6 Schwieriges Alpinwandern	Meist weglos, Kletterstellen bis II. Grad. Meist nicht markiert. Häufig sehr exponiert, heikles Schrofengelände, Gletscher mit Ausrutschgefahr.	Ausgezeichnetes Orientierungsvermögen. Ausgereifte Alpinerfahrung und Vertrautheit im Umgang mit alpintechnischen Hilfsmitteln.	Eiger-Ostegghütte, Glärnisch Guppengrat, Sex Rouge-Refuge de Pierredar, Via Alta della Verzasca.

Alle Schwierigkeitsangaben beziehen sich jeweils auf »gute« Verhältnisse.

◀ T1 – gut gebahnter Weg. Gelände nur leicht geneigt, keine Absturzgefahr.

Schwierigkeitsbewertung

◀ T2 – durchgehendes Wegtrassee, Gelände kann bereits steil sein. Absturzgefahr nicht ausgeschlossen.

◀ T3 – knapp sichtbare Spur. An exponierten Stellen braucht es die Hände fürs Gleichgewicht. Zum Teil ausgesetzte Stellen mit Absturzgefahr.

◀ T4 – Route teilweise weglos. Gelände bereits recht exponiert. Heikle Grashalden und einfache, apere Gletscher.

BEISPIEL EINER AUSRÜSTUNGSLISTE FÜR EINE 2-TÄGIGE BERGTOUR

- Rucksack mit 50–60 Liter Fassungsvolumen (damit auch die Ausrüstung der Kinder darin Platz findet)
- Eingelaufene Wanderschuhe (mit passenden Socken!)
- Handy (im Allgemeinen verfügt Swisscom momentan über die beste Netzabdeckung im Berggebiet)
- Bergjacke und Regenhose (gegen Wind und Regen)
- Wanderhose (leicht und schnell trocknend)
- Kurze Hose
- Pullover, Faserpelzjacke, Hemd
- T-Shirts (Baumwolle oder Kunstfaser)
- Unterbekleidung und Socken (evtl. zweite Garnitur für die Kinder)
- Hüttenkleider (z. B. Trainingshose, Pyjama)
- Handschuhe, warme Mütze
- Sonnencreme (z. B. Daylong 24 oder mehrfaches Auftragen einer anderen Creme mit hohem Lichtschutzfaktor)
- Sonnenhut, Sonnenbrille mit hohem Lichtschutz
- Toilettenartikel und WC-Papier
- Kleine Apotheke, Kinderpflasterset, evtl. homöopathische Notfallsalbe/Notfalltropfen
- Große Trinkflaschen/Thermosflaschen, samt Inhalt
- Proviant, Traubenzucker, Riegel, Tuttifrutti usw.
- Sackmesser
- Kleine Taschenlampe mit Reservebatterien
- In den Service-Informationen angegebenes Kartenmaterial
- Bahnabonnement, Bargeld, Identitätskarte
- Alpenclub- oder Alpenvereinsausweis

Sowie je nach Situation und Bedarf:
- Kompass und Höhenmesser
- Kleiner Regenschirm (Knirps)
- Badekleider
- Rund 15 Meter langes Seilstück oder Reepschnur (8–10 mm Durchmesser)
- Leichte Hüttenschuhe bzw. Sandalen
- Ohropax
- Leintuch oder Seidenschlafsack
- Fotoausrüstung, Fernglas bzw. Fernrohr
- Bestimmungsliteratur (Pflanzen, Tiere, Tierspuren; Beispiele siehe Literaturhinweise)
- Kuscheltiere, Spielsachen
- (Becher-)Lupe, Vergrößerungsglas
- Bei den Spielthemen erwähntes Material

LITERATUR

Wilfried Dewald u.a., *Mit Kindern ins Gebirge,* Bruckmann Verlag, München 1994
Ruedi Meier, *Bergsteigen mit Kindern,* SAC-Verlag, Bern 1995
Franziska Wüthrich u.a., *Lebenswelt Alpen,* Sauerländer Verlage AG, Oberentfelden 2001
Franziska Wüthrich u.a., *Alpen aktiv,* Sauerländer Verlage AG, Oberentfelden 2001
Urs Tester, *Natur als Erlebnis,* Ordner von Pro Natura Schweiz
Steffi Kreuzinger / Eva Sambale, *Himmel die Berge,* Ökotopia Verlag, Münster 2004
R. und S. Weiss, *Bergwandern mit Kindern* (in Österreich), Tyrolia-Verlag, Innsbruck 2002
G. Nabhan / S. Trimble, *The Geography of Childhood,* Beacon Press, Boston 1994
Remo Kundert / Marco Volken, *Hütten der Schweizer Alpen,* SAC-Verlag, Bern 2004

Einige Verlage geben eine ganze Reihe von Naturführern heraus. Dies sind beispielsweise: blv Verlag, München, mit den blv Naturführern; Verlag Gräfe und Unzer, München, mit den GU Naturführern; Verlag Paul Parey, Hamburg; Mosaik Verlag, München, mit seiner Reihe Steinbachs Naturführer, sowie der SAC-Verlag, Bern, mit spezifischen Themen zu den Schweizer Alpen.

Hingewiesen sei auch auf die Wanderbücher des Rotpunktverlages zum Kanton Graubünden und zum Toggenburg, die viel zusätzliche Hintergrundinformation und weitere Wanderideen liefern.

Zum Bestimmen von Tieren und Pflanzen eignen sich u.a. folgende Bücher:
- Bergblumen: Christopher Grey-Wilson / Marjorie Blamey, *Pareys Bergblumenbuch,* Parey, Berlin 2001, 410 Seiten, alle Blumen gezeichnet (für Fortgeschrittene: Elias Landolt, *Unsere Alpenflora,* SAC-Verlag, Bern 2003)
- Schmetterlinge: Gunter Steinbach (Hrsg), *Schmetterlinge: erkennen & bestimmen,* Mosaik, München 2001, 190 Seiten, auch viele Raupen
- Spuren: Angelika Lang, *Spuren und Fährte unserer Tiere,* BLV-Buchverlag, München 2008, 128 Seiten
- Jacques Gilliéron, *Tiere der Alpen. Wirbeltiere,* SAC-Verlag, Bern 2005, 371 Seiten, sehr umfassend und informativ
- Zusammenfassung: Wilhelm Eisenreich u.a., *Der Tier- und Pflanzenführer für unterwegs,* BLV-Buchverlag, München 2003, 560 Seiten, leider wenig Informationen zur Alpensüdseite, dafür viel zur Ostseeküste

Ausrüstung/ Literatur

FOTONACHWEIS

Christian Eberle 235

Theres Hartmann 24, 26, 33, 38, 184

Werner Hochrein 2/3, 10, 13, 14, 15, 18, 19, 29, 30, 32, 34/35, 37, 39, 41, 42, 43, 45, 46, 47, 49, 50, 51, 87, 88, 89, 90, 91, 92, 93, 110/111, 121, 122, 123, 125, 126, 127, 183, 185, 187, 189, 225, 226, 227, 230, 239, 241, 242, 243, 245, 246, 247, 249, 250, 251, 253, 254

Ruedi Jecklin 212

Thomas Johnson 238

Remo Kundert 1, 9, 11, 12, 16, 20, 21, 22, 23, 25, 27, 28, 31, 53, 55, 58, 59, 61, 62, 63, 64, 65, 66, 67, 69, 70, 781, 72, 73, 74, 75, 76/77, 79, 80, 81, 83, 85, 95, 96, 97, 99, 100, 101, 103, 104, 105, 107, 108, 109, 113, 114, 115, 117, 119, 129, 130, 131, 133, 134, 135, 138, 139, 141, 142, 143, 144/145, 147, 148, 149, 150, 151, 153, 154, 155, 157, 158, 159, 161, 162, 163, 167, 169, 170, 171, 173, 178, 179, 180/181, 193, 195, 196, 197, 199, 100, 201, 202, 203, 204, 205, 208, 209, 211, 212, 217, 218, 219, 220, 222/223, 230, 231, 233, 234, 236, 239, 257, 258, 259, 260, 262, 263, 265, 267

Christoph Sager 252, 255

Samnaun Tourismus 118

Splügen Tourismus 207

Marco Volken 54, 74mr, 137, 165, 166, 174, 175, 176, 177, 191, 192, 195, 215, 216, 221

Peter Vonwil 56

ORTSVERZEICHNIS

Albigna 172–175, 178
Alp di Fora 214–216, 221
Alp Flix 199, 200, 202, 204, 205
Alp Fursch 75
Alp Garfiun 105, 109
Alp Selamatt 45, 47, 51
Alp Sigel 37, 39, 43
Älpli-Bahn 79, 81, 85
Alpstein 36, 37, 39–41, 43, 44
Alptrider Sattel 112, 113, 119
Amden 59
Andeer 190, 197
Arosa 94, 95, 101
Arvigo 214, 221
Augstenberg 79
Äugstenhütte 67
Avers 190, 193, 196, 210
Badushütte 240–243, 247
Bärenboden 61, 63, 67
Bargis 256–258, 263
Barthümeljhoch 81
Bellavista 137, 138, 157
Bergell 146, 172, 174–176, 179, 186, 190, 192, 194, 197
Bernina 123, 146, 155, 157, 163, 164, 166, 171, 186
Betlis 59
Bivio 190–194, 197, 198
Bogartenlücke 37, 39
Bollenwees 38, 43
Braggio 214, 215, 221
Brambrüesch 189
Calanca 186, 214–216, 221
Campo Blenio 232
Canalbrücke 225–227, 231
Carschenna 213
Casanna 96, 101
Cassonsgrat 256, 257, 263
Castasegna 179
Cauco 215, 216, 221

Chamanna Coaz 165, 166, 171
Chäserrugg 44–46, 48, 50, 51
Chrüzlipass 248–251, 255
Chur 44, 52, 54, 59, 78, 95, 101, 168, 182, 186, 189, 190, 198, 205, 206, 208, 213, 228, 256, 263
Churwalden 183, 189
Cluozza 16, 137–139, 143
Conn 257, 259, 262, 263
Corvatsch 164, 166, 171
Crestawald 213
Davos 98, 120, 124, 127, 208
Demat 199, 201
Diavolezza 157–159, 163
Diesrut 236, 239
Dischmatal 120, 121
Disentis 228, 247, 255, 260
Dreibündenstein 182, 183, 185, 189
Dürrboden 120, 121, 127
Engi 69, 71, 75
Ennenda 61, 63, 67
Etzliboden 248, 249, 255
Etzlihütte 249, 250, 255
Falotta 199, 201
Feldis 186, 184, 189
Fergenhütte 102, 103, 104, 109
Fideris 97
Fideriser Heuberge 95, 97, 101
Fimberpass 113, 115
Fläscher Seen 79
Flims 256–258, 260, 262, 263
Flumserberg 75
Fondei 95, 96, 98
Fornohütte 197
Fuorcla Pischa 157, 158, 160, 162
Fuorcla Surlej 164, 166, 171
Furggelti 225–227
Garadur 53, 55, 56
Greina 232–239

Grialetsch 120–122, 125, 127
Grüen Fürggli 87, 88, 93
Heidelbergerhütte 112–114, 119
Heimeli 95, 96, 101
Hinterrhein 194, 231, 240
Hinterrugg 44–46,
Hohen Rätien 209, 212
Hundsteinhütte 37, 38, 43
Iltios 45, 46, 51
Inn 132, 190, 191, 194
Isabrüggli 206, 207
Ischgl 112, 115, 119
Jenaz 95, 97, 101
Juf 190, 191, 193, 197
Kanonensattel 205
Klosters 85, 101, 103, 109, 146
Küblis 93
Lai da Tuma 240–242, 247
Lais Da Rims 129, 130
Lampertsch Alp 226, 231
Languard 157, 158, 160, 162, 163
Langwies 101
Läntahütte 225, 226, 231
Lej Da Vadret 165–167, 169
Liechtenstein 78, 80, 240
Lischana 128, 130, 135
Lungacqua 149, 155
Lunghin 191, 192, 194, 197
Maighelshütte 247
Malans 79, 81, 85
Malbun 78–80, 85
Maloja 146, 190, 191, 195, 197
Marmorera 198–200, 205
Maschgenkamm 69, 70, 75
Mattjisch Horn 101
Medergen 94, 95, 101
Merlen 60, 61, 67
Misox 186, 216, 217
Mittelplatten 250, 255

269

Monbiel 102, 103, 105, 109
Mornen 67
Motterascio 232, 239
Mülibachtal 69, 71, 75
Münstertal 61, 140, 141, 146, 186
Munt Pers 157, 159
Murg 55, 59, 60, 67, 75
Murgsee 60–65, 67
Murgseehütte 61–63, 65, 67
Murtèl 165, 171
Murter 137, 139
Mürtschen 60–62
Naafkopf 79, 81, 82, 84, 85
Naraus 263
Nationalpark 78, 136–138, 140, 141, 143, 160
Oberalppass 240, 241, 243, 247, 250, 260
Oberengadin 116, 124, 155, 157, 165, 171, 194, 205
Ofenpass 135, 136, 138, 141
Pardenn 105
Partnun 93
Pazolastock 241–243
Pfälzerhütte 79, 80, 85
Pforzheimerhütte 130, 131
Pian di Renten 215, 216
Piz Albris 157, 160
Plasseggenpass 87, 89
Pontresina 146, 155–163, 165–167, 171
Pradaschier 183, 189
Pranzaira 173, 174, 178, 179
Prättigau 76, 94, 97, 98, 102
Puschlav 140, 146, 163, 186
Puzzatsch 239
Quinten 53, 55, 59
Rabius 239
Ramosch 115, 119, 141
Rhäzüns 182, 189
Rheinwald 206, 207, 211
Rheinwaldhorn 136, 228, 231, 240
Roflaschlucht 213

Roseg
Roseggletscher 166, 168, 169
Roslenalp 37, 38, 39
Rotärd 63
Rueras 255
Ruin Aulta 257, 259
Runcahez 233, 234, 239
Samnaun 119, 186
San Jon 128, 129, 135
Säntis 36, 49, 59
Saoseo 147–153, 155, 171
Sapün 94–96
Sareis 78, 79, 85
Saxer Lücke 36, 37, 43
Scaletta 232, 233, 238, 239
Schanfigg 98, 101
S-charl 128, 129, 131, 135, 140
Schijenflue 87, 89
Schwarzhorn 84, 121–123
Schwarzstöckli 61, 63
Scuol 115, 119, 128, 130, 135, 143, 146
Sedrun 243, 248, 249, 251, 255
Septimerpass 191, 192
Sesvenna 129, 131, 130, 135
Sfazù 147, 148, 155
Spitzmeilenhütte 69, 70, 71, 75
Splügen 206–208, 211, 213
St. Antönien 93
Sta. Maria 143, 215, 217, 221
Stauberen 36, 37, 39, 43
Strassberg 94–96, 101
Sulzfluh 86, 87, 89, 93
Surettaseen 206–208, 213
Surselva 124, 240, 241, 243, 248, 252
Susch 127
Tamangur 135
Tannenbodenalp 70, 75
Tenigerbad 232
Term Bel 182–184, 189
Terrihütte 233–235, 239
Terzana 147, 148
Thusis 182, 194, 207, 209, 212, 213

Tilisunahütte 86–89, 91, 93
Tinizong 199, 201, 205
Toggenburg 44, 45, 47, 51
Traversina 207, 209
Trupchun 139
Üblital 71
Uina 129, 130
Unterengadin 85, 101, 114–116, 132, 135, 141, 186, 194
Unterterzen 70
Val Fenga 112, 114
Val Sinestra 119
Val Viola 147, 148, 150, 155
Valendas 263
Vals 224, 225, 231
Versam 228, 257, 259, 263
Viamala 206–208, 209
Vnà 113, 115, 119
Vrin 232, 236, 237, 239
Walensee 45,–47, 52–56, 58–61, 67, 70, 186, 261
Walenstadt 52–55, 59
Weesen 53–55, 59
Wildenmannlisloch 51
Wildkirchli 36, 39, 40, 43
Wissmilen 69, 71
Zeblasjoch 113, 114, 119
Zernez 132, 136–138, 143, 146
Zervreila 224–227, 231
Zillis 207, 208, 213
Zuort 115, 119
Zwinglipasshütte 36, 38, 42, 43

Bergfloh

»Die Autoren machen sich mit ansteckendem Optimismus an den Spagat zwischen Erwachsenenwünschen und Kinderbedürfnissen. Sie geben in einer Ausführlichkeit, die man selten liest, sinnvolle Tipps, etwa zum meist unterschätzten Punkt Sicherheit, und machen ausgefeilte Tourenvorschläge, die von der Hüttenübernachtung bis zu Naturspielplätzen punkten. In der verlagsüblichen Qualität ist das Buch randvoll mit detaillierten Informationen, Lust machenden Wegbeschreibungen und etlichen Exkursen zum Schwerpunkt Naturschutz. Ein attraktiver Tourenbegleiter auch für Wandernde ohne Kinderbegleitung.«

Christine Schott, Die Zeit

Bergfloh 1. Bergwandern mit Kindern. Glarnerland und Zentralschweiz. Mit Farbfotos, Routenskizzen und Serviceteil, 272 Seiten, Broschur, 3. Auflage, 2008, 978-3-85869-384-6, Fr.42.–/Euro 28,–

Bergfloh 3. Bergwandern mit Kindern. Berner Oberland und Wallis. Mit Farbfotos, Routenskizzen und Serviceteil, 272 Seiten, Broschur, 2009, 978-3-85869-394-5, Fr.42.–/Euro 28,–

Bergfloh 4. Bergwandern mit Kindern. Tessin. Mit Farbfotos, Routenskizzen und Serviceteil, 280 Seiten, Broschur, 2011, 978-3-85869-449-2, Fr.42.–/Euro 28,–

WEITERE TITEL AUS DEM ROTPUNKTVERLAG

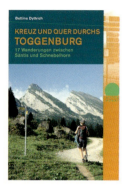

Toggenburg

Bettina Dyttrich
Kreuz und quer durchs Toggenburg

2005
Fr. 42.–/Euro 26,–
978-3-85869-307-5

Graubünden

Corina Lanfranchi
Das Puschlav

2008
Fr. 44.–/Euro 28,–
978-3-85869-371-6

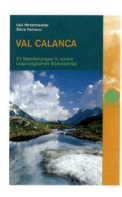

Graubünden

Silvia Fantacci
Ueli Hintermeister
Val Calanca

2/2009
Fr. 44.–/Euro 28,–
978-3-85869-238-2

Graubünden,
Vorarlberg

François Meienberg
Hinauf ins Rätikon

2009
Fr. 44.–/Euro 28,–
978-3-85869-395-2

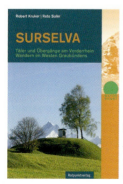

Graubünden

Robert Kruker
Reto Solèr
Surselva

2011
Fr. 42.–/Euro 28,–
978-3-85869-448-5

Graubünden

Irene Schuler
Walserweg Graubünden

2/2010
Fr. 44.–/Euro 28,–
978-3-85869-421-8